崩れゆく官僚制

霞が関の失われた30年

森永耕造［著］
Morinaga Kouzou

一般社団法人 金融財政事情研究会

はじめに――本書の意図と構成

著者は1983年に人事院に採用されて以来、2021年に退官するまで、継続して公務員制度の運用や改正に関わってきた。特に1997年から2014年まで続いた公務員制度改革には、そのほとんどの時期において議論に参画した経験を持っている。2014年の国家公務員法の改正により公務員制度改革には区切りがつき、現在、議論は下火となっているが、この間の議論を通じて、実りある改革成果を得るには、公務員制度や公務員人事管理の実際についての共通認識が不可欠であるという思いを強めたところである。しかるに、公務員制度についての解説書は長らく出されておらず、入手も困難となっていることに加え、その運用である公務員人事管理についての文献は皆無と言ってよい状況にある。

一方、公務員制度改革対応を行っていた2008年から2014年まで慶應義塾大学大学院法学研究科の非常勤講師を務め、「統治機構の現実の理解に向けて」と題して公務員制度及び公務員人事管理を講ずる機会をいただいた。

本書は、その際の講義内容と、退官後、学習院大学、駒澤大学で非常勤講師を、早稲田大学、国際基督教大学、福井大学などでゲストスピーカーを務めた際の講義内容をもとに、その後の制度改正の状況などを踏まえて新たに書きおろしたものであり、日本の公務員制度の実際の理解に役立つ18のテーマを取り上げて、講義録形式で記述したものである。単なる公務員制度の解説にとどまらず、それが社会システムの一部としてどのように機能しているか、運用やその制度の背景、歴史的沿革とともに記述している。

地方公務員を含む現職公務員、公務員志望の学生、天下りやキャリアシステムなど公務員制度の抱える問題に関心を持つ方などを念頭に置いて、それぞれの章を独立して読め、全体としても統一性が図られるよう構成するとともに、できる限り分かりやすく、興味を持てるような記述を心掛けた。

最後に、多くの方々となるため個別のお名前は省略させていただくが、本書は現職中にご指導いただいた多くの諸先輩、碩学のお力なくして成り立たなかったものであり、この場を借りて改めてお礼を申し上げることとしたい。

なお、本書のうち意見、評価に当たる部分は著者の個人的見解であり、所属していた組織のものではないことをお断りしておく。また、過誤や不十分な記述があるとすればそれは著者の浅学によるものである。

2024年9月

〈主要参考文献〉

吉田耕三・尾西雅博『逐条国家公務員法　第2次全訂版』（学陽書房、2023年）
日本公務員制度史研究会『官吏・公務員制度の変遷』（第一法規、1989年）
人事院『国家公務員法沿革史』資料編　記述編（人事院、1975年）
佐藤功・鶴見良一郎『公務員法』（日本評論新社、1954年）
浅井清『新版　国家公務員法精義』（学陽書房、1970年）
岡部史郎『公務員制度の研究』（有信堂、1950年）
辻清明『新版　日本官僚制の研究』（東京大学出版会、1969年）
今橋脩『非常勤職員の取扱』（学陽書房、1956年）
セオドア・コーエン著、大前正臣訳『日本占領革命　上　下』（TBSブリタニカ、1983年）
岡田彰『現代日本官僚制の成立』（法政大学出版局、1994年）
人事院任用局『文官詮衡制度の変遷』（試験研究）
吉田耕三『給与法精義』（学陽書房、2018年）
飯野達郎『公務員任用制度詳解』（帝国地方行政学会、1972年）
総務庁人事局『人事局30年史』（総務庁人事局、1995年）
定年制度研究会『国家公務員定年制度詳解』（ぎょうせい、1985年）
毛桂栄『日本の行政改革』（青木書店、1997年）
塙和也『自民党と公務員制度改革』（白水社、2013年）
新人事制度研究会『国家公務員の新たな人事制度』（PM出版、2010年）
西尾隆『公務員制』（東京大学出版会、2018年）
西尾勝『行政学』（有斐閣、1993年）
増島俊之『行政管理の視点』（良書普及会、1981年）

村松岐夫『戦後日本の官僚制』（東洋経済新報社、１９８１年）
村松岐夫『最新公務員制度改革』（学陽書房、２０１２年）
村松岐夫『公務員人事改革』（学陽書房、２０１８年）
ＨＥＭ研究会『ジョブ型ＶＳメンバーシップ型』（中央経済社、２０２２年）
人事院『人事行政二十年の歩み』（１９６８年）
人事院『人事行政三十年の歩み』（１９７８年）
人事院『人事行政五十年の歩み』（１９９８年）
人事院『各年度年次報告書』

〈著者略歴〉

森永　耕造（もりなが　こうぞう）

１９５９年福井県生まれ。東京大学教育学部教育行政学科卒業。１９８３年人事院採用。総務庁人事局、内閣官房に勤務。内閣官房内閣参事官、公務員研修所長、給与局長、事務総長等を歴任。２０２１年退官。学習院大学非常勤講師。

目次

第1講 公務員とは──公務員の数と人件費

第2講 公務員の人材確保──採用試験制度の変遷

第3講　国家公務員の人事管理の実際――グループ別人事管理

第4講　公務員の人事管理と民間企業の人事管理――日本的人事管理の三種の神器

第5講　職階制——ジョブ型人事制度の導入と挫折から考える

第6講　新たな人事評価制度の導入と能力・実績主義の徹底

第7講　国家公務員の人材育成

第8講　天下り——定年制と早期退職慣行という二重の天井

第9講 国家公務員の労使関係と労働基本権問題

第10講 戦後日本の公務員制度改革

第11講 NPMと日本の公務員制度改革

第17講 外国人の就官能力と官製ワーキングプア——大公務員制が残した二つの課題

第18講 諸外国の公務員制度

おわりに——あるべき日本の公務員制度のために

第1講

公務員とは

——公務員の数と人件費

旧民主党政権ではマニフェストに掲げられた公務員人件費の2割削減が大きな政治課題となりました。これに限らず公務員の人件費はかねてから大きな政治課題でした。「明治五年一二月三日をもって明治六年一月一日とする太陰暦から太陽暦への改暦が行われたが、これは当時の財政事情から公務員給与支給の負担を軽減することに一要因があった」とされます。「すなわち、旧暦で明治六年は閏月を含む一三カ月であったこと、更には明治五年の一二月も数日ということで、改暦により二カ月分の財政支出を免れた」とされています（日本公務員制度史研究会『官吏・公務員制度の変遷』第一法規、1989年、25頁）。

こうした公務員の人件費は、P×Qとされます。Pというのは給与水準で、Qは人数です。人件費問題の半分は公務員の数の問題で、その数が適切かどうかという議論が行われます。適切な公務員数かどうかは行政が何を担うべきかという問題にかかっています。公務員制度改革においても、政官の役割分担とともに、官民の役割分担、国と地方の役割分担が重要な問題となりました。

1 公務員とは何か

公務員の数を問題とする前にそもそも公務員とは何かということが確定されていないと人数も数えられません。国家公務員については、憲法に「官吏」という言葉が出てきますが、官吏や国家公務員とは何かについて国家公務員法（以下この本において「国公法」と言います）などに定義規定が置かれているわけではなく、疑義があれば同法第2条に基づき人事院が判断することになっています。

人事院が国家公務員であるか否かを判断する場合には三つ要件があります。

一つは、その人が行っている仕事が国の事務かどうかということです。これは法律や予算で国が行うと定められているかどうかというメルクマールです。二つ目は、その人が国の権限ある者によって任命されているかです。任命権者が辞令を出して採用行為をしているかどうかという問題です。例えば、国の事務に従事していても、派遣や業務委託の人は国との雇用関係はなく、国家公務員ではないという整理になります。三つ目は、原則としてですが、勤務の対価として給与をもらっているかどうかです。これら三つの要件で国家公務員であるかどうかが判定されます。

具体的には保護司や労働委員会の斡旋員などの非常勤職員について公務員かどうかの判断が示されていますが、多くは公務災害（労災）の適用をめぐるもので、国家公務員と判断されているケースが多いようです。

なお、国会議員は制定時の国公法には「国会議員は含まない」という明文規定が置かれていましたが、その後、同規定は削除され、今は選挙で選ばれる国家公務員という特別職の類型に含まれると解されています。

国家公務員の勤務関係の法的な性質については、行政法では3説に分かれています。一つは特別権力関係説です。刑務所の受刑者と国の関係や、旧国立大学の学生と国の関係のように、必ずしも個別に権利義務関係が定まっていなくても、一定の包括的な支配従属関係にあるものとして公務員の勤務関係は理解されてきました。この昔ながらの考え方に加えて現在の行政法では、公法上の契約説、民間の労働契約と同じという説が唱えられており、そちらの方がどちらかと言うと有力です。しかし、行政実務は特別権力関係説によっていますし、最高裁判決も必ずしも特別権力関係説を否定しているわけではありません。

もっとも、公務員の勤務関係の法的性質についてどの説をとっても、あまり違いが生じません。法律や人事院規則などによって、こと細かく多くのことが決められてしまっているからです。短期の消滅時効や当事者訴訟の対象になるかどうか、任意の休職事由が認められるかといったところで結論に違いが出るようですが、議論の実益は少ないようです。

2 国の事務の範囲

国家公務員であると判断されるには、国の事務に従事していることが必要です。戦後すぐの時期、国の機関には運転手や守衛が公務員として何万人もいて、これらの人たちは労働組合運動の主力でもありました。昭和50年代末に、定員削減でこれら技能・労務職員と呼ばれる人たちは、辞めた後に補充しないということになり、今では2000人もいません。その代わりとなったのが、同じ国の事務に従事していても先ほど公務員ではないとお話しした派遣職員や委託職員です。それで何も変わらないかと言うと、派遣の場合には派遣期間の更新に上限があり、業務委託の運転手にはその場で直接、行先変更できないなど問題がないわけではないようです。

逆に、国の事務に従事していないのに国家公務員とされているものもあります。行政執行法人（旧特定独立行政法人）や旧郵政公社の職員はそれら法人の業務に従事していましたが、法律で特に国家公務員とされました。これは橋本行革の時に職員団体や当局が引き続き国家公務員「とする」ことを求めたことによります。これと似たものに「みなし公務員」がありますが、これは特別法により刑法の収賄罪規定等を特に適用するもので公務員法の適用される公務員ではありません。

(1) 官民の役割分担

公務員かどうかは国の事務に従事するかどうかにかかっています。国の事務の範囲はどう考えればよいのでしょうか。最初に、官民の役割分担のお話をしようと思います。

行政がやるべき仕事の範囲は何かという問題は昔から議論されています。ドラッグストア、マツモトキヨシ創業者の松本清氏が松戸市長時代に「すぐやる課」を作って、評判となりました。「すぐやる課」では、「家の庭に猫の死骸があるので、すぐにどけてもらいたい」とか、「周りの溝が詰まっている」という電話が市民からかかってくると、市役所の公務員がせっせと掃除をしに行くのです。市民から好評を博しました。ところが、私が公務員試験を受けた頃の行政法の議論では、こんなことを本当に行政がやる必要があるのか、自治会あるいは民間業者がやればよいのではないかとか、市民の要求なら何にでも応じてすぐやるような市役所でよいのかということが議論されていました。

この話からは、日本に根強く残るパターナリズムがうかがわれます。マスコミも、いつも公務員の数が多いとか、小さな政府にすべきだとか言いますけれど、いったん事故・事件が起きると、「行政は何をしていたのだ」と二枚舌になります。地震が起きる前は公務員の数が多いと言っていたのに、地震が起きると、なぜ被災地に人を送らないのか、現地で人が足りないのではないかという主張をするのです。

憲法や行政法では、国家機能から立法機能と司法機能を除いたものが行政であるとされていますが、これにはあまり意味がありません。国家機能が何であるかが定義されていないからです。財政学は、市場で供給されない、あるいは適切に供給されない公共財を提供することが行政の役割であるとしています。

政治学では、行政国家現象が指摘されていました。もともと行政は夜警国家で最小限の防衛や外交を担っていましたが、国家が国民の福祉を担うようになり、年金や医療、教育といった分野で行政の機能が拡大していくということです。しかし、この20年くらい新自由主義が広まっていく中でプライバタイゼーション（privatization）が進み、むしろ行政の領域が縮小している国が多く見られます。行政国家現象は必ずしも一方的な歴史的事実でもなかったのです。

この関連でよく引かれるのはイギリスの歴史学者、パーキンソンの法則です。役人というのは仕事量に関わらず時間や予算を使い切るものだということと、部下を持ちたがることから行政は放っておくとどんどん肥大化するという説です。実感として時間や予算は足りないし、今や部下を持つことはむしろ大変としか思えません。

日本では、第二次臨時行政調査会（第二次臨調）の後に行われた行政改革委員会の官民活動分担小委員会で、官民の役割分担が本格的に議論されたのですが、これしかないという結論は出ませんでした。小泉内閣の時には「民でできるものは民で」というスローガンの下、郵政民営化が行われました。当時も、このスローガンをめぐっては、民間の方が効率的にサービス供給できるものは民間でやればよいという考え方の人もいましたし、そうではなく、あらゆるものを民間でやった方がよいという考え方の人もいましたので、幅のある議論だったのです。

諸外国の行政の守備範囲を見ても結構、幅があります。イギリスでは医療を国家公務員が提供しています。また、ロシアではワグネルなど軍隊に民間企業が参入していますので、極端な話として軍隊も民間が担えないことはないのです。

公権力の行使は公務員が担うべきではないかという議論もあります。しかし、現在、日本の刑務所ではさすがに受刑者に直接触れる業務はやっていませんけれども、ＰＦＩで刑務所の管理・運営は民間もやるようになってきています。アメリカでは、民間が経営している刑務所もあります。また、警察業務についても、行政処分は警察官が行い、民間は違反行為を見つけるだけであるという整理をしているようですが、実際に駐車違反の取締りを民間委託でやっているという現実があります。つまり、公権力の行使を行政が直接担わなくてはいけないかというと、必ずしもそうでもないのです。

このような官民の役割分担は、省庁再編の時にも議論されましたが、なかなか決め手がありませんでした。すべて行政が担うべきという議論も可能であれば、逆にすべて民間が担うべきという議論もできるのです。最後には、国会が予算や法律で行政が行うと判断したものが行政の守備範囲であるという、トートロジカルな割切りでしか行政実務は行えないということになっています。

ただし、法律で細部をすべて決め切っているかというと、そうではありません。行政法では、国民に対し義務を課し権利を制限するものについては法律の根拠がいるけれども、そうでないものについては必ずしもいらないとする侵害留保説が通説になっています。現実に行政指導や要綱行政が行われています。

２００１年の省庁再編の時、各省設置法に置かれた「権限」という見出しの条文がいろいろな行政事務の法的根拠になっているのではないかという疑義があったため、設置法にあった所掌事務規定をすべて「権限」から「所掌事務」に書き直し、以後、各府省の担う事務は設置法ではなく個別の作用法を根拠にするという整理が行われました。

しかし、その後も行政の担う事務の範囲は変わりませんでした。国の事務は、国会が法律・予算で決定するとしても、現実問題として国民から一定のニーズがある時に、法律の個別の根拠規定や予算がないからできないということが難しい場合も多いのです。東日本大震災の時にも公務員が緊急避難的に行った様々な事務・事業があったことが知られています。

他方で、ＮＰＯや学校法人など行政以外にも公共を担う主体は多様にあるという議論があります（「新しい公共」）。旧民主党政権は公務員削減を唱える一方で、ＮＰＯをどんどん作れと言っていました。

当時の政権の大きな問題は、財政が厳しく小さな政府に向かっていく一方で、子ども手当にしろ、福祉にしろ、行政サービスをできるだけ提供したいという意向を持っていたことです。予算等のリソースが限られる中で行政サービスを拡大する手段として、ＮＰＯなど行政以外の主体に頼るということは、行政の仕事をボランティアにやらせることととれなくもありません。戦時中の隣組のような昔風の補完体制が、「新しい公共」の行き着く姿かもしれません。これまで官民の役割分担の議論は、あまり生産的な結論を生まないままに現在に至っていると言えるでしょう。

⑵　国と地方の役割分担

次は国と地方の役割分担です。行政がやる事務としても国がやるのか、地方自治体がやるのかという問題です。この問題は１９９５年の地方分権推進委員会において議論されました。

戦前の地方は国の出先機関でしたが、地方自治を定める新しい憲法が施行されると、国の出先機関ではなくなりました。その際の各省の動きは大きく三つに分かれました。

一つは、県が出先機関ではなくなったので、自治体とは縁を切って自前の出先機関を設置するという建設省などの動きです。もう一つは、そうは言っても出先機関は設けられないということで、各省の事務を機関委任事務として引き続き自治体でやってもらうという動きです。自治体が国の事務を行う限りにおいて、国の出先機関とほぼ同じような指揮命令を受けるようにしたのです。さらに、社会保険業務や職業紹介業務などでその事務を担当している職員は自治体に勤務するとしても、引き続き国家公務員とするという地方事務官制度が設けられました。

その結果、憲法の本来理想としている地方自治に対して、国は相変わらず自治体を縛っているではないか、三割自治で地方自治が制約されているではないかという議論が、政治学や行政学で行われました。

最初に、地方事務官制度については、変則的な勤務体制であり、1984年から1987年まで何度もこれを廃止して地方公務員とする法案が出されましたが、労働組合問題から自治体が反対したなどの理由で成立せず、2000年には逆に国の出先機関に整理されました。変則的な勤務関係や労使関係が続いたことが、のちに「消えた年金」問題や国民年金の徴収率の低下を招くことになりました。

同じく2000年には、先ほどの戦後の対応のうち機関委任事務を全部廃止して、国の事務にするか、自治事務（自治体の事務）とするか法定受託事務にするかが整理されました。

地方自治の確立を目指した地方分権会改革推進委員会の整理では、国と地方の役割分担の考え方は二つあります。一つは、「補完性の原理」です。自治体単独でできないもの、例えば外交や防衛を国に担ってもらうということです。もう一つが、「近接性の原理」で、行政はできるだけ住民に近い場所できめ細かく行うほど、行政を受ける人たちのニーズがより反映されるのだという考え方です。基礎自治体でいろいろな行政サービスを決定したほうがうまく機能するのだ、国が画一的に決めると現場でミスマッチが生じ、行政がうまく機能しないのだという考えです。

さらに進んで、国の出先機関も、自治体に任せればよいではないかという議論もありました。国土交通省の出先の地方整備局や環境省の環境事務所などをすべて自治体に任せるべきだという議論です。この議論は、旧民主党のマニフェストに載っており、法案を出すことになっていました。あまり報道されませんでしたが、地方公務員に労働基本権を付与する法案を２０１２年11月15日の深夜に決定した際に、国の出先機関を地方に移管する法案も閣議決定されました。

しかし、この法案は異例なことに国会に届けられませんでした。市長会や町村会が反対したからです。市長会などが反対したのは、地方出先機関の事務を地方へ移管する手法が、地方自治法の広域連合（例えば、関西広域連合）を器に用いるものだったからです。知事が集まって事務を持ち寄り広域連合という別の基礎自治体を作って、そこに国の事務を移管するものだったのです。

これまでは地方分権や地域主権がアプリオリに良いものとして改革が進んできましたが、住民と議会が変わらないと地方分権もなかなかうまくいかないと思います。国会で何を議論しているかは新聞やテレビで判りますが、自分の住む地方議会に誰がいて、どのような議論をしているかについて、普通の人は知りません。住民にとって地方議会などはどちらかと言うと遠い存在で、地方自治に対して多くの住民が高い意識を持っているかというと、そうでもありません。

自治体に国の事務が移管されても、問題となるのは移管先の自治体のガバナンスなのです。地方自治を規定する憲法があり、特に西尾勝東京大学名誉教授などが中心となって地方自治を確立するというテーゼの下で分権改革が進められました。しかし、分権改革後に、東日本大震災が起き、単独の基礎自治体では災害対応や復興に十分対応できない事態も見られましたし、コロナ禍への対応やＤＸ推進でも難しい面があるようです。地方分権の在り方については再検討も必要ではないかと思います。

3 日本の公務員は多いのか

これらの議論を踏まえて日本の公務員というのは多いのか、少ないのかを考えてみたいと思います。現実に国家公務員が何をしているのかを区分けした表があります（図表1－1）。国家公務員約25万人のうち、行㈠俸給表適用の職員は14万人くらいいて、その他は少し医療職がいて、税務職俸給表適用の税務署職員が5万人、公安㈠と公安㈡の刑務官・海上保安官などが4万5000人となっています。

行政組織別に区分けしてみると（図表1－2）、一番多いのは治安関係の8・1万人、続いて国税庁が5・6万人、国交省で河川や道路を管理している人が2・3万人、ハローワークや労働基準監督署が2・1万人、そして登記等があって、本省霞が関（図表1－2では「その他」の内訳）が約4万人となっています。日本の労働力人口が約6000万人と言われていることからすれば、国家公務員は数も少なく事務も限られています。

国際比較でも、日本は国民千人当たりの公務員の数が極端に少ないことが判ります（図表1－3）。よく誤解する人がいますが、この公務員数の中には特殊法人の職員、地方公務員も含まれています。

このように日本の公務員数が少なくなったのは、行政機関の職員の定員に関する法律（総定員法）があったからです。1969年に各省設置法と旧定員法で定まっていた組織別の定員をやめ、その代わりに総定員法が作られました。仕事の量を勘案せず、有無を言わせず90万人を総定員の上限に設定しました。そのうえ、今に至るまで55年間、5年おきに定員削減計画を作って延々と削減を続けてきました（図表1－4）。

この間、人口は増えていますし、国際化に伴い出入国者の数が幾何級数的に増えるなど行政事務は膨大に増えているのに、国家公務員数は増えていないのです。それが今のブラック霞が関や地方出先機関の空洞化に繋がっています。

図表1－1　適用俸給別人員

俸給表 ＼ 区分	職員の例	適用人員（人）
全俸給表		252,790
行政職俸給表（一）	一般行政職員	139,522
行政職俸給表（二）	守衛、用務員、自動車運転手	1,941
専門行政職俸給表	航空管制官、特許庁の審査官	7,896
税務職俸給表	税務署職員	51,474
公安職俸給表（一）	皇宮護衛官、刑務官、入国警備官	21,965
公安職俸給表（二）	海上保安官	22,987
海事職俸給表（一）	船長、機関長、航海士	202
海事職俸給表（二）	甲板長、機関員	363
教育職俸給表（一）	大学に準ずる学校（気象大学校等）の教授、准教授	93
教育職俸給表（二）	国立障害者リハビリテーションセンターの教官	66
研究職俸給表	研究員	1,381
医療職俸給表（一）	医師、歯科医師	583
医療職俸給表（二）	薬剤師、栄養士	485
医療職俸給表（三）	保健師、看護師	1,825
福祉職俸給表	障害者支援施設の生活支援員、介護員	246
専門スタッフ職俸給表	政策情報分析官、国際総合研究官	164
指定職俸給表	事務次官、本府省局長、審議官	957
特定任期付職員俸給表	高度の専門的業務を行う任期付職員	465
第一号任期付研究員俸給表	招へい型任期付研究員	80
第二号任期付研究員俸給表	若手育成型任期付研究員	95

（注）1　本資料は、「令和５年国家公務員給与等実態調査」により作成している。
　　　2　構成比は、それぞれ小数点以下第２位を四捨五入しているため、合計が100％にならない場合がある。
（出所）人事院「国家公務員給与の実態」（令和５年８月）

図表1－2　行政機関職員数の内訳

行政機関　30.0万人								
治安	国税	河川・道路・港湾等	防衛（除く自衛官）	労働	農政	登記等	国有林野	その他
8.1万人	5.6万人	2.3万人	2.1万人	2.1万人	0.9万人	0.9万人	0.5万人	7.5万人

（注）令和2年度末定員
（出所）内閣官房内閣人事局ホームページ「省庁再編以降の国の行政組織等の職員数の動向」より抜粋

また、新しい事務・事業をやらなければいけないとしても定員は増やせませんから、仕方なく特殊法人や公益法人を作って、そこに仕事をやってもらうという方法でしのいできました。正規の公務員を増やさないという政策が、虎ノ門にたくさんの外郭団体ができるという事態を招いたのです。

さらに、本当は国家公務員が直接やったほうがよい仕事も外郭団体の法人に移したため、国会や大臣のガバナンスが利かなくなりました。外郭団体は基本的に民間であって、国会審議の直接の対象になりませんし、理事長が国会で答弁するということもほとんどありません。結局、民主的なガバナンスの外に多くの行政事務が置かれ、そこに無駄が発生しているのではないかという批判を浴びる原因にもなっています。

定員削減計画のもう一つの欠点は、決め方が硬直的だったことです。日本の行政の欠点の一つに府省横並び主義があります。臨時行政調査会（第一次臨調）の答申を受けて、1978年に佐藤栄作内閣で全省一律に一局削減をしました。橋本行革の時も省庁再編に合わせて一省一局削減をしました。経済産業省のように局の多いところも、財務省のように局が少ないところも、全府省横並びで一局削減したのです。定員削減計画も同じです。農林水産省のように仕事が減ってきている省も、環境省のような仕事が増えている省も、皆一律に5％削減としました。

定員削減が一律になってしまった原因は、そうでないと各府省が納得

図表１－３　人口千人当たりの公的部門における職員数の国際比較

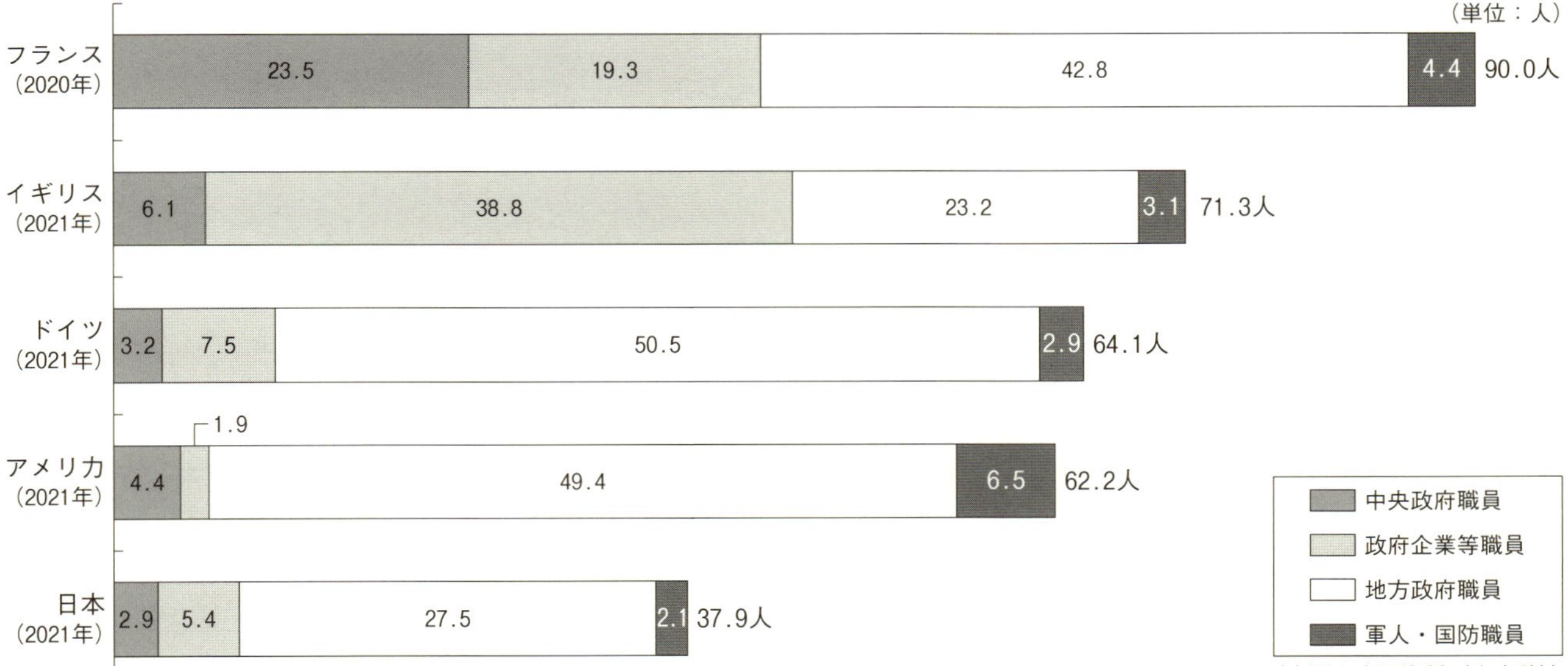

（内閣人事局資料（未定稿））

（注）　1　本資料は、編集時点における各国の統計データ等を基に便宜上整理したものであり、各国の公務員制度の差異等（中央政府・地方公共団体の事業範囲、政府企業の範囲等）については考慮していない。また政府企業等職員には公務員以外の身分の者も含んでいる場合がある。

2　国名下の（　）は、データ年（度）を示す。

3　合計は、四捨五入の関係で一致しない場合がある。

4　日本の「政府企業等職員」には、独立行政法人、国立大学法人、大学共同利用機関法人、特殊法人の職員を計上している。

5　日本の数値において、国立大学法人、大学共同利用機関法人及び特殊法人以外は、非常勤職員を含む。

（出所）　人事院ホームページ「国家公務員の数と種類」

図表１－４　国の行政機関の定員の推移

(1)　**昭和42年度から平成24年度**

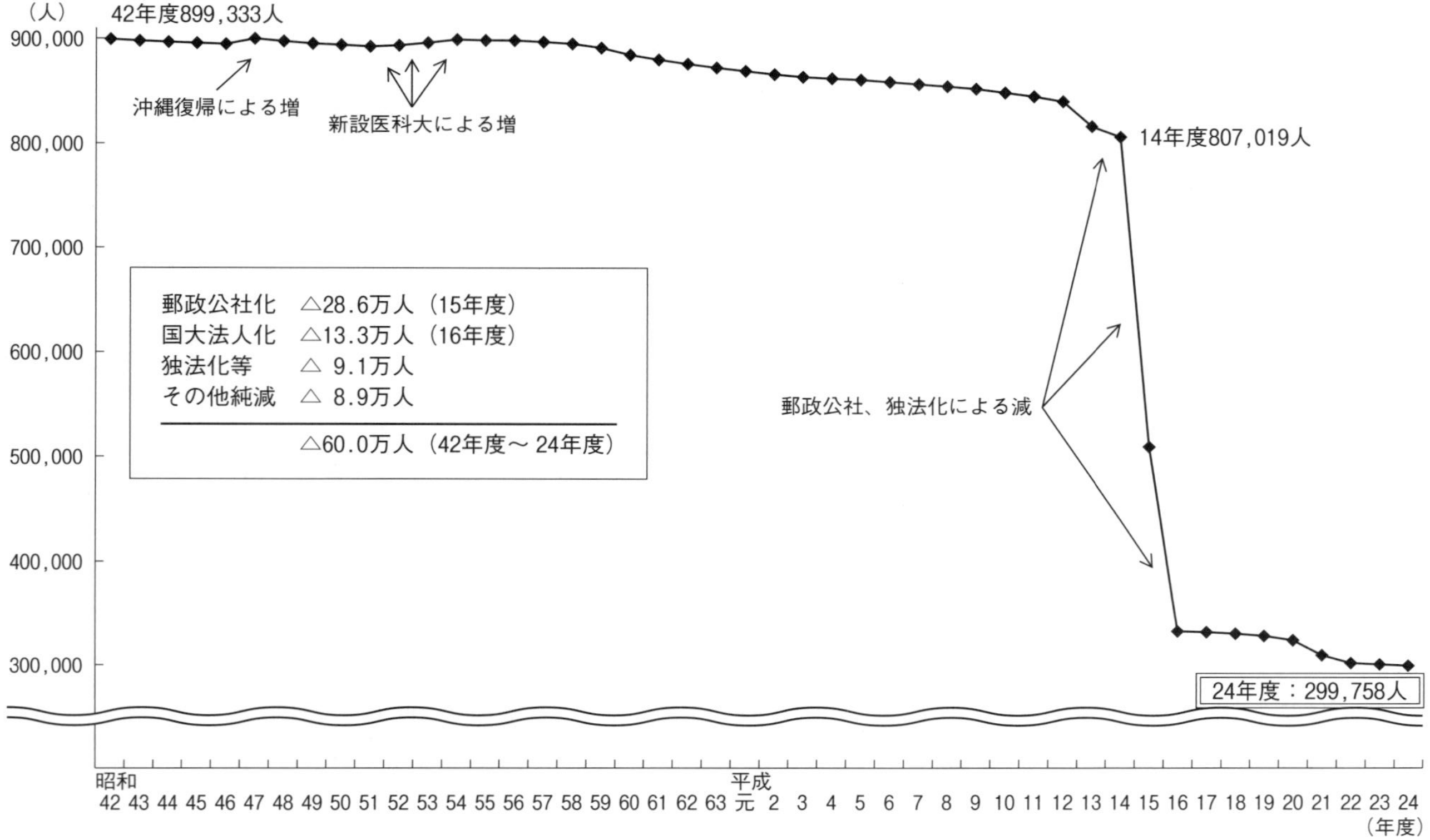

(2)　平成16年度から令和６年度

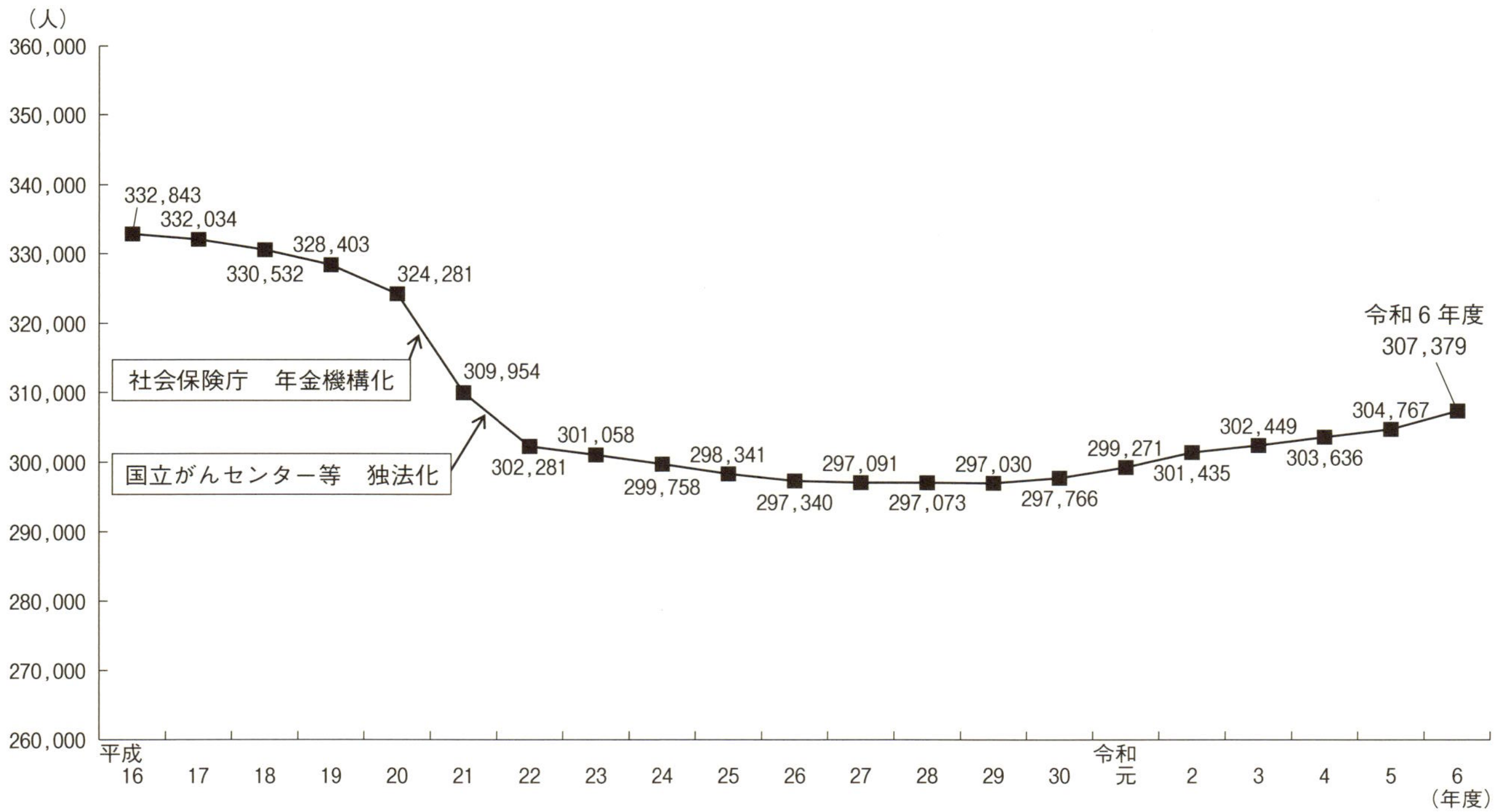

（注）　1　「行政機関の職員の定員に関する法律等の一部を改正する法律」（平成16年法律第82号）施行以降の定員の推移。
　　　　2　令和６年度末定員には、定年引上げに伴う新規採用のための特例的な定員（1,829人（１年時限））を含む。
（出所）　(1)は総務省ホームページ、(2)は内閣官房内閣人事局ホームページ

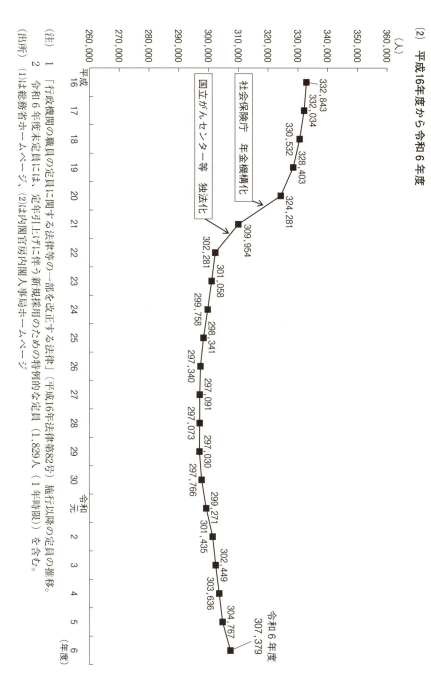

しなかったことにあります。本当は仕事が減っているところの人を減らして、仕事の増えているところには人を増やせば、定員が合理的に配置できるのですが、そういうことはできなくて、各府省庁は一律削減なら納得するのです。一時的な出向は別にして、省庁間配転（転籍）も長い間、ほとんどできませんでした。合理的な定員配置ができなかったことが、硬直的な定員削減計画の背景になっているわけです。

昭和30年代、40年代のサラリーマンは今と違うようです。植木等もサラリーマンは気楽な稼業だと歌っています。サザエさんを見ると分かるのですが、皆、基本定時で帰っていたようです。高度経済成長期に民間企業も厳しくなり、大手企業のサラリーマンで定時に帰る人は少なくなりました。近年では、働き方改革が進められていますが、オイルショック後、生産性を上げなくてはいけないということで、人員を増やさずにサービスを提供しようとしたからでしょう。

国家公務員の場合も、仕事は増えるけれど、定員削減計画のために定員は増えないものだから、今や所定の事務を通常の人員でこなせない状況が発生しています。メンタルを病む職員の増加や政策の質の低下といった問題の原因は、合理的な定員配置が行われていないことにあると見ることもできなくはありません。

4 日本の公務員の人件費は高いのか

それでは公務員の人件費は高いのか、安いのかという問題に移ります。公務員の給与（P）は官民給与比較を経た人事院勧告によって法律で決まりますが、民間はこの十数年間、デフレでずっと平均賃金が下がっています。勤めている会社で基本給がマイナスになることはそうはないと思いますが、新陳代謝や転職によって平均賃金は下がっているのです。これに伴い、民間準拠の公務員給与もこの20年間、モデル給与で15％以上、下がっています。

旧民主党政権は、子ども手当などの財源を出すために人件費２割削減と言っていました。国家公務員の人件費は全体で約５兆円ですから、２割削減で約１兆円です。国の予算は約１００兆円で、財政赤字の原因は毎年１兆円ずつ社会保障給付が増えていることにあります。人件費を２割削減しても、１年分の社会保障給付の伸び分しか浮きません。消費税増税の前に身を切る改革と言っても歳出削減には限界があり、問題の先送りになりかねないのです。

国の予算上、歳出は社会保障費や自治体への地方交付税といった移転財源が多くを占めています。財政赤字の原因は、高齢者が増えて医療費がかさんでいることや年金の受給者が増えていることです。公務員の人件費が財政赤字の主因ではありません。けれども世の中からは、国は公務員を使って行政サービスをやっているのだから、国の支出は人件費がほとんどではないかと思われているのです。

定員削減計画を厳しくして人件費を削っても、外郭団体に仕事が移って、そこに補助金を支出したら同じことです。定員削減して非常勤職員を雇っても、支出の費目が変わるだけです。予算上の人件費の名目額が減ったとしても、実態としての人件費は減りません。

少なくとも国の今の体制では、Ｐは相当低いですし、お話ししたようにＱは相当厳しく抑制されています。ＰとＱの関係については、両者の政治決定プロセスはまったく別で、ＰとＱがバーターだったという実感はありません。人事院勧告に基づく給与改定も値切られたこともありましたし（第15講参照）、同期会相場を持ち出すまでもなく、採用されている人材の質を考慮すると、民間準拠方式によるＰの絶対水準が高いということはないと思います。

以上のことを国際比較で見てみます。図表１－５の横軸が諸外国の労働人口に対する公務員の比率を表しており、縦軸がＧＤＰに占める公務員の給与支出の比率を表しています。日本は極端に人員が少なく、ＧＤＰに占める公務員給与の比率も相当低くなっています。つまり、日本の公務員は少数精鋭で安く働いているのです。

少ない人員で、世界中の国々と同じ水準の行政サービスを提供する場合、人材の質を高めるためにＰの方を高くしなければなりません。ＰもＱも低いということは普通ありえません。例えば、アメリカの行政機関は、Ｐは標準的

図表1－5　OECD諸国の公務員給与水準（2019年）

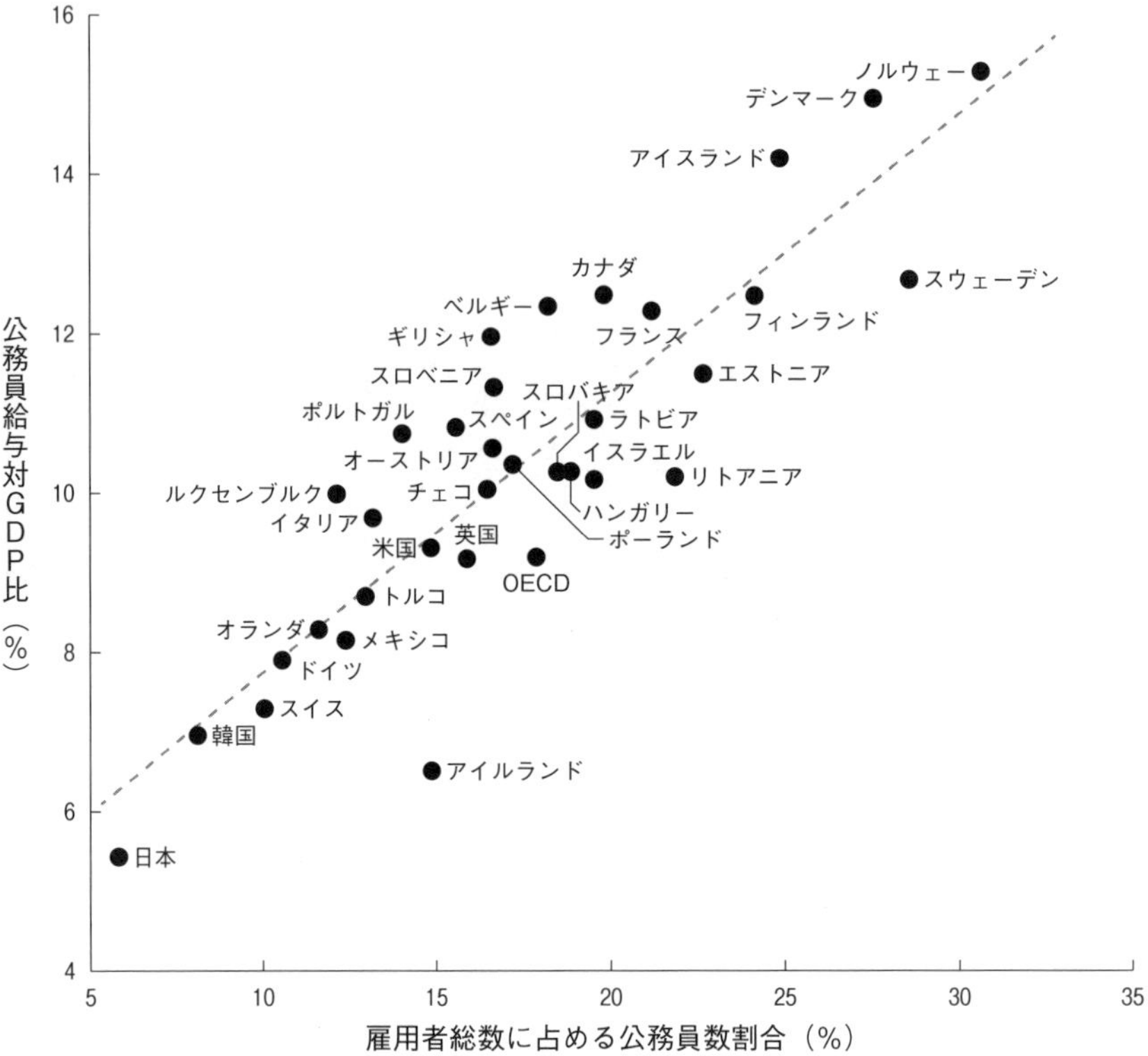

（注）　公務員数はOECD National Accounts Statistics（database）及びILOデータベースによる。公務員給与はOECD National Accounts Statistics（database）及びオーストラリア統計局による。

（出所）　社会実情データ図録

で、人はある程度雇って行政サービスを支えています。日本は少ない人員で公務を賄っているのだから、普通はある程度のPを払わないと行政サービスの水準を維持できないのです。

そもそも国と地方を合わせた日本の対GDP政府歳出比率は40％くらいで、先進諸国の中でも低いほうです。高等教育や子育て支援には欧米諸国も相当の予算を支出していますから、これを更に小さな政府にするというのは、国際比較からするとなかなか無理な主張ではないかと思います。

総選挙での各政党の公約をまじめに読んでいただく

と解るのですが、結局、日本の議論は小さな政府と大きな政府の間の選択ではないのです。財政赤字をなんとか歳出削減か増税で埋めたいということで、小さな政府対現状維持のような議論になってしまっています。国民に必要な負担をしてもらって、望ましい水準の行政サービスを適正な給与を払って公務員にやってもらうという議論になっていないのです。

この背景には次のような国民性の違いもあるようです。

ヨーロッパは階級社会なのに対し、アメリカや日本は、皆一斉に努力して功成り名を遂げることを目指す全員努力型競争社会ですが、アメリカでは運悪く成功できなかった人は社会が面倒を見るべきであるという意識があるそうです。

一方、日本は成功できなかった人は自己責任という意識が強いようです。運悪く負けた人も自己責任でよいのだ、できるだけ行政に頼らないことが正しいのだというセーフティネットや公助に対する支持の低さが、各政党の公約において、適正水準の公務員給与を払い、適正な公務員数で国民の求める行政サービスを提供しようという主張が見られない背景にあるのではないかと思います。

第2講

公務員の人材確保
——採用試験制度の変遷

今回は公務員の人材確保について、採用試験制度やキャリアシステムの問題を議論します。

1 競争試験と選考採用

国家公務員の採用はペーパー試験（競争試験）が原則になっていて、例外的に面接（選考）が認められています。法制度上、「競争試験」とは多くの人を対象に相対的に職務遂行能力の有無を判定して合格者名簿に載せる方法であるのに対して、「選考」とは個別の人が採用されるポストの職務遂行能力を持っているかを実証する方法であり、共に能力を実証する方法という意味で広義の「試験」という整理がされています。

一般職の能力実証原則（成績主義）に対して、立法府や司法府の職員、防衛省の職員など別の法律で規律されているものを除いて、特別職には基本的にそういった能力実証が求められません。自由任用、任命権者が自分の好きな人を就けてよいということです。例えば、宮内庁の侍従には陛下の望む人を就けてよいといった整理になっています。

ちなみに、この「選考」という言葉は現代表記で以前の日本語においては、同じ読みでも「銓衡」が使われていました。今となっては当て字として「選考」が定着し、「考」えて「選」ぶということで何となく感じが出ていると言うことができます。選考の一般的な手法である「面接」については猪瀬直樹著『昭和16年夏の敗戦』（世界文化社、1983年）に、軍が総力戦研究所を作ろうとした際に、「研究所の中心メンバーの一人松田千秋大佐が発明したのが「面接」という言葉であった」という話が出てきます。

この競争試験と選考による採用数がどのくらいあるかというと、原則は競争試験なのですが、実際の数を見ると選考の方が多い状況です（図表2－1）。医師や運転手など別に免許や資格があるので競争試験をしなくてよい職種もあるのですが、それよりも特殊法人や地方自治体との人事交流による採用が採用数に入ってくるからです。現実には過

図表2－1　職員の採用状況（令和3年度）

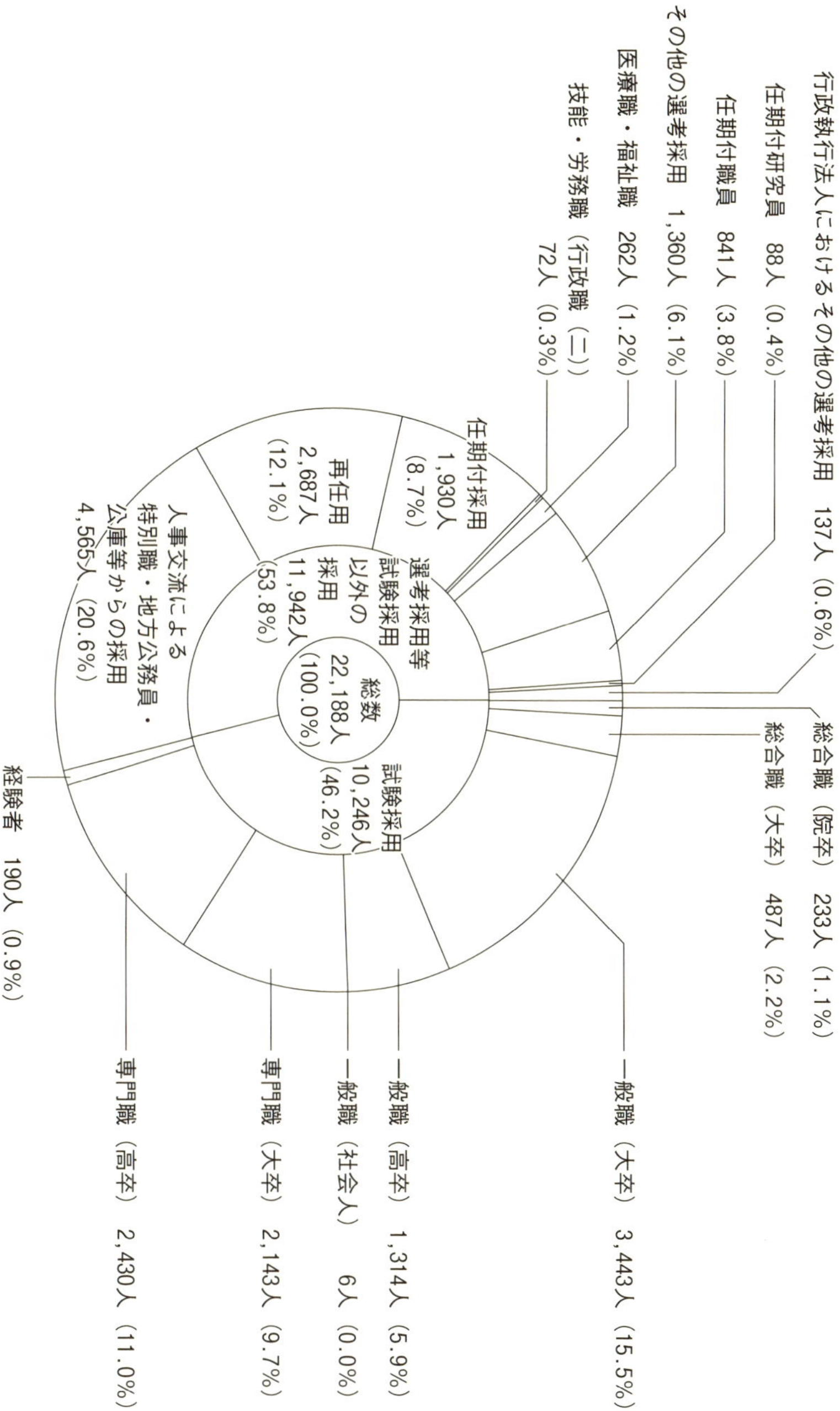

（出所）人事院「令和4年度　年次報告書」

半数が選考によって採用されています。

2 採用試験の前史

採用試験の歴史を紐解きますと、日本では奈良、平安時代に、冠位十二階や平城京など隋や唐の制度をそのまま輸入していたのですが、二つだけ導入しなかった制度があるとされています。そのうちの一つが宦官です。宦官は牧畜民族が家畜を去勢することからきているので、日本人のような農耕民族に受容されませんでした。

もう一つは、科挙の制度です。唐代の科挙の制度は有名ですが、日本では奈良、平安時代に科挙のような大規模な登用試験は行われませんでした。日本の天皇制は中国の絶対王政と違って部族連合政権だったからです。蘇我氏、大伴氏、藤原氏のような豪族が実質世襲で大臣になったことから、広く科挙を実施して家臣を選ぶ必要がなかったのです。

近代になってメリトクラシー（meritocracy）が勃興すると、フランスのルイ王朝で科挙にならった採用試験が行われました。プロイセンがドイツを統一すると、その試験がプロイセンに移り、伊藤博文がそれを日本に輸入した、つまり、科挙はヨーロッパ経由で迂回して日本に入ってきました。

戦前の高等文官試験で行っていたことは、論文と口頭試問です。例えば、「特別権力関係について述べよ」という問題が出されて、受験生は何時間も部屋にこもって文章を書くわけです。次に大学の先生による専門試験に口頭で答えていました。

戦後、国公法ができて、アメリカタイプの競争試験が導入されました。マルチプルチョイスと言われている五肢択一式試験を初めて日本に取り入れたのが人事院の採用試験です。五肢択一式というやり方は、画一性や納得性、大量処理などに優れています。論文や面接は、どうしても評価に恣意性を排除できないところがありますし、大きな数を迅速に処理するには、マルチプルチョイスが優れていたわけです。

ガリバー旅行記で、ガリバーはリリパット王国（小人の国）に行きます。リリパット王国の王様は大臣を選ぶ時に箱の中に綱を渡して、綱渡りのうまい人を大臣にしていました。ガリバーはそんなことで大臣を決めるのはおかしいではないかと考えますが、これは当時のイギリスの政治状況を皮肉ったもののようです。

公務員を選ぶ場合にも、就いた後の仕事に役立つ知識、能力の有無で選ぶのが合理的です。法制度の建前でも採用試験は係員の職務遂行能力を検証することになっているのですが、今の公務員試験はパソコンの操作やコピーの取り方といった事務能力は検証していません。日本のように新規学卒者を一括採用してジョブローテーションを繰り返しながら育成し、定年まで雇用していくという雇用慣行の下では、最初の係員としての事務能力だけを検証することに合理性がないからです。

新規学卒者について、公務員としての適性があるかどうか、より長期的な観点で検証せざるをえないし、新規学卒者には職歴もないわけですから、採用後に役立つ知識に関する学科試験や人物試験を行い、大学や高校でどれくらい学習できたかをテストすることを通じて、その人の意欲、潜在能力や学習能力、地頭の良さなどを検証するしかないのです。

3　採用試験制度の変遷

採用試験の歴史を更に紐解いていくと、戦後すぐには大卒程度の試験として六級職試験、短大卒程度の試験として五級職試験が高卒程度の試験として四級職試験が行われていました。しばらくして、１９５７年に上級職・中級職・

初級職という大卒程度・短大卒程度・高卒程度の学校制度とリンクする3段階の試験制度になりました。

昭和40年代に民間の採用が拡大し、公務員試験の人気が落ちてきました。1967年に人材確保を目的に上級試験が上級甲種試験（法律区分など）と上級乙種試験（図書館学区分など）の二つに分けられて4段階になりました。これは「戦前の高文試験にくらべれば程度が低いというのが旧高文官僚だった当時の各省幹部の不満」であり、「甲種を高文相当の幹部候補試験にしようという案」だったと、人事院ＯＢの書いた『ものがたり公務員法』（川村祐三著、日本評論社、1997年）という本に紹介されています（109頁）。

昭和の時代は、上級甲・乙、中級、初級の4段階でやっていて、上級甲種試験からの採用者がいわゆるキャリア、幹部候補生という実質的な扱いを受けていました。

1985年に第二次臨調に対抗する形で行った人事行政改善の諸施策の中で人事院はこの試験体系を見直しました。どういう問題意識だったかというと、かつては大学進学率が低かったのです。当時、上級甲種試験からの採用者は全体の採用数の5％以下で、大部分は中級・初級試験からの採用者でした。経済的な事情などで大学進学を諦めた人も、初中級試験から公務員になっているという状況でした。その後、大学進学率がどんどん上がってきて、1985年頃には30％を超えるほどになりました。その結果、昔なら高校や短大を出て公務員になった優秀層が大学に進学してしまい、採用後に大学の夜学で勉強するような人も減ってしまいました。しかし、大卒の入口は上級職しかありませんので、当時の国家公務員の採用者は7～8割が高卒でした。民間の大手企業の本社採用は大卒に一本化し、地方自治体も大卒採用が増えてきている中で、大学進学率の向上に国家公務員試験の試験体系が追いついていないではないかという問題意識でした。

このため、それまで短大卒相当だった中級職試験を大卒試験にしたのです。具体的には、それまでの大学卒業程度、短大卒程度、高卒程度といった「試験の程度」をやめて、Ⅲ種試験を給与法の分類でいう1級係員の入口、Ⅱ種試験を2級係員の入口、Ⅰ種試験を3級係員の入口とするものでした。学歴別の試験の程度を廃止して、俸給表の職務の級別の試験という再整理をしたわけです。

そして、既に実質的には大卒者の入口であった中級職の看板を大卒Ⅱ種試験に掛け直し、それまで中級職をあまり採りたがらなかった各省を、できるだけⅡ種試験から採用するよう説得しました。それから40年経って今は高卒の採用は少なくなって、大卒からの採用が拡大しました。大学進学率は今や50％を超えていますので、この切り替えは成功したと言うことができます。

もっとも、それまで大卒学士が上級職採用者として、キャリアシステムに一定の納得性を与えていたのですが、大卒試験が二本立てとなって、キャリアシステムの矛盾が拡大したという見方もできなくはありません。

その後の主な採用試験の見直しを見ると、採用試験については以前から「マルチョイ」のペーパー試験では本当の良い人が識別できないのではないかという批判がありました。平成に入ってからは学歴・知識偏重ではなく人物重視となるように、択一式の配点を落とし、大学名を伏せて面接する、面接や論文のウエイトを高めるという取組みをしました。

同時期に各省の官庁訪問（採用面接）によって人物をよく見るという考えの下に採用試験の合格者数を増やしました。もともと財務省に採用されなかったので日本銀行に行くというケースもあるので、合格者数は採用予定数とまったく同じというわけにはいかないのですが、例えば、当時のⅠ種試験の法律区分は採用予定数の1・2倍ほどしか合格者を出していませんでした。したがって、「どこの省庁でもいいから私は国家公務員になりたい」という人は試験に合格すれば採用してもらえました。ところが、合格者を採用予定数の2・5倍程度まで増やした結果、試験に合格すれば採用してもらえるとは限らなくなり、国家公務員採用試験の実質、資格試験化が進んだと言うことができます。

2001年の公務員制度改革大綱の後、行政改革推進事務局は「採用試験の抜本改革の在り方」（2002年8月2日行政改革推進本部決定）を決定して、合格者数を採用予定数の4倍とするとしました。これに対し独立機関である人事院は、採用に繋がらない合格者が大幅に増加すること、地方の合格者が不利になること、情実任用が懸念されることを理由に本部決定に従いませんでした。採用過程の公正さに疑義が生じてはいけないと考えたのです。

２００1年には、Ⅰ種試験の技術系試験区分を再編（大括り）しました。それまで文系の試験区分は法律職、経済職と学部単位だったのですが、技術系の試験はもっと細かく建築や土木、農芸化学と学科単位で分けて試験をしていました。理工系は大学の専門分野が細かく分かれているからです。これが「技官の王国」ともいわれたセクショナリズムを生んでいるのではないかという批判もあったため、基礎的素養を重視するとして25区分から10区分に統合したのですが、これがセクショナリズム対策になったかと言えば、ほとんど変わりはなかったようです。

同じく２００1年には外務公務員採用Ⅰ種試験が廃止されました。戦後すぐの時期から外務省専門職員試験と外務公務員採用上級試験については、語学のこともあって外務省が試験機関となって行っていました。しかし、機密費問題が起き、外務省だけ別の試験で採っていることが特権意識を生んで不祥事の温床になっているのではないかという批判を受けた結果、外務公務員採用Ⅰ種試験は廃止されⅠ種試験に統合されました。外務省は伝統ある外交官試験の廃止に抵抗しましたが、あに図らんや受験生に聞くと一番人気は外務省だということで、結果として喜んだのは外務省でした。

さらに、２００8年になると、当時既に１９８5年の雇用機会均等法に伴って導入された民間企業のコース別管理は廃れつつありましたが、国家公務員制度改革基本法の議論の時に「キャリアシステムを廃止して民間企業と同様に総合職と一般職にすべし」との議論があって、その旨が国家公務員制度改革基本法に規定されました。これを受けて２０1２年から採用試験制度を総合職、一般職、専門職に切り替えました。この時の考え方は、総合職試験の対象は企画・立案・調査・研究に関する事務に就く人、一般職試験の対象は定型的な事務に就く人、専門職試験の対象は特定の行政分野に係る専門的な知識を必要とする事務に就く人といったように、今度は仕事を縦に切り分けたのです。

このように採用試験の制度的位置付けは変遷してきているのですが、採用試験が実際に検証しているのは主に公務員としての基礎的素質であり、法制度の建前と現に行われている試験の内容に一定の距離があるものですから、採用試験制度の内容や位置付けが変わったとしても、受験者層や採用する各府省の意識はそう大きく変わらないようです。また、採用試験制度を見直してもセクショナリズムを是正するなどの効果が現れないのは、試験からの採用は、次講で述べるグループ別人事管理の各グループが、生涯処遇なども考えて、どの試験の種類から人材をリクルートするかの問題という面があるためではないかと思います。

4 公務員の人材確保をめぐる諸課題

次に公務員の人材確保をめぐるいくつか課題について述べます。

(1) 大学院卒採用

2012年の平成の採用試験の再編では、総合職試験に院卒試験が新設されました。

旧I種試験採用者の学歴構成を見ますと、理工系の学生は既に修士に行くのが当たり前だったので、理工系では区分によっては7〜8割が院卒でした。それに比べ、事務系の法律・経済といった区分の場合、文系学生の大学院進学が一般的ではなかったので、院卒者の占める割合は小さかったのです。法学部や経済学部から院に進む人は学者になるか、就職できない変わり者で、採用しても使いにくい、民間企業も文系院卒なんか採ってくれないという時代が長く続いたのです。しかし、ロースクールや公共政策大学院が新設されると、文系でも専門職大学院に進学するケースが増えてきました。

それに対し、各府省は文系院卒者の採用に対してまだアレルギーがあり、院卒者を積極的に採っていくという感じはありませんでした。各省には、若くて柔軟なうちに自省の中で育成したい、へたに大学院で専門的知識を得ていない方が育てやすいという意識が強かったのですが、国家公務員制度改革基本法で院卒の入口を整備することになって、ロースクールや公共政策大学院に進んだ人を積極的に採用することになりました。

大学院教育の内容については、卵が先か鶏が先かという問題だと思います。国際的に見て低い学位取得者の比率や、専門性向上の必要性を考えると、かつての昭和の試験再編による大卒者増加策と同じように、うまく院卒者の入口が機能し、霞が関で院卒者の数が増加していくことが望まれます。

(2) 官民交流の拡大

国家公務員について、官民交流を拡大する目的は三つあげられます。

一つは、過剰接待に始まる幹部公務員の不祥事は組織が閉鎖的だから起こるのであって、風通しを良くしないと不祥事を防止できないのではないかという議論です。もう一つは、金融ビッグバンの時に言われていた、大蔵省の職員はデリバティブなどの知識がなく専門性がついていっていないのではないか、もっと在野の専門家を取り入れなければならないのではないかというものです。民間の金融業務、コンプライアンス、広報の専門家など専門能力の高い即戦力を公務に誘致すべきであるという議論です。三つ目は、多様性の確保です。例えば、アメリカの大学では、卒業生は直接その大学の教員になれません。必ず他所の飯を食べてこなければ、卒業した大学の教員になることができないのです。多様性を確保しないと組織が弱ってしまうということのようです。日本の大学の先生は、どちらかと言うと卒業生ばかりになっているところもありますが、外部の血を混ぜなければ組織活力が維持できないという考え方もあります。

このようなニーズに応える形で、21世紀を前にした頃から様々な法制度の整備が行われてきました。最初に行われた官民交流の拡大は、研修という位置付けでした。昭和の終わり頃に人事院で研究会を開催し、1991年に人事院規則10－9（民間派遣研修）を制定して民間企業への派遣の仕組みを作ったのですが、定員の問題などからほとんど使われませんでした。その後、行政改革会議（行革会議）での官民交流を推進すべきであるという意見に対応して、人事院の意見申出により1999年に官民交流法が制定されました。2006年には官民交流法を改正し、雇用保険の通算ができなかったことなどの障害を取り除きました。

現在は官民交流の数が増えていますが、民間から国に来る交流採用に比べて国から民間への交流派遣の方は少ない状況です。その背景には、行政に若手職員の数が少なく、人的余裕がないので、若いうちに育成目的で交流派遣に出すことができないという実態があります。

官民交流拡大の二つ目の方法は、経験者採用（中途採用）の拡大です。1998年に人事院規則1－24（公務の活性化のために民間の人材を採用する場合の特例）が制定され、選考採用を拡大しました。極めて優秀な人の場合には、給与を直採用者（新卒採用者）の同年次トップクラスにできるという制度改正です。さらに、2000年に任期付職員法が制定され、民間の高い専門能力のある人については、最高で事務次官相当の給与で任期を限って採用できるという制度が導入されました。既に金融庁などを中心に千人を超える採用実績があります。

2012年の採用試験の再編では民間企業経験者を係長以上に採用する経験者採用試験も新設されました。これ以前にも橋本龍太郎内閣で行われた将来の天下りを減らすためのI種採用者数の3割削減などで生じた人員構成のゆがみを補うため競争試験と類似のプロセスの選考による採用（経験者採用システム）が行われていたのですが、これが正式な競争試験の一つに位置付けられました。

なお、これとは別に、2007年にはいわゆる就職氷河期対策として再チャレンジ試験（選考採用）が始められ、2012年には一般職社会人試験（係員級）と位置付けられました。

このように平成期には順次、官民交流について制度整備が進められ、かつてに比べ多くの民間経歴のある採用者が見られるようになっています。

⑶ 幹部公務員の公募制

最後に、幹部公務員の公募制の導入による官民交流の拡大です。国家公務員制度改革基本法では、幹部公務員について公募制の目標設定を内閣人事局で行うとされています。イギリスや韓国では既に幹部職員について公募を行っていますが、イギリスでは部内の人が応募するケースがありますので、民間から来るケースはそう多くはないようです。韓国の場合も、聞いてみると、公募採用者は広報などの民間の人ができる職務に就いているケースが多いようです。

アメリカでは、シンクタンクや大学など政治任用で辞めた人材をプールする労働市場が別途形成されています。それがあってリボルビングドアが成り立っているので、日本のようにシンクタンクも少なく、大学の教授が役所に入って、また大学に戻るようなことも一般的ではない国では、官民交流と言っても人材供給面で難しいわけです。

公募制の導入による官民交流の拡大を阻むもう一つの問題は、国会法による議員報酬以下という天井もあって国の課長や局長の給与が民間に比べて相当に見劣りすることです。民間のトップクラスの人材、ノーベル賞候補になるような人たちは1000万円や2000万円の年収では来てくれないのです。

また、国の幹部公務員には法律や予算など役所特有の知識が求められ、国会で説明責任を問われますので、民間から来た人がすぐに職責を果たすことが現実問題として難しいということもあります。このところ内閣官房にたくさん組織ができて、民間からも相当の人数が来ているのですが、そういう人たちの話を聞くと、役所特有のしきたりがよく分からず、国会や大臣との関係、各府省との調整などで困るようです。

官民交流を今より進めるということに対してほとんど異論はないのですが、最終的にどこまで流動化させるのか、どの辺りを目標に施策を講じていくのかについてコンセンサスが欠けています。アメリカみたいになるのだという人もいる一方、そんなところまで行けるはずがないと思っている人もいるという状況です。

5 キャリアシステム

採用試験制度に関わる大きな問題として、キャリアシステムの見直しがあります。キャリアシステムは行政学で「総合職試験やI種試験からの採用者を幹部候補として特別に育成する人事運用」と定義されています。国公法はこうした人事運用を予定しておらず、人事院は長くキャリアシステムについては消極的な評価でした。国公法第27条の平等取扱い原則や、第33条に定める成績主義の原則にそぐわないと問題視していたのです。幹部候補生を意味する「キャリア」という単語も、禁句として使わせてもらえないくらいでした。

入口選抜方式が一般職職員のモラールを低下させているのではないか、人材を無駄にしているのではないかという批判や、総合職採用者をアップ・オア・アウトで絞っていく段階で天下りが発生して無駄が生じているのではないかという批判がマスコミなどで根強く行われていました。けれども、キャリアシステムにも人材確保や計画的幹部養成のために一定の効果とメリットがあったことは否定できない事実でした。

一般職の幹部登用が進まないことについては、様々な原因が考えられます。かつてある省の秘書課長がノンキャリアの優秀な人を幹部にしようと思って抜擢人事をしたところ、しばらくして抜擢された人が秘書課長のところに「すみません。周りがやっかんで、とても仕事ができないので、元に戻してください」と言いに来たという話もあります。抜擢されたことによって、当人にかかる負荷や軋轢も結構あるようです。

また、「渡辺美智雄大蔵大臣の時にノンキャリアの人を局長に登用した」とご子息の渡辺喜美行政改革担当大臣が言っていました。財務省の中には主計局で働いているノンキャリアの親玉として司計課長がおり、司計課長就任者は東北財務局長になって退官するというのが当時通例の「上がり」コースでした。この時は司計課長を印刷局長にしました。最後の上がりポストをずらした人事です。

外務省で行われている外務省専門職員試験採用者などの部内登用制度も、実際の運用はそう簡単ではなく、いろいろな問題もあるようです。優秀な一般職職員を登用するという総論には皆が賛成しているのですが、現に行おうとすると難しいケースもあるのです。

次にキャリアシステム見直しの論点をいくつかお話しします。

まず、これに代わる納得性のある幹部選抜の方法があるかという問題があります。東京都や神奈川県などの大きな地方自治体では採用試験は1本なのですが、係長になるところで競争試験をやります。私がかつて2000年頃に東京都に短期間勤務していた時、庁内報の表側には様々なニュースが載っていたのですが、裏側は昇任試験予想問題集になっていたことに驚きました。しかし、組織の中に入ってから競争試験で選抜すると、おそらく合格できないリスクと出世志向と見られるのが恥ずかしいため、受験資格者が受験しなくなるという現象が共通して見られます。そんなことをするくらいなら、あまり偉くならなくてもいいのでしっかり現場で働きたい、趣味の世界に生きたいということになりがちなのです。都道府県警察の昇任試験でも同じような現象が起きており、多くの人は現場の刑事でいたいということで、なかなかうまく回っていかないのです。

逆に、キャリアシステムには、実際には昇任してもあまり給与が上がらないという問題もありました。「妥協したエリート主義」です。通し号俸制に始まる給与制度の歴史的経緯（第4講参照）と職員団体の強い影響下で、キャリアは早く課長補佐になるけれども、同年代のノンキャリアの係長と給与はほとんど変わらないという制度が維持・形成されてきたのです。この点は、平成に入ってから、職務・職責重視や霞が関の処遇改善等の目的で、期末・勤勉手当の役職加算措置、昇格時の一号上位格付け、本省手当の支給、東京勤務の地域手当の引上げ等の累次の措置が積み重ねられ、今は従前と様相を異にしています。

さらに、希少な人材育成資源をどのように配分するかという問題があります。地方の受付窓口や会計事務をやっていた人を、ただちに本省の政策を企画する課長にすることは難しいのです。本省幹部を育成するには、法律改正をやらせたり、難しい調整の仕事をやらせたり、留学の機会を与えたり、場合によっては早めに地方の管理職をやらせてみたりすることが必要ですが、こうした幹部育成に向いている勤務経験は総量が限られています。これを全員にバラまいたら、当たり外れが出ますし、中身が薄まってしまいます。

キャリアシステムをやめたら、人材確保に影響があるのではないかという問題もあります。早く偉くなって、やりがいのある仕事ができることが、安い給料だけれども国家公務員を志願する理由になっていたことは否定し難いところです。

こうした論点を議論していかなければ、キャリアシステムを単純にやめると言っても難しいのです。キャリアシステムは人事管理上のニーズがあるから続いているわけで、その見直しが難しいことにも理由があると言えます。最後にキャリアシステム批判に対して、2014年の国公法改正で導入された幹部候補育成課程がどのような議論を経て生まれたかについてお話しします。

1985年の人事行政改善の諸施策の検討の際に、人事院はⅡ・Ⅲ種の登用施策を開始しました。公務員研修所で行っている行政研修に「別科コース」を作り、各府省が推薦するⅡ・Ⅲ種の選抜者にラベリングをして幹部登用を図るという施策です。それ以降も、順次各府省と相談しながらⅡ・Ⅲ種登用のガイドラインを作るなどの取組みを進め、一定の進展が見られました。

2001年、内閣官房の行政改革推進事務局で公務員制度改革大綱の議論をしていた際に、「キャリアシステムは制度化されていない人事運用であるため、制度改正によって見直すことが難しいという面がある。むしろ、いったんキャリアシステムを制度化するべきではないか」という議論が提起されました。その結果、公務員制度改革大綱に幹部候補育成課程というアイデアが盛り込まれることになったのです。

次いで、2007年の「公務員制度の総合的な改革に関する懇談会」で、幹部候補育成課程の議論が行われました。そこで出た意見は、「入口選抜はおかしい。採用後の実績を見て選抜すべきである」「いったん育成課程に入っても駄目な人は途中で外すべきである」「育成課程を修了しても幹部になることを保証すべきではない」「育成課程を修了せずとも優秀な人材であれば幹部登用すべきである」など様々でした。一方でキャリアシステムの廃止も提起されていて、幹部候補育成課程の性格が曖昧になり、導入の目的がエリート主義を容認するものなのか、反エリート主義なのか、はっきりしないものとなりました。これが国家公務員制度改革基本法に盛り込まれ、２０１４年の国公法改正で制度化され、内閣人事局の発足とともに制度運用が始まったのです。こうした経緯は、人事院の平成24年度年次報告書の特集にまとめられています。

第3講

国家公務員の人事管理の実際

——グループ別人事管理

今回は、実際の国家公務員の人事管理がどのように行われているかについてお話しします。

一般職の国家公務員の人事管理における特徴の一つは、府省共通にグループ別人事管理と呼ばれる人事運用が見られることです。グループ別人事管理は、ほぼ同じ法制度下にある地方公務員には一般的に見られず、制度的な裏付けを欠くこともあって、当事者にとっては常識でも、これまであまり論じられることはありませんでした。

1　グループ別人事管理とは

国家公務員は、概ね勤務経験が重なるとともに次第に昇任・昇格していきますが、一般に持たれているイメージとは異なって、全体として見ると年齢別の役職や給与のばらつきが大きくなっています。特に上位の職務の級では、単純にある年齢の職員であればどの役職段階で何級だろうと推定することは難しいのです。この原因の一つは、府省毎に人事が行われ、年齢別人員構成等が同じでないこと等から昇任・昇格ペースが様々であることがあります。しかし、府省別に見ても依然としてばらつきが見られます。これは、各府省が、職員を更に採用試験の種類別等に複数のグループに分けて人事を行っているためと考えられます。

グループ別人事管理という人事運用は各府省共通に行われています。なぜここで「人事運用」と言うかというと、法制度の建前は採用試験の種類や採用年次にとらわれず人事評価の結果に基づいて昇進を決めるということになっているからです。現実に行われている各府省の人事運用と、この法制度の建前との間には乖離が見られます。

一方、地方公務員の人事管理を見ますと、東京、横浜、大阪など大都市の自治体では、管理職（係長）になる段階で競争試験を行っています。そのほかの県や市では、基本的に採用年次を揃えて全員一斉に係長級に昇任させたりしますので、課長級のポストである参事などが多いだけではなく、多くの場合、ある程度の年齢になるまで昇進するこ

図表３－１　グループ別人事管理のイメージ

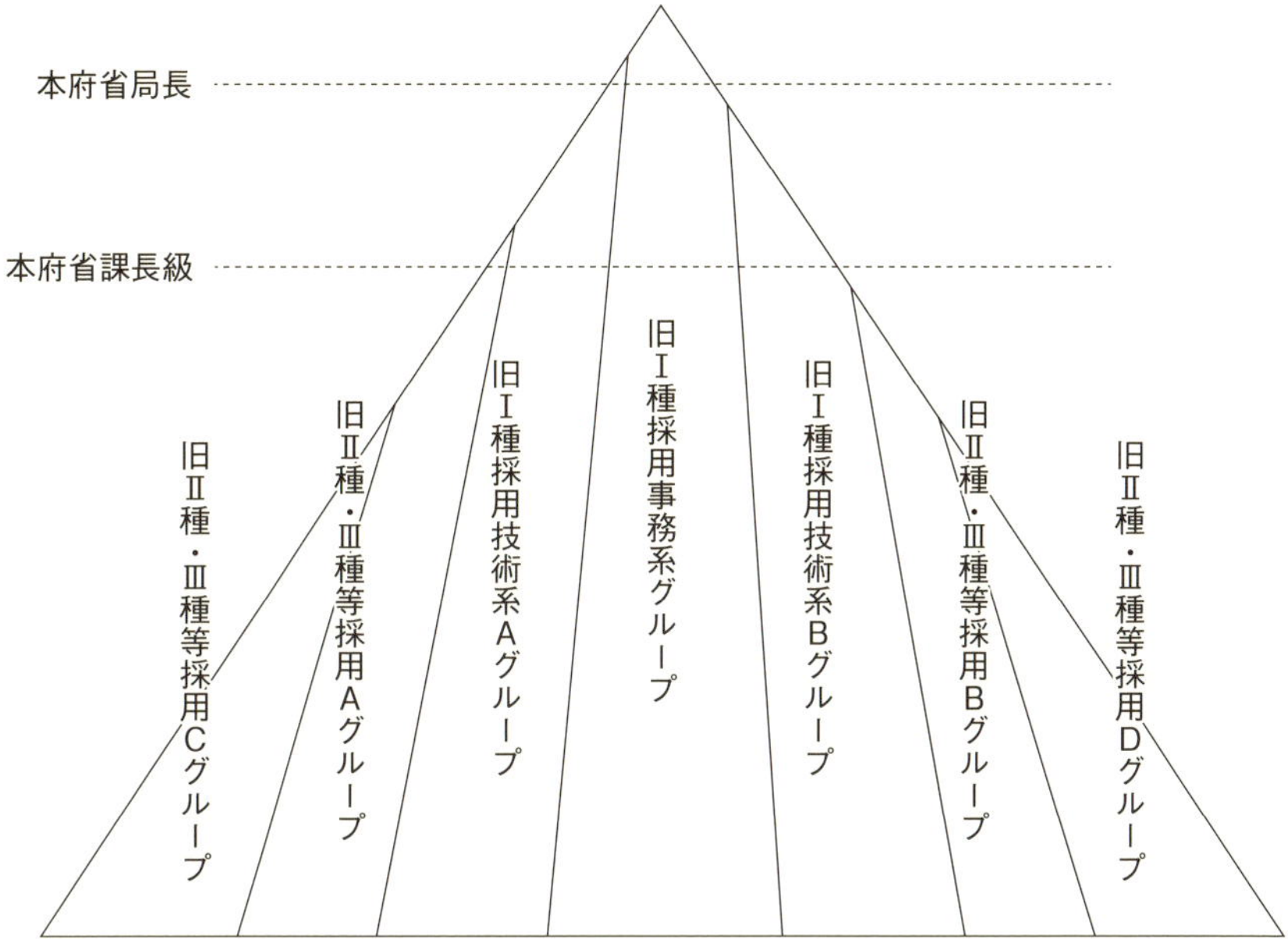

（出所）　人事院『平成24年度　年次報告書』

とができません。ピラミッド組織で全員一斉に上げていこうとすると上が抜けないと上がれませんから、50歳代になってやっと課長になったものの、数年したら部長になって辞めてしまうという遅い一斉昇進という人事管理が見られます。

国の場合、刑務官など昇進試験をやっているところもありますが、多くの府省ではグループ別人事管理というやり方で昇進管理が行われています。グループ別人事管理は、昇進管理が一定のグループに分かれて行われているというだけではありません。その核となるのは、そのグループに属する人の配置されるポストが概ね固定され、その中で人事異動が行われていることです。ポストに求められる職務経験や専門性等を背景として、あるポストに欠員が生じた場合、原則として同じ人事グループの中から後補充がなされます。必ずしも自分の省のポストだけではなく、出向ポストも含めてその人事グループの人が就くポストがだいたい固定されています。見ようによってはそれぞれの人事グループがそのポストを、いわば自分の

図表3－2　グループ別人事管理の状況

(1)　採用試験による人事管理のグループ分けの仕方

(2)　採用試験以外による人事管理のグループ分けの仕方

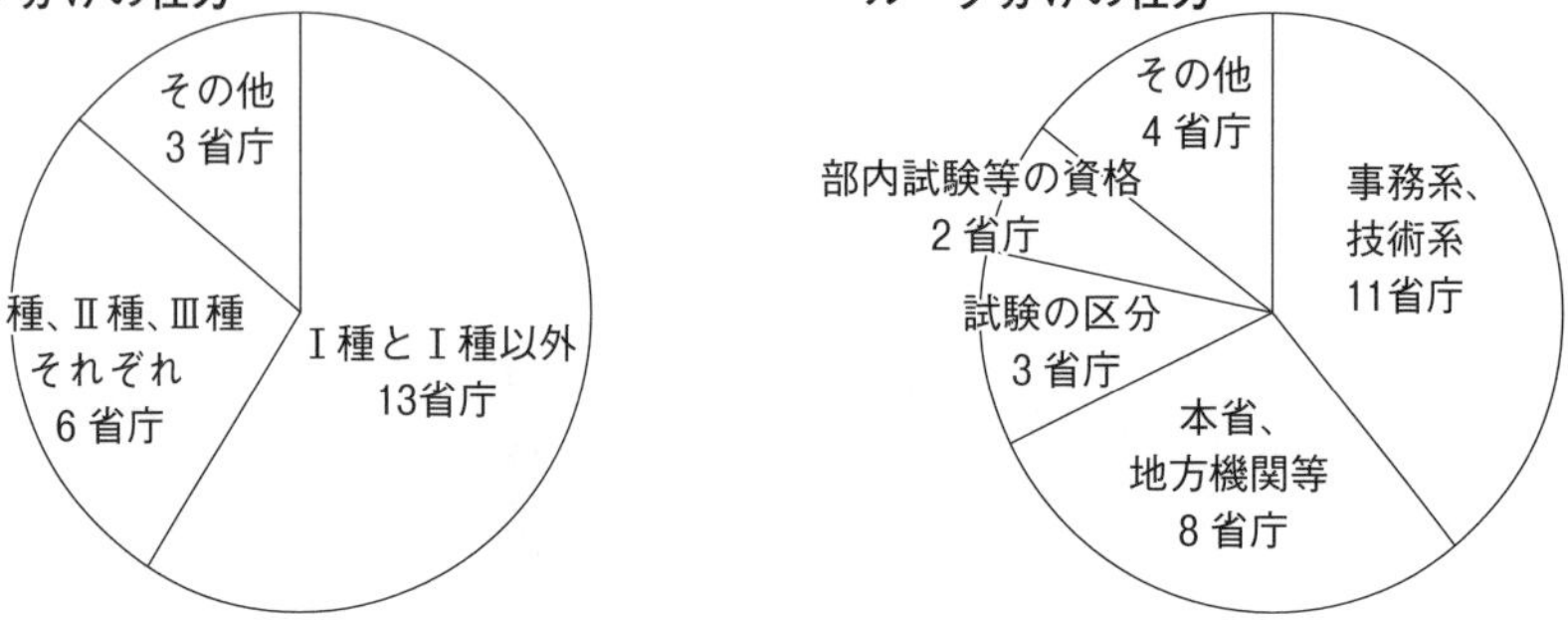

（注）　調査対象：22省庁（本省及び大臣庁）
　　　　調査時期：平成9年4月

（出所）　1998年「新たな時代の公務員人事管理を考える研究会（人事院）」

財産のように持っています（図表3－1）。

その結果、各グループにおける昇進スピードや最終到達官職はグループの人員構成と配置されるポストの状況によって異なることになります。上位ポストを多く持つ人事グループは昇進ペースも速くなります。若年層ではある程度年次一律の昇進が行われていたとしても、多くの人事グループでは上位ポスト数の制約により、係長クラスを過ぎる頃には昇進選抜が始まるようです。採用年次別の一斉昇任、高位ポストでの昇進、さもなくば退職といったキャリアシステムの典型的なイメージの人事は、実際には一部の大きな府省の総合職事務系採用の人事グループでしか見られず、それも退職年齢の高齢化などの中で変質しつつあるようです。キャリアシステムや事務官・技官問題は、ある意味で人事グループとグループ間のポスト配分の問題として一般化することもできなくはありません。

それでは、各府省における人事管理の単位である人事グループはどのくらい存在するのでしょうか。よく知られているように、実際の人事は、医師や運転手などの職種（適用俸給表）の別に加え、採用試験の種類別に行われています。また、事務官・技官の別、所属部局（○局採用など）の別、更に採用試験の試験区分（法律、理工などの専門分野）の別、再編前の旧省庁の別などでも分かれており、複数の要素とその組合せで多数の人事グループが形成されています

（図表3－2）。さらに、かつて国立大学に典型的に見られたように、採用試験の種類や専門を共通にしていても、行政機関単位や管区単位など一定地域単位で人事グループが形成され、その中で人事管理が行われている府省もあります。

人事系統や人事グループの括り方は、その沿革や組織規模が異なることなどから府省によって様々です。通常は200人程度が多いようですが、国交省の技官グループのような千人以上いるグループもあれば、厚生労働省のアクチュアリーのグループのように数十人しかいないグループもあります。勢力が強いグループもあれば、あまり影響力のないグループもあります。また、完全な人事グループとまでは言えないような弱いグルーピングも見られます。

このため、人事系統（注1）や人事グループの厳密な数を把握することは困難ですが、どれくらい細かく分かれているか数えてみたところ、国立大学が独立法人化する前で、主な職種である行政職（一）、専門行政職、税務職及び公安職については300近い人事系統、1500を超える人事グループが存在するのではないかと見込まれました。非常に細かく分かれているのです。通常、霞が関で何々省がこう言っているという場合は、その省の最も有力な人事グループの利害を指していて、多くの場合は総合職事務系採用のグループの意見がその省の意見と観念されているケースが多いようです。

次にグループ別人事管理の制度的基礎をお話しすると、人事グループが存在するからといって、その数だけの任命権者が存在するわけではありません。任命権者は、国公法第55条に規定する任命権者（いわゆる原任命権者）が50弱、出先機関の長など下位の官職の任命の委任を受けた任命権者を含めて約1000ですが、一般に発令の名義人たる任命権者の区分は実際に人事を決める人事グループの区分より大きく、その区切りも最も大きな区分である府省別を除けば一致していません。

セクショナリズムの弊害是正については、制度的に大臣が任命権を持っていても「局あって省なし」と言われる実態があるとされていること、戦前官吏制度では任命権は天皇に一元化されていたが既にセクショナリズムの議論があったとされていることから、形式的な任命権の所在の議論だけで、職員のロイヤリティの帰属を論ずることには限界があるのではないかと思います。

（注1）ここでは、地理的な要素を除いてグルーピングの基準を共通とする、いわば人事グループの種類を指して「人事系統」、勤務官署別などの実際の最小単位のグルーピングを指して「人事グループ」と呼んでいる。例えば、A省の技術系地方出先機関勤務の職員という人事系統に北海道管区内異動のグループ、東北管区内異動のグループといった管区機関の数だけ同じ性質の人事グループが存在するような場合である。

2 人事グループの実例

次に各省の人事グループの例をいくつか見てみます。

〈法務省のケース〉

法務省においては、局長や主要課長はいわゆる「充て検」、法定併任という形で司法試験合格者が検察庁から配置されますので、幹部ポストのほとんどを検事が占めています（法務省設置法附則第3項参照（注2））。そのため、総合職試験に合格して法務省に入っても相当頑張らなくては局長や本省課長になれないのです。

法務省の人事の特徴は局別人事です。民事局・人権擁護局の系統では、民事局の総務課が地方の局長も含めて人事を決める、矯正局では矯正施設の幹部も含めて矯正局の総務課が基本的に人事を決める、出入国在留管理庁や検察庁もそれぞれで人事を決める、局間の異動は少ない、という特徴があります。

（注2）法務省設置法附則第3項
（職員の特例）

3　当分の間、特に必要があるときは、法務省の職員（検察庁の職員を除く。）のうち、133人は、検事をもってこれを充てることができる。

〈財務省のケース〉

次に財務省の場合、総合職試験採用でも本省採用、財務局採用、関税局採用、国税庁採用と四つの人事グループがあります。本省採用であれば官房秘書課が、財務局採用であれば官房地方課が、関税局採用であれば関税局管理課が、国税庁採用であれば国税庁人事課が人事を管理しています。また、本省課長職の多くには本省採用者が就いており、国税庁長官などの枢要なポストも本省採用者が押さえていて、ポストの配分が不均等になっています。

財務省人事の特徴は、「吸い上げ人事」です。例えば、主計局のベテランの多くは地方の財務事務所出身だったり、税関出身だったりします。地方組織で働かせてみて、「これはできる」という人を、推薦を受けて本省に連れてくるのです。本省で課長補佐まで働かせた後、出身地に戻して部長などの幹部にします。地元にいるより早く昇進させることで、本省で激務をこなしたことに報いています。

〈厚生労働省のケース〉

旧労働省は局別人事が基本でしたが、旧厚生省では技官グループが細かく分かれていました。例えば、数理や薬学、衛生工学など細かい技術系の職種を持っています。中でも医系技官というグループが強い勢力を持っています。次官級の医務技監に加えて医政局長という局長ポストを持っていますし、地方の検疫所長など医者の知識がないとできないポストも持っています。官房の厚生科学課が医系技官の人事をやっています。医系技官には臨床が性に合わず行政へ来た人もいるので、かつて『お役所の掟』（講談社、1993年）を書いて有名になった宮本政於さんなどやや風変わりな人もいました。

旧社会保険庁問題の時には、三層構造の人事が社会保険庁の不祥事の背景だと言われました。三層構造とは、社会保険庁の長官や管理部長などには本省事務系キャリアが就き、それ以下の中堅の幹部には霞が関の本庁採用の旧Ⅱ

種、Ⅲ種試験採用者の人事グループが就き、地方組織では人事が地域毎の採用者の人事グループで行われているというものです。旧社会保険庁については、グループ別人事に起因する三層構造よりも、むしろ労働組合問題など地方事務官以来の経緯に由来する根深い問題があったと思われます（地方事務官制度については第1講参照）。

〈国土交通省のケース〉

国土交通省の旧建設系技官の人事は、官房技術調査課で行っています。土木や建築といった技術系の区分で本省に入った人は局単位で人事が行われ、出先機関の所長などのポストに就き、全国転勤します。地方整備局採用で一般職の人は管区内を廻ります。採用される試験の種類によって転勤の範囲が違うのです。旧建設省においては創設時の経緯から、かつては事務官と技官が交替で事務次官に就き、早くから事務次官級の技監という技術系ポストも置かれていました。本省でもいくつかの局長ポストや多くの課長級ポストを技術系の人が占めていますが、それでも技官の昇進ペースは事務官より遅いと言われていました。旧建設省では総合職事務官の採用者数は毎年十数名くらいでしたが、技官の採用者はそれより相当多かったからです。上位ポストの数も対等とは言えないのですが、母数が違うことによって昇進ペースが異なってしまうわけです。

3　グループ内での人事の実際

それでは、人事グループ内での配置や昇進選抜はどのように行われているのでしょうか。典型的なモデルを想定しながら議論を進めます。

人事院は1985年と1998年に、人事管理等実態調査を行いました。そこではほとんどの省庁が「普段の心証」を昇任の際の評価基準としてあげており、採用後、比較的長い期間、上司・同僚等グループ内の多数の者の目に

図表3－3　昇任の際の評価方法

※母数は41省庁（外局含む）

役職段階＼評価方法	本省係長級	本省課長補佐級	活用の形態（本省係長級の場合）
勤務評定	35省庁	35省庁	省庁 % ・勤務評定のみ 2（ 4.9） ・普段の心証のみ 5（12.2） ・勤務評定と普段の心証の併用 14（34.2） ・上記に更に上司の推薦の併用 11（26.8） ・勤務評定と上司の推薦の併用 3（ 7.3） ・普段の心証と上司の推薦の併用 1（ 2.4） ・勤務評定と選考試験又は研修の併用 5（12.2）
普段の心証	32	34	
上司の推薦（上申・内申）	19	18	
昇任選考部内試験	1	0	
選抜研修及び研修時の評価	4	2	

（注）1　上級試験からの採用者は除外している。
　　　2　役職段階欄の数は重複記入による。
（出所）1986年「能力評価研究会（人事院）」

よって全人的人物評価が固められ、これに基づいて昇進選抜を行っていることがうかがえます（図表3－3）。かつての勤務評定制度が実質的に機能してこなかったことなど制度的な問題もありますが、多様な公務職場の実態と変動する行政ニーズという条件の下、同じ背景を持つ同僚職員からの評価が最も納得性が高く、これに替わる合理的な評価が技術的にも難しかったという面があったことに留意する必要があります。

人事グループの中では、通常、採用年次ごとに最大数十人を対象に相対評価を行い、順次、配置や昇進を決めていきます。学習院大学の野中尚人教授が通商産業省の1983年被採用者の採用後の配置を調べられた論文（「高級行政官僚の人事システムについての日仏比較と執政中枢論への展望」日本比較政治学会年報2005年7巻、165－228頁）では、「事務官は、本省内部で留まる確率が高く、複数の政策分野を少しずつ担当しながら異動を繰り返している」、技官の場合も採用後10年は、ほぼ同様の傾向が見られると分析しています（180頁）。そうした中で「こいつは法改正で頑張った」「こいつはここで上司にたてついてあまりうまくいかなかった」という情報が段々と秘書課に上がってくるのです。次の異動の時に「こいつは仕事ができるからこの仕事をやらせてみよう」「あいつはなかなか言うことを聞かないようだから、あまり重要でないところにまわそう」というようなことが起きます。

このため、職員側でも、現在の仕事の実績を通じて積み重ねられた評価が次の定期異動で希望するやりがいのあるポストに配置されることに繋がり、最終的には昇進選抜に繋がるという認識が一般的です。特に本府省の人事グループでは、公務の意義といった抽象的な価値だけではなく、次の異動におけるやりがいある仕事への配属というインセンティブが強く働いているようで、それが、給与上の処遇が一律であったにも関わらず、「親方日の丸」といったイメージからかけ離れた長時間勤務や頑張りを支えてきたと考えられます。過去にお話をうかがったことのある多くの各府省の人事当局者は、実際、人物評価は行っているし、その評価に自信を持っているとしていました。

単純に仕事で成果をあげたということだけではなくて、協調性があるとか、カラオケに付き合うとか、ゴルフができるということを、4~8年、省内をまわっていく中で多くの上司、部下、同僚から観察されて全人的評価が定まっていくのです。同じ課長補佐でも、有力でへたをすると変な課長よりよほど影響力のあるポストもあれば、係長くらいの影響力しかないポストもあります。補佐クラス、係長クラスに一斉に昇進すると言っても補佐や係長の職責には幅があるわけで、どれくらいやりがいのあるポストを取れるかがそれ以前の仕事における評判によって決まってくる仕組みなのです。給与上の格付けは皆一斉に昇格するのですが、同期の中で誰が一番評価されているのかは、配置されたポストによって人事グループの中の人にとっては明らかになっているのです。第5講でお話ししますが、そういったことが職階制を実現できなかった原因の一つで、職責を点数化して、こっちの課長よりこっちの補佐の方が高いというようなことをやると、評価をあからさまにせず競わせ続ける一斉昇任人事ができなくなってしまうのです。

そうした形で競争を煽って一生懸命仕事をさせるのですけれど、かつては、「辞めポスト」というのも見られました。段々と勝者と敗者が決まってくると、敗者には「何局の審議官に就いた人は必ずそこで行き止まりだ」「自分は同期の中でだいたいこれくらいだし、このポストに就いたので俺もいよいよ肩叩きだなぁ」と認識させて、競争をクールダウンさせるのです。こうして、それまで次官になれるかもと思っていた人を諦めさせて、競争をクールダウンさせることもグループ別人事管理の中で行われていました。

この評判人事、できる・できない人事というのは、中長期にわたる多くの人による観察に基づく、ある意味で多面評価ですから、一夜漬けが利きません。持続的に頑張り続けることができず、いったん評判を下げてしまうと回復が難しい面があります。一方、基準が不明確である、ふわっとしていて何をやったら評価されるのかがはっきりしないという欠点があります。私は、キャリアの1年生、2年生に対しては、「最初の4年が肝心だ。最初の4年で『こいつ仕事ができるな』と評価されて好循環に入れば、あとは多少だれても大丈夫だが、最初悪いところを見せてしまうと他人の倍くらい努力しないと評価を回復するのが難しくなる」と言っていました。お見合いと一緒で、第一印象が後々まで響いてしまうのです。

また、顔と名前が一致していないとグループ別人事管理はできません。人事当局がこの人はこういう性格、資質、能力だと判らないと適材適所の人事配置ができないのです。同期の中で相対評価をするから「こっちが上でこっちが下」と評価できるので、経験年数の違う者を、全員まとめて順番をつけることはさすがにできません。そういう意味で、年次別人事管理というのもグループ別人事管理の基盤となっています。

省庁再編前、主要省庁の旧I種試験の事務系キャリア採用は20人前後でした。それくらいであれば、あの期で一番できるのはこいつ、次はあいつというのが判るのですが、あまり人数が多くなってしまうと判らなくなってしまいます。旧運輸省と旧建設省などが合わさって国土交通省ができた時に、事務系総合職を合同で倍の人数を採用することとなって、人事企画官が「俺は自分が内定を出した全員を覚えていると思っていたけれど、内定者が多くなると何人か忘れてしまうのだな」と言っていました。人事グループにおける同期の数には、人間の記憶力から来る限度があるようです。このように、人事当局が最低限、顔と名前が一致するような範囲でしか人事管理を行うことができないため、そのことが逆に細分化された人事グループの存在を生んでいるとも言えます。

評価結果その他の人事情報は人事グループ内に蓄積されるため、通常、具体的な人事配置は人事グループ内で決められています。人事グループが人事配置について一定のオートノミーを有していると言えます。欧米諸国や国際機関の人事はマネージャー単位で分権化されているのに対し、日本の行政機関の人事は人事グループ単位で集権的に行われているのです。

制定時の国公法の競争試験原則も、2007年同法改正後の人事評価に基づく昇進管理も、このグループ別人事管理を完全に代替することができていないのは、グループ別人事管理はある意味で合理的で、昇進選抜について一定の納得性を持ち、グループ内で激しい競争を行わせることによって仕事を一生懸命やってもらえるというメリットがあるからです。新しい制度が、これをやればグループ別人事管理をやめてもうまくやれるという確信を人事当局に与えるだけの説得力を持つことができていないとも言えるかもしれません。

一方で、グループ別に採用をやっていますし、昇進選抜も省庁別に異なった基準で行われますので、グループ内の採用基準、昇進基準によって省庁別にいわば家風が生じてきます。財務省の人はスマートではないけれど体力があって疲れを知らないとか、経済産業省の人はスマートだけど粘りはないとか、外務省の人はプライドが高くて……というように省によって家風が生じてくるのです。昔、経済産業省がはやりのコンピテンシーをやってみたところ、経済産業省で一番できる課長の行動特性は、他省庁の権限の仕事に口を出して、口を出された省庁の人がもっともだと言って聞いてくれるというものだったそうです。「さすが経産は違うなぁ」と思ったものですけれど、評価される基準は府省によってある程度違ってきます。それもグループ別人事管理の弊害の一つです。

4 人事グループの消長

人事グループは決して万古不変のものではありません。

昭和40年代以降に総理府、国土庁、環境庁などの、いわゆる総合調整官庁が新設されました。これらの新設省庁には、例えば環境庁ですと、厚生省から公害部などが人ごと移ってきました。当分の間はあたかも厚生省の人事の一環のように、部長は厚生省から来て帰りますし、課長も厚生省から来て厚生省に帰っていました。ところが、国土庁や環境省ではプロパーの係員を採用し始めました。そうすると段々プロパーが育ってきて、上位のポストを確保しなければいけなくなり、もともとそのポストを持っていた省庁の当局と交渉して、少しずつ課長や局長のポストを取り返していきました。1971年にできた環境省がプロパーの事務次官を出したのは2008年です。何十年もかかって自分の組織のポストに変えていくという、レコンキスタ運動のようなことが新設省庁では行われていました。

次に合併省庁のケースを見ます。1984年に旧行政管理庁と旧総理府が、いわば対等合併という形で総務庁ができました。総務庁では、行政管理局・行政監察局には旧行政管理庁採用の人が就き、総理府由来の人事局・統計局・恩給局には旧総理府採用の人が就いていたのですが、官房長、総務課長、秘書課長については、たすき掛け人事をやっていました。官房長がこちらなら、次官はあちらというようなことをやりました。民間でも、第一勧業銀行が合併してできた際に同じことが行われました。どちらかが重要ポストを独占してしまうと不都合が生じるため、官房系の人事をクロスでやったのです。

私が平成初めの頃に総務庁に出向した時も系統は分かれていまして、採用も一応一緒にやることになっていましたけれども、内定を出したのが秘書課長か、秘書課の参事官かによって、どちらかの色がついているようでした。この人は旧行管系、この人は旧総理府系という色分けがされて、お互いにあまり仲が良くなかったようです。肌が合わなかったのです。旧行管系のどちらかと言えば財務省に近いような査定官庁の体質と、旧総理府系の官邸で政治家の指示に従うお公家さん気質の集団では、家風が合わないということもあったようです。

その後、省庁再編で総務省ができた時に総務庁グループは離縁しまして、旧総理府系の人は内閣府に移って旧経済企画庁の人と一緒に人事グループを作って人事をやっています。総務省では郵政系と行管系のグループが別々に採用をやっています。さらに、総務省に移ってきた旧自治省系の人も「俺たちは断固として別の立場を貫く」と言って別に人事をやっているのです。そういう意味で、総務省の人事は少なくとも総合職だけでも三系統になっています。合併してもそう簡単に一緒になれるというわけではありません。

グループ別人事管理を見直し、弾力化した経済産業省のケースもあります。専修大学の藤田由紀子教授の『公務員制度と専門性：技術系行政官の日英比較』（専修大学出版局、2008年）という本の中で次のように論及されられています（38頁）。

「通商産業省では、1987年度まで、技官の人事は、情報、機械、化学、公益、資源という5つの専門分野に分かれており、情報、機械は機械情報産業局、化学は基礎局、公益は資源エネルギー庁、資源は立地公害局で、それぞれ技術審査委員（各局総務課の技官の筆頭課長補佐）が人事を担当していたが、1988年度より課長補佐以下の技官について、専門分野ごとのポストの棲み分けが廃止され、人事権が秘書課技術審査委員会に一本化された。この決定は、各局の技術審査委員によって構成される技術審査委員会でなされたが、課長補佐以下の技官が強く支持する一方、課長以上はこれまでの人事運用によって培われてきた技術知識の低下への懸念から抵抗が強く、直接的な影響を受けない事務官は全般的に好意的であったといわれる。また、その後の技官の人事については、例えばそれまで機械のポストであったところに化学の技官を就けるなど、それまでのグループを意図的に壊すような異動も行われた。さらに1989年の技術総括審議官設置を機に、技官の管理職人事も官房一本化が推進された。このような技官人事の一括化に加え、1992年度頃より、技術的専門とは無関係に、政策の企画立案を主な業務とするポストに技官を配置する、あるいは、原班的ポストに事務官を配置するなど、従来固定的であった事務官と技官のポストの流動化が進められており、1998年度入省者の採用からは、事務官・技官の一元的選考も実施されるようになった」「このような人事システムの変容は、同省がその機能の重点を、業界の指導・監督から、より抽象度の高い政策立案へと推移させてきたことと符合しているといえる」

経済産業省にはかつて、厚生労働省と同じく事務官・技官問題がありました。技術系の細かいグループがあったのですが、I種採用者は全員事務官・技官の区別をなくして秘書課で人事をやる、局別人事もなしということで秘書課に人事を集約しました。官房に技術系の実質的な親玉がいますので、必ずしも官房長や秘書課長が全部決めているということではないようですが、各分野の専門性や政策の質がどうなったか、技官の処遇がどう変わったのか、配置や昇進の納得性はどう変わったかなどについての検証が求められると思われます。

5 グループ別人事管理の功罪

次にグループ別人事管理の功罪についてお話しします。

問題点として、よく言われているのは天下りです。グループ別人事管理をやるから、幹部に昇任したあと早期退職しなければならなくなるというものです。昇進管理が不透明で納得性に欠けるという批判もあります。一般職採用者が幹部になれず、人材が無駄にならないかという批判もあります。縦割りの人事によるセクショナリズムの問題も指摘されています。

私がグループ別人事管理の大きな問題だと思うのは、「人柄主義で異能が生きない」という問題です。ふわっとした基準しかなく、周りからの評判で人事をすると、生意気な人は時に評価されるのですが、カラオケに付き合わず専門書ばかり読んでいるような人は周りの評判が良くないから、偉くなれません。調整型の円満な人格者しか幹部になれないのです。霞が関の課長や局長の主たる仕事は、各省や与野党などのステークホルダー間で対立する利害を調整して政策を実現していくことですから、円満な人格者の方が向いています。走り回っていろいろな人の意見を調整して政策を実現していくという仕事と、人格が良い人しか上に上がれないという人事の仕組みが一致している面があるのです。逆に言うと、こういうことをやっている限りは、とがった革新的政策とか、諸外国があっと驚くような専門的に秀でた政策というのは出てきません。

一方で、グループ別人事管理には、キャリアの採用者が早く幹部になれるために若い有能な人を惹きつけられるという人材確保上のメリットがありました。また、既に述べたようにグループの中で仕切られていたとは言え、グループ内では一定の納得性のある配置と高い競争意識を確保できていました。加えて、グループ別人事管理が一種のキャリアデベロップメントプログラムとして機能した結果、公務員志望者に職業生活の見通しを与えることによって人材確保を図るという効果があった点も否定できません。

さらに、二律背反的ですが、グループ別人事管理で一定の専門性を確保することもできました。地方公務員は議会事務局にいたかと思うと生活保護課、その後に税務課に行って地方税の徴収をするなど、さまざまな職種を経験しますが、フランチャイズがありません。在任期間は1ポスト3年程度と少し長いとはいえ、人事異動によって、転職したのと同じくらい以前やっていた仕事と関係のない仕事をしますので、自分はどの分野の人ということは通常はありません。国は地方より行政領域は広いのですが、国土交通省の技官は省内でも出先機関でもインフラ整備を中心に仕事をしています。人事院でも出向はしますが、出向先でも基本的には公務員制度や人事管理に関連する仕事を担当しています。グループ別人事管理をすることによって、一定の専門性を確保することができたと言えます。

グループ別人事管理は、国公法の予定するものではなく、制度的な裏付けを欠いたまま運用として長く続けられてきました。これが長年にわたって運用されてきた背景には、選抜の納得性や職員のインセンティブ確保、一定の専門性の確保の面で有効であったことがあげられます。

6 グループ別人事管理の変容

次にグループ別人事管理が近年どのように変わってきたかというお話をします。

DXが進む中で、経験の長い先輩職員であれば執務能力が高いという前提が失われてきて、若手が不満に思っていると言う人もいるのですが、若手の不満の最大の要因はなかなか昇進できないということです。どんどん昇進ペースが遅くなってきていて、どのくらいのペースで昇進できるかも不透明になっています。

戦後すぐの霞が関の職制段階を見ますと、次官、局長、課長、課長補佐、係長とシンプルなラインでしたが、昭和30年代から40年代にかけて審議官、局次長という「中二階」、踊り場のポストが順次整備されて6段階になりました。さらに、昭和50年代の終わりくらいから室長や企画官といういわゆる準課長のポストが多数作られました。いつの間にか局長と補佐の間に二つラインポストができて、ラインが長くなってしまったのです。昔だったら補佐からすぐに課長になれたのに、準課長に2年から4年就かないと課長になることができないということが起きています。

このようなことが起きた原因の一つは、職務給原則です。民間は職能資格制なので、部付きの部長、課付きの課長など課長相当のランクだけれども決裁権のない部課長職を作り、同じ水準の給与を払えるのですが、国の場合はポストがないとそれに見合う給与は払えないものですからポストを整備したのです。局長を増やせない分、審議官を作り、課長を増やせない分、室長、企画官を作って、なんとか昇進ペースの維持に足りるポスト数を補ったわけです。加えて、2007年の国公法改正で再就職の斡旋が禁止になってしまい、上が抜けなくなってしまったので、今の若い人たちの昇進ペースは課長になるとストップ、局長になるとストップという状況になっています。

7 組織運営と人事権

最後に組織運営と人事権のお話しをします。

官房レベルで見ますと、人事権は人事グループごとに集権化されています。予算は官房会計課が握っています。組織設置や改廃などの組織については、官房総務課が基本的に仕切っています。つまり、人事はある程度分権化しているのですが、会計や組織は省単位で集権化されています。これは、予算案はまとめて国会に出さなければいけない、財務省に対してスクラップ・アンド・ビルドで要求しなければいけない、組織については法令の改正を要したり内閣人事局等の査定を受けなければならないという事情があるからです。

霞が関の組織で、一番分権化しているのは情報と計画です。各省の様々な行政分野の課題や過去の経緯に関する情報は、原局原課にしかないのです。官房ではどのような情報が各原課にあるか判りません。民間企業なら同じ事業の業務を営業1課、営業2課、営業3課と分担しているだけなので、同じ帳票を作って、まとめて社として数字を出せるのですが、霞が関の各原課がやっている仕事は基本的にそれぞれ違うので、情報の種類も様式もばらばらで、しかも大量なので、まとめて情報管理ができません。官房ではせいぜい、どんな事務事業をやってお金をいくら払っているか程度しか集約できなくて、各原課の行政の歴史や課題を全部官房に集めても膨大な量の個別情報のかたまりができるだけでマネージすることができないのです。

つまり、霞が関の組織は基本的に、情報及び計画の分権とグループ別人事管理による人事の一部分権の一方で、予算と組織は集権化することによって管理が可能となっていると言うことができます。こういった仕組みがボトムアップ型の意思決定と調和的であると言うことができるかもしれません。

アメリカでは、人事権はマネージャー、つまり課長が持っています。「奥様は魔女」などアメリカのドラマで会社

図表3－4　マネージャーの権限（課への分権化）の国際比較

	人事	情報	業務・組織・計画
アメリカ	○	×	○
民間	×	×	○
公務	×	○	△（組織×）

（出所）　著者作成

のボス（課長）が、「明日から来なくていい。おまえはクビだ」という意味で、“You are fired.”と言ったりしますが、霞が関の課長はそんなことを言う権限を持っていません。人事権はほとんど与えられていないのです。

一方、霞が関では計画の少なくとも原案は各課が作成します。局長すら原案を作ることはできませんので、業務及び計画の権限は課長が持っています。予算と組織については原課が原案を作って希望を言えますけれど、やはり会計課や総務課と相談せずに決定することはできません。アメリカでマネージャーは人事と予算の権限をある程度持っているようですが、霞が関の課長は人事はやらず、業務と計画に専念する体制になっています。民間も多少近いようですが、やはり日本とアメリカの課長では、だいぶ課長の役割に差違があるようです（図表3－4）。

第4講

公務員の人事管理と民間企業の人事管理
――日本的人事管理の三種の神器

今回は公務員の人事管理と民間企業の人事管理の異同についてお話しします。前回、国家公務員の人事管理の実際について話しましたが、今回は公務員の人事管理が民間企業の人事管理と同じなのか、どう違うのかというお話をしようと思います。

1 イコールフッティング

脱藩官僚と言われた人たちが公務員制度改革のイデオロギーとして使っていた「イコールフッティング」という言葉があります。これは過度に優位な公務員の処遇を民間企業並みに引き下げるのだという意味で使われていたのですが、本来は市場化テストなどで、官民の競争条件、例えば人件費の額などを統一して比較する時に使う用語です。典型的なものとして、民間企業では終身雇用が終焉して雇用が流動化している、公務員も官民交流や公募をやって流動化を進めなくてはいけないという議論や、民間では厳しい人事管理が行われているので民間並みの賃金カットやリストラをすべきだという類いの議論が横行していました。こうした意見が根拠を示さず乱暴に、民間企業ではもっと進んでいるはずだ、もっと厳しいはずだという前提で主張されていたのです。

しかし、経営学者や労働法学者、大手企業の人事部局の人から見ると、そんなことはないのだがということも多かったのです。例えば、リストラ・賃金カットについて官民の法制度を整理してみますと、公務員の給与は21世紀に入ってから十数年ずっと俸給（基本給）の引下げが続いていて、モデル賃金では20％に近い額の引下げになっています。一方、民間の給与改定がどうかと言いますと、春闘を行うのですが、個人の基本給を引き下げることはほとんど見られません。民間企業で賃金を決めている労働協約や就業規則を不利益改定するには厳しい要件があります。組合と交渉しますので、引下げはなかなか合意されないだけでなく、就業規則の不利益改定によって労働条件を引き下げるには、厳しい要件が最高裁の判例によって課せられています。秋北バス事件という判例で、55歳から60歳に定年延長をした際に給与の引下げを行ったことが争いになって最高裁判決が出ています。労働条件を不利益変更する場合には、不利益の程度、必要性、相当性を総合的に勘案して合理性が認められなければ、使用者側が就業規則を一方的に変えて労働条件を引き下げることができないという判決です。これが労働契約法（労契法）第10条になって今は法律に規定されていますので、使用者側から一方的に賃金カットすることには厳しい制約がかかっているのです。

人事院は給与勧告の時に民間のリストラの状況を調査していますが、民間で不況を理由に行う施策は、新採の抑制、希望退職の募集、残業の規制などが主軸です。賃金カットは最後の手段で、数パーセントしか実施されていません。しかも、これにはボーナスや手当の額の削減が入っていますので、本俸カットに踏み切る企業の数はもっと少なくなります。民間で基本給の引下げはそう容易ではなく、実例も少ないということが、この調査結果から判ります。

公務員に労働基本権を認めると人事院勧告はなくなりますが、制度設計によっては仲裁裁定の対象となります。過去の一部の地方自治体のように一方的に賃金カットをしようとしても、仲裁裁定に持ち込まれたら、実施は難しくなってしまいます。公務員の賃金カットに限って言えば、今の制度の方がやりやすいと言えます。

公務員に労働基本権を認めて身分保障をやめてリストラを可能にしようという話になると、身分保障の趣旨は基本権制約とは関係がないというだけでなく、民間では労契法第16条の中身として整理解雇四要件が求められており、公務員の分限免職の方が手続き的にはむしろ緩いと言えます。旧社会保険庁の例を見れば分かりますが、公務員は組織や定員の改廃があれば分限免職されてしまうのに対して、民間企業の整理解雇には回避努力や必要性の有無等が問われるのです。

こうした法制度の違いが踏まえられているかどうか怪しいものでした。

2 終身雇用

本題に入り、公務員と民間企業の人事管理がどう同じで、どう違うか比較してみます。

経営学では日本の民間企業の人事管理には三種の神器があるとされています。終身雇用と年功賃金と企業別組合の三つです。

最初に終身雇用（終身というと亡くなるまでになってしまうので長期雇用と言う人もいます）について見てみます。新規学卒者を正社員として4月に一斉に採用し、ＯＪＴで育成しつつ定年まで長期に雇用する枠組みということで、これは官民とも基本的に同じです。

しかし、採用過程は異なっています。民間では昔は指定校制度があって、大手企業は採用する大学と人数を決めて採用を行っていたのですが、学歴差別ではないかという批判があり、私が就職する頃にはなくなっていました。次に登場したのが就職協定とリクルーター制です。これは、正式（内）内定の出る10月の前に学生が会社を訪問すると、大学やサークルのＯＢに会わせてもらって、そこで事実上採用選考が行われるというもので、長く行われました。今はネットなどでのエントリー制度が一般的な民間の採用プロセスになっています。

一方、公務員は一貫して公開平等のペーパー試験中心の採用が基本です。このところ民間では「第二新卒」と言って、卒業見込み者だけではなく、既卒者や転職者も3年間は同じようにエントリーさせてくれという要望が出ていますが、大卒の公務員試験は昔から30歳近くまで受験が可能でしたから、民間企業が合わないと思って公務員試験を受け直す人は結構いました。あまり年齢が高くなると採用に繋がり難かったのですが、公務員の場合は第二新卒のようなことを昔から認めていたのです。面接重視、論文重視、模擬政策立案の総合試験の実施など試験の中身の変化はあるのですが、なぜ競争試験を中心にやらなければいけないかと言うと、国公法第33条の成績主義や、憲法や国公法第

27条で平等取扱い原則が定められていることが法的な根拠になっています。

公務員における成績主義は公務を能率的に運営していくための近代国家に共通のルールというだけではなくて、公正・公平な採用を確保するという目的もあります。東アジアではネポティズム（縁故主義）が強いのです。昔の自治体では議員を通じた縁故採用を排除する必要性が強く、競争試験を行わないと公正に採用が行えなかったようです。民間企業ですと、例えば私の知り合いで某商社に入った人に言わせますと、当時、商社にはまだ総合職と一般職があって一般職に女性の事務職が結構いたのですが、取引企業の子どもとか親族も多く、付き合ってしまうとあとで必ず責任を取らなくてはならないからと言っていました。商社にとっては、何億円と取引してくれる取引先であれば、その関係者を1人や2人雇ってもかまわないのです。極端なケースを言うと、民間では社長の二世を最初から部長として雇ったり、すぐに取締役にして二代目の社長にしたりしてもよいわけです。しかし、役所ではそのようなことはできません。公務員のポストはもともと税金で賄われているので、皆に公平に機会を与えなければいけないという縛りがかかっています。民間の雇用関係は私的自治の世界ですが、公務員の雇用は任用行為であって、使用者と労働者の対等な意思の合致で雇用契約が結ばれているのではありません。そこが競争試験を行って能力本位で採用しなくてはいけない一番の理由になっているわけです。

男女雇用機会均等法が制定されるなどで、民間企業でも性別や年齢を採用条件とすることができなくなっていますが、根本的にあらゆる差別が禁止されている公務員と採用の仕組みは違います。更に考えると、公務員に就くことには政治への参加や代表の意味もあります。このため、諸外国では公務員の採用にクオータ制やアファーマティブアクションが採られているケースもあります。こういう点にも公開平等の採用試験を行う意義があるのです。

次に昇進と人事異動を見ますと、どちらも新規学卒者を採った後、定期異動をやって、人事当局が4月に○○課や△△支社に異動させることには変わりがありません。ところが、ヨーロッパやアメリカでこのような異動は見られないようです。基本的に定期異動がありませんので、欠員に応じて随時公募をすることになります。欠員が生じたポストの周辺の人、場合によっては社外の人が手を挙げて、応募した人の中から選考して欠員となっているポストに就ける仕組みになっています。人事部局が一斉に定期異動で当人の意向に関係なく人事配置を変えてしまうのは日本の特徴です。ただし、アメリカでも国務省、軍、ＦＢＩでは人事当局が一定の集権管理をやっているようです。日本では民間企業も公務員も、アメリカの軍隊みたいな人事異動をやっているという見方もできるかもしれません。

一方で、昇進選抜の仕組みは違います。民間大手企業の多様な昇進選抜の仕組みをあえてモデル化してお話しすると、採用後、8年目頃に第一次選抜を、16年目頃に第二次選抜をします。皆一斉に上がるのではなくて、8年目になると営業成績が良いとか能力が高いと評価された人が管理職になって五月雨式に昇進していきます。16年目くらいになるとまた五月雨式に課長になっていくのですが、第一次選抜で上がった人が必ずしも第二次選抜で先に上に行くわけではなくて、そこに入れ替えがあるそうです。そこから先は役員に向けて段々絞られていくという人事管理になっているようです。下の方は総当たり戦で、第二次選抜が終わるとトーナメント戦になるなどと言われていました。具体的にどのように選んでいるかははっきりしないのですが、ある人が「民間企業では一匹オオカミでバリバリ営業成績を上げるか、さもなくば役員に徹底的にごますりをしないと偉くなれないのだ。9割方の人はどちらも徹底できないので偉くなれないのだ」と言っていました。冗談でしょうけど役所とは違うのですね。

一方で公務員はどのようにやっているかというと、国家公務員では入口選抜方式が採られています。いわゆるキャリアシステムです。幹部候補生かどうかは、採用された時にどの人事グループに入ったかである程度目星がついています。これは前講のグループ別人事管理に由来しています（第3講参照）。

次に退職管理です。民間も戦後すぐの頃はやはり流動性が高い労働市場だったのですが、高度経済成長が始まって企業が育ってくる過程で部内養成が中心となり、退職金制度、年功賃金、残業や非正規雇用による雇用調整の代替などの戦後の人事制度のパッケージの中で長期雇用が定着してきました。

民間企業では終身雇用は崩壊してどんどん流動化しているのではないかという議論があるのですが、それはデータ

図表４－１　官民の平均勤続年数の推移

	1997年	2007年	2022年
国家公務員の平均勤続年数	18.5 （39.1歳）	19.5 （40.7歳）	20.7 （42.7歳）
民間従業員の平均勤続年数	11.8	11.8	12.3

（注）　カッコ内は平均年齢。
（出所）　国家公務員給与等実態調査（行政職俸給表（一））及び賃金構造基本統計調査（一般労働者）より著者作成

上確認されていません。賃金構造基本調査という厚生労働省の一番大きな雇用の調査があるのですが、常用労働者、つまり新規採用となってずっとその会社に勤めている人の勤続年数はむしろ長くなっています（図表４－１）。非正規の部分が拡大していることはうかがえますが、少なくとも正社員について流動化が著しく進んで終身雇用が崩壊したと言えるかは疑問です。一方、公務員の中にも医師や看護師のようにもともと免許職種で転出入が多い職種もありますが、事務職（行政職俸給表（一）適用者）の職員について長期雇用が崩壊していると言うまでの状況はありません。ただし、任期付職員の採用、経験者採用試験、官民交流など流動化の枠組みをたくさん作りましたので、前世紀に比べると民間から中途採用するケースは大幅に増えています。

民間企業は長期雇用をしていましたので、労働経営学でラジアーの賃金カーブと言うそうですが、若い頃は貢献度合いより低い給与額ですが、40歳くらいで貢献度合いより賃金の方が高くなります。このような賃金カーブですと、従業員にとってずるずると会社にいた方が得になってしまいます。一定の年齢で終わりにしないと会社が損をしてしまいますから、年功賃金と定年制はセットで普及してきました。

公務員の場合は制定時国公法がアメリカタイプのエイジレスでしたので定年制はありませんでしたが、１９８５年に定年制が導入されました。それ以前は定年の代わりに人事当局が行先を示して退職を勧奨していました。民間の銀行などでも役員になれなかった人を子会社や関連会社に出向、転籍させるケースがありますが、これをほとんど全省的にやっていました。２００７年に人事当局が再就職先を斡旋することが禁止されて、局長であろうが次官であろうが定年まで辞めずに在職する方向に進んできています（第8講参照）。

3　年功賃金

次に年功賃金です。年功賃金が始まったのは、戦後すぐ物価が高騰してインフレになり、賃金をどんどん上げなくてはいけなくなった時のようです。労働争議が行われ、昭和20年代の後半に電産型賃金が普及しました。これは電力産業で始まった賃金で、何と言っても生きていかなければいけませんので、基本的には年齢や生計費で平等（?）に給与を決めました。本俸は年齢や勤続年数で決めて、その上に1割くらい仕事に応じた給与を乗せるのが電産型賃金のモデルでした。

それに対して使用者側は職務給の導入を提起しますがうまくいかず、その後年齢・勤続ではなくて職務遂行能力に応じて支払うべき（職能給）と言い出しました。これが昭和50年代の高度経済成長期に職能資格制として民間企業に普及していきました。昭和の終わりの頃に人事院で調べたところ、大手企業の大多数が職能資格制を導入していました。だいぶ少なくなったとはいえ、今でも大手企業の基本となる仕組みは職能資格制です。平成期には成果主義と言われて目標管理（MBO）を導入したりしましたが、成果主義賃金はあまり定着しませんでした。最近はまた揺り戻しがあって、その人が現に行っている役割や仕事に応じて給与を決めていくと言っているのですが、これは職能資格制をある意味で焼き直した制度と言うことができます。

では公務員の給与制度はどうなっていたかと言うと、戦前は体面給与です。天皇の官吏としてふさわしい給与を払っていたわけですけれども、戦後すぐにはインフレでお金が足りないので、各省別に勝手に手当を出していたということもありました。給与を見直さなければいけないということで臨時措置法を作った時に、15級制の通し号俸制(各級共通の俸給月額表のうち各級が一定幅の給与額を使うもの)ができ、ほぼ勤続年数で俸給が決まるような制度になりました。

国公法の建前は職務給ですので、それが1957年に8等級制になり、下の方の8等級は係員、6等級が主任・係長、4等級が課長補佐と等級と職務をリンクさせ、そこに多くの号俸(俸給月額)をつけるという仕組みができました。しかし、もともと15級制の通し号俸から始まっていましたので、上の等級に昇格しても給与額が上がりませんでした。しかも、下の級にいても1年に1号俸ずつ基本的に給与は上がります。そうすると係長や補佐の若い号俸にいるより係員でいた先輩の給与が高くなります。そういう重なりの多い給与カーブを持った制度に変わっていったのです。それが1985年に11級制になり、2002年の給与構造改革の時に今の10級制に変わっていきました(第15講参照)。

この10級制の俸給表構造を見ると、級と対応するのが社員資格ではなくて係員、係長、補佐など職制段階となっているのを除くと、民間の職能資格制と似た形になっています。課長のポストは空いていなくても課長の能力があれば課長級の給与を払うのが民間の職能給です。国の場合は課長にならなければ課長の級に格付けられないので、そこがリジッドになっています。そうした賃金テーブルの下で採用年次で一斉に上げていこうとすると、ポストが足りなくて昇格できないという問題が生じます。それが嫌なので課長でない人も課長級の級に昇格させて課長級の給与を払ってしまうというのが、地方自治体などで行われていたいわゆる「わたり」です。課長のポストに就いていないのに課長級の給与を払ってしまえば、これはもう職能資格制と同じです。

公務員は職能給に近い運用の職務給なのです。一方、民間では職能給の下で職務や責任のウエイトを高めてきた歴史があります。その結果、両者は接近してきます。建前は違うけれどできた制度を見ると何となく似ているということが起きているのが、今の民間と公務員の給与制度と言うことができます。

戦後の平等主義や、労働市場が共通であるということもあるのですが、公務員給与については国民や議会の理解がいるので、民間とかけ離れたことをしていては理解されないのです。民間と似ていないと国民に納得してもらえませんので、近接してきているということもあるように思います。

4 企業別組合

三種の神器の最後は企業別組合です。戦後すぐに労働組合法（労組法）ができて労働組合を作ることができるようになりましたが、産業報国会が企業単位で作られていたことや、戦後すぐの時期に経営不振になった企業や工場を組合が経営管理していたこともあったのか、企業単位に労働組合ができて、労使交渉もこれら単位組合が主力でした。例えば、電機産業であれば三菱電機や松下電器に企業別組合があって、その上部団体である電機連合の上にナショナルセンターの連合が被さっていますが、労使交渉で最も主体的に機能しているのは企業別組合です。法制度としても労組法でユニオンショップ制が認められて、組合に加入しない従業員はクビにしなくてはならないということになっていたので、会社単位で一つずつ組合ができることになって今に続いているわけです。

企業別組合は会社が潰れると成り立ちませんので、社長、経営陣と組合の幹部が経営状況を含めて腹を割って協議する労使強調路線が定着してきます。最初は戦闘的だったのですが第二組合ができて段々に労使協調路線が定着し、場合によっては労使交渉に代えて労使協議をやっている、むしろ労使協議の方が中心という会社が多くなっていったのです。民間企業の組合の幹部は、任期が終わるといつの間にか人事課長や人事部長になり、中には役員になる人もいます。組合の幹部が出世コースという会社すら見られるようです。

一方、国家公務員はどうかというと、政治的な支持関係を背景として二つの系統に大きく分かれています。国全体を一つの企業と見るか、府省を一つの企業と見るかでも違うのですが、国全体で見ると千何百の職員団体があり、各省単位で見ても連合系と全労連系の職員団体の両方が存在しているところもあるので、民間企業に比べて数が多く、複数組合が一般的になっています。国公法がオープンショップを採っていることが複数組合の原因の一つなのですが、組合の幹部は一般職採用の人が中心で、府省の幹部になることは通常ありません。そういうこともあって、省庁の幹部と組合の幹部は必ずしも協調的な関係にはないのです。戦後の敵対的な労使関係を未だに引きずっているところがあります。

こうして見ると、三種の神器のうち企業別組合を除いた、長期雇用と年功賃金というコア人材に対する官民の人事管理の特徴は大きく違いません。ある程度、違う点はあるものの、給与や人事などの基本的な枠組みについては同じです。ステークホルダーである職員を重視した、いわば家族主義的な人事管理をやっていることや、大部屋主義で職務の外延が不明確であること、メンバーシップ型の人事運用をやっていることが官民の組織風土の中で共通しているので、基本は人事制度もよく似たものにならざるをえないのです。一方で、企業別組合だけは法制度も沿革も違うので国には見られません。

この他にも官民の人事制度の相違点として、公務員が「全体の奉仕者」であるという憲法の規定に由来する厳しい服務、刑罰付きの守秘義務や兼業規制もあります。

5 公務の特殊性とは

最後に、民間企業と公務員の人事制度を異ならせる要因、言い換えれば公務の特殊性とは何かというお話をします。

一点目は、国は民間にない大規模な組織であるということです。個別、弾力的な対応は困難で、法制度によるルール化が求められます。もっとも、旧電電公社は30万人もいましたので、国が大規模な組織であることは間違いないのですが、規模の大きさは相対的なものです。

二点目が権力性です。議会が国公法などの法令や予算を通じて、または大臣を通じて、公務員が権力を乱用しないように統制を及ぼしている面があるのです。民間の経営が一部修正されたとはいえ契約自由、私的自治を基本としているのに対して、国家公務員のガバナンスは議院内閣制を前提としています。民間では従業員が内部昇格して経営者になる場合も多いのですが、役所の場合はトップマネジメントの各省大臣はほとんどが国会議員というガバナンスの違いがあります。また、刑務官や海上保安官で典型的な、労働基本権（団結権等）の制約や守秘義務のような厳格な服務規制も、公務員が権力を行使する可能性があることに由来しているのです。

三点目は公共性です。採用試験をしなくてはいけないとか、税で賄われる給与水準を民間準拠にして国民からの理解を得なくてはいけないとか、政治的行為の規制とかはこの公共性に由来します。最近は企業にも社会的責任が問われるようになってきていますが、公務員のポストは社会の共有物という面を持っているということに由来する違いがあります。成績主義を導入し、身分保障のもとに政治的に中立でなければいけないとしているのは、正統性のあるいかなる政党の政権にも忠実にお仕えできるようにするためであり、全体の奉仕者に由来しているのです。法律や予算による議会の関与をどう考えるかということが公務員の労働基本権を制約すべきかどうかということと密接に関わっていて、主要諸国を見ても公務員にまったく民間と同じように労働基本権を付与している国は見られません。議会の関与、税金が給与の源泉であるというところがどうしても残ります。

最後にやや抽象的ですが、不可欠性、あるいは公益の多義性という問題があります。言い換えれば、行政サービスは市場性を欠いているということです。どれくらいの行政サービスをどの程度のレベルで提供すればいいのか、サービス提供の有無や水準が民間のように経営者に任されているわけではないですし、公務員個々人に任されているわけでもありません。民間企業だったら、儲からないから事業をやめても、あるいは従業員が休暇を取るために店を閉めても、財産権の行使として誰からも文句を言われる筋合いはないのですが、役所の場合は、予算がないからこの消防署を閉めるとか、休暇の職員が多いから今日は海上保安庁の船を動かさないということはできません。大規模災害のときには上限規制を超えて超過勤務をしなくてはなりません。単純に民間並みにできるだけ少ない人数で効率的に仕事をすればいいのかというと、そうでもなく、行政サービスの不可欠性という側面、何が公益であるのかを現場では判断できないという面があるのです。そうしたことが超過勤務の上限規制など公務員制度の組立てにも反映しています。

第5講

職階制
――ジョブ型人事制度の導入と挫折から考える

今回は人事院制度と対をなして国公法制定時の柱であった職階制についてです。

２００７年の国公法改正から17年が経過し、その際に廃止された「国家公務員の職階制に関する法律」(職階法)をご存じの方も少なくなっているると思います。特権的官僚制の民主化を図るための戦後公務員制度改革の方法が科学的人事行政の導入であり、その制度的支柱が、制定された国公法の職階制とそれを運営する人事院であったのです。

人事院制度は何度もの危機を乗り越えて生き残りましたが、職階制は跡形もなく消え去ってしまいました。

1 二つの問題意識

既に過去のものとなった職階制を論ずる意義は二つ考えられます。

一つ目は、ジョブ型雇用の議論です。労働政策研究・研修機構(ＪＩＬＰＴ)の濱口桂一郎研究所長などが日本のメンバーシップ型雇用に対比されるものとして、ジョブ型雇用を論じており、これが人口に膾炙しています。岸田文雄内閣の新しい資本主義でもジョブ型雇用と表裏となる日本型職務給を普及するとしています。一部の経済学者や経営者が、終身雇用など日本的人事管理を見直してジョブ型にすれば、雇用の流動性が高まって生産性も上がり、経済成長できるという議論をしていますが、こういった議論が妥当なのか、職階制が意図したジョブ型の人事制度はなぜ跡形もなくなってしまったのか、その経緯から考えるということです。

二つ目は、幹部人事の一元管理の導入により行政運営に影響が生じている(忖度行政)とされていますが、職階制が企図した成績主義、メリットシステムを徹底し、公務員人事の中立・公正を確保するという制度的保障措置はどうなってしまったのかという問題意識です。欧米諸国のジョブ型の人事制度ももともとは差別の排除に由来しているようです。

この二つの問題意識に基づき、少し歴史を遡って戦前の官民の人事制度のお話しから始めます。

2 戦前の官民の人事制度

戦前の官吏は「天皇の官吏」でしたので、任官補職という制度でした。任命形式で勅任官、奏任官、判任官に分かれ、天皇からの距離で偉さと給与が決まっていました。任官とは別に具体的職務を補職する発令がなされていました。さらに、官吏の下には雇員・傭人という私的契約の人たちがいて、身分制となっていました。

一方で、民間は実はジョブ型の人事制度でした。殖産興業のための官営事業の払下げを受けたような大きな民間企業は多くありませんでした。本社の社員はともかく、工場においては、アメリカ・ヨーロッパ型のジョブ型の人事制度が採られました。終身雇用はもちろんなく、従業員はいわゆる「渡り職工」という形で賃金が高い職場を求めてどんどん転職しました。会社の方が定着を図るために社員教育機関（職工学校）を作り、小学校卒や中学校卒の人を部内教育し、会社の中で育成し、定着させる取組みをしていたそうです。

戦時中になると皆出兵してしまうので、女性や若年労働者を集めて事業を行いますが、賃金統制令の下で軍部を中心に、天皇一家という考えから年齢別の賃金や家族手当などの家族主義的な制度が生まれたと言われています。

戦時中に工場等が破壊され、戦後は生産設備がないためハイパーインフレが起こり、公務員については勝手に各省が手当を乱発していました。そんな状況で日本にやって来たフーバー顧問団は、アメリカ型の人事委員会制度とともにアメリカの人事制度であった職階制を国公法の原案の中に入れ、そのまま制定されました。

3 職階制の導入と挫折

アメリカのフーバー顧問団が導入を図った職階制は、1883年のペンドルトン法以来の成績主義を実現するための制度です。ペンドルトン法はスポイルズ・システム（猟官制）を防止するために導入された法律であり、その契機となったのはガーフィールド大統領の暗殺とされています。ガーフィールドは大統領選の票をとりまとめてもらうために支持者にいろいろなポストを約束しましたが、その際、郵便局長を約束されていた者が郵便局長にしてもらえず、それを逆恨みしてガーフィールド大統領を暗殺したとされています。

国公法には戦前の天皇の官吏という考え方に基づく特権的・身分的な官吏制度を改革することが期待されており、職階制を導入して科学的な人事管理を行い、身分制を改革するために「官職中心主義」を採るとしていました。その内容は、図表5－1のような構造になっていました。

具体的にどういうことを行おうとしていたかというと、各省の現場に行き、どんな仕事をしているのかを調べることで実証的に各職員の職責を調査し、職務記述書を書かせます。それを分析、仕分けし、最小単位である「職級」に分類・整理して、最小単位の職級を任用・給与の共通の基礎とし、同一の職務には同一の任用資格基準とペイバンドを適用するものです。

また、そのポストに欠員が生じると、公開・平等の採用試験を行うことを原則としており、任命権者はその採用試験の合格者の成績順のショートリスト（上位五人）の中から採用するという制度（提示制度）により裁量権が制約される仕組みでした。ポスティングとランキングが同時に行われるということであり、ジョブ型の人事制度の典型だったのです。GHQの幹部だったコーエンの自伝（セオドア・コーエン著、大前正臣訳『日本占領革命　下』、TBSブリタニカ、1983年）には「連中は北極に行ったとしても、エスキモーやアザラシや白熊のためにも同じ計画を作るの

図表5－1　職階制の構造

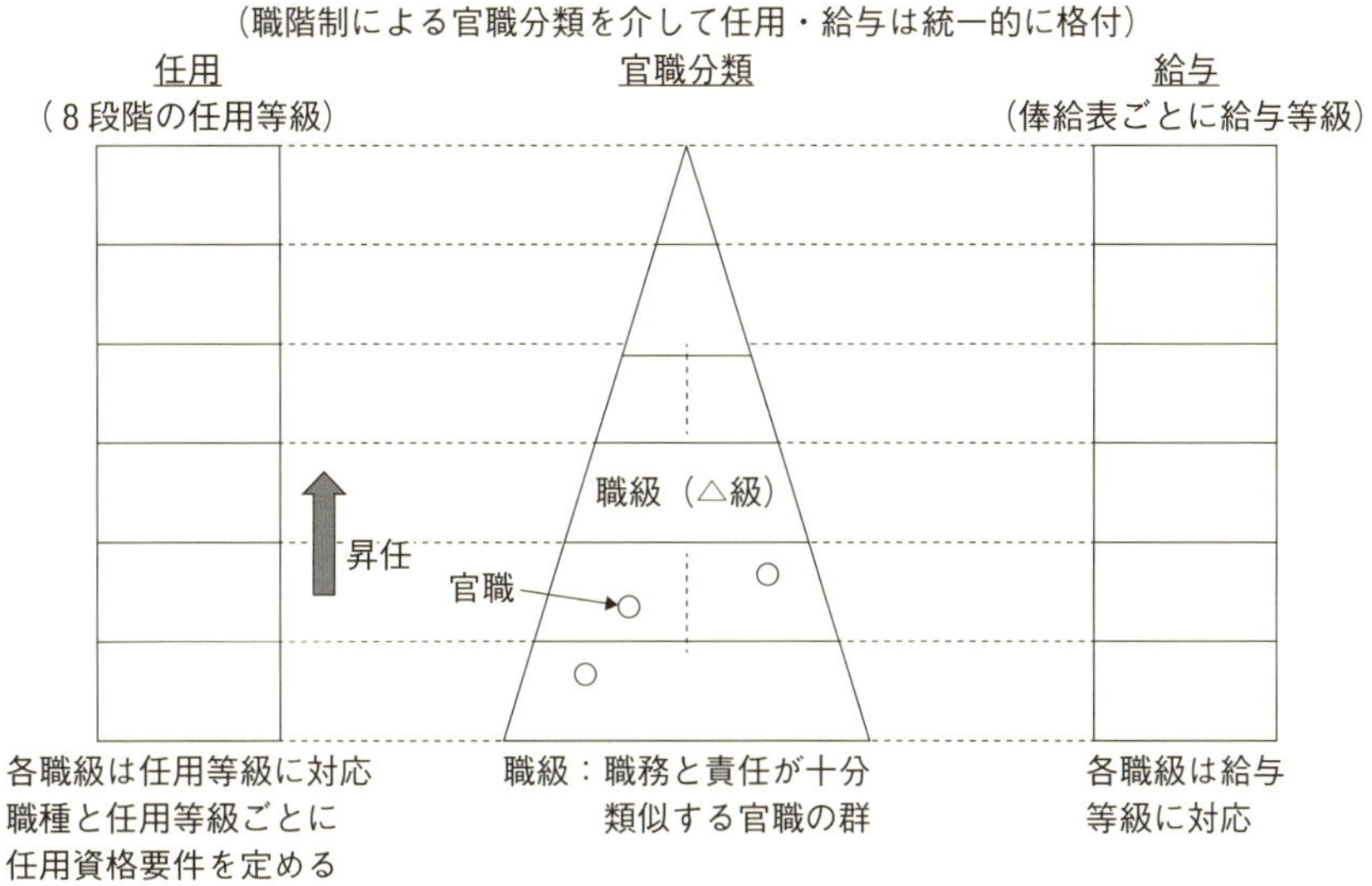

（出所）『国家公務員の新たな人事制度』（PM出版、2010年）

ではないか」と思ったと書かれており（246頁）、フーバーは何しろ科学的なので、いかなる国でもこの制度でうまくいくはずだという信念を持っていたようです。

ジョブ型とメンバーシップ型には、いくつか対比する観点があります。一つは、新規学卒者にしか門戸が開かれていないのか、中途でも採用されるのかです。行政学では、オープンストラクチャー、クローズドストラクチャーと言われています。次に、ポストに就く人を職員あるいは部外の人から公募するのか、それとも人事課が差配して定期異動するのかという点です。さらに、分類されランキングされるのがポストなのか、人なのかです。こういった観点がジョブ型とメンバーシップ型の人事制度を分ける視点となると考えます（図表5－2）。

職階制は、まずオープンストラクチャーで、どの職制段階でも欠員が生じたら採用試験を行い、部外公募が原則であり、部内に対しても公募が行われるという仕組みでした。公募ですので、どこに配置されるかを決めるイニシアティブは基本的には職員もしくは応募者にあり、人事当局に差配の権限は予定されていませんでした。また、分類の対象は人ではなく、官職（ポスト）です。

図表5－2　官民人事制度の変遷

	公務員制度			民間人事制度		
戦前	官吏制度（任官補職）					
	公開	集権	分類対象	公開	集権	分類対象
	×	○	人	○	×？	職
昭和20年代	職階制（実施されず）			電産型賃金		
	公開	集権	分類対象	公開	集権	分類対象
	○	×	官職（職責）	×	○	人（年齢）
昭和40年代～	暫定制度下の人事運用			職能資格制		
	公開	集権	分類対象	公開	集権	分類対象
	×	○	職員の職務（給与法）	×	○	人（能力）
公務員制度改革大綱（平成12年）	能力等級制度（実施されず）			同上		
	公開	集権	分類対象			
	×	○	人（能力）			
現行国家公務員法（平成19年改正）	職制上の段階と俸給表による二重分類制			同上		
	公開	集権	分類対象			
	×	○	官職（国公法） 職員の職務（給与法）			

（注）　公開：各役職段階で採用されるかどうか。
集権：人事当局が配置権限を持つかどうか。
分類対象：人事・給与制度の基礎となる分類制度の対象が人なのか、ポストなのか。
（出所）　著者作成

なお、国公法は官職（ポスト）に就いた者を職員（国家公務員）とするという整理をしていますが、休職者等は「身分を保有するが職務に従事しない」とし、徹底しきれていないところがあります。平安時代の官位でも本家中国とは異なって職を持たない「散位」という制度があったそうで、これも日本的特質なのかもしれません。

人事院はこの職階制を実施すべく臨時人事委員会に職階部を作り、400人もの人を配置し、日光の研修所で延々職階制についての詰め込み教育を行いますが、占領終結とともに職階制を実施する機運は失われました。それでも、昭和30年代初めまで、職階制が精緻にすぎて、事務量が多いという批判に応じて、500以上あった職種を100くらいにまで統合して簡素化したり、職階制に適合した給与準則の制定を国会・内閣に勧告したりしてなんとか職階制をやろうとする努力を続けていました。

こうして、GHQの後ろ盾を失った職階制を実施するために別に制定された職階法は、日本で唯一、制定・施行されながら実施されないという謎の汚名を着た法律となり、職階制を前提とした国公法の多くの規定も事実上棚上げとなりました。1965年まで人事院制度については何度も国公法改正案が出ましたが、職階制は改正の争点にもならず、整理されずに棚晒しのまま置かれるという状況でした。

4 民間企業における職能資格制の普及と定着

一方、民間では戦後様々な会社で、経営幹部が財閥解体でいなくなってしまうと、インフレとともに労働争議が頻発し、労働組合が経営を管理する会社も見られるようになりました。また、賃金の絶対水準が低い中で、年齢、生計費を重視する電産型賃金が労使交渉と激しい労働争議の中で生まれました。電産型賃金は、戦前の職員と工員、ホワイトカラーとブルーカラーの身分的な差別に対する批判もあって、職工未分離と言われる、ホワイトカラーもブルーカラーも同じ処遇の枠組みの制度でした。

これに対し、戦後できた日経連は、年齢給は極めて遅れた不合理な制度であるので、合理的な職務給を普及すべきであるという議論をしましたが、残念ながら賃金水準が低く、労働運動が盛んな中でこの主張が顧みられることはありませんでした。高度成長期前、年齢給等の日本的人事管理はむしろ克服すべきものという認識が一般的でした。

職務給への転換が挫折した後、日経連は能力主義管理研究会を開いて1969年から能力主義を標榜し、能力主義を具体的に実施する制度として職能資格制を提唱しました。能力主義管理研究会には、人事院に勤務した後、富士製鉄を経てのちに明治大学学長になった経営学者の山田雄一氏がメンバーになり、労働省に勤務していた楠田丘氏などが職能資格制を普及させていきました。この研究会等メンバーによる座談会（「討論　能力主義管理をめぐって」）で、「われわれの職能的資格制度、私は旧陸・海軍の階級制というのはまさにそれじゃなかったかと思うんです」とされています（八代充史・梅崎修・島西智輝・南雲智映・牛島利明編『能力主義管理研究会オーラルヒストリー』慶應義塾大学出版会、２０１０年、３７５頁）。こうして、運用はともかく公務員の法制度はジョブ型で、民間はメンバーシップ型と戦前と入れ替わってしまったのです。

職能資格制は、能力で社員を格付けし、配置、処遇をしていくという仕組みですが、戦後の平等主義の影響を受けているのでアメリカやヨーロッパと違って職工未分離です。全員で社長を目指して競争していく仕組みであり、ブルーカラーも含めて全員が査定の対象になる特殊日本的な制度として職能資格制は普及していきました。昭和の終わり、人事院が、１９８５年の人事行政改善の諸施策の際に民間企業を調査した時には、従業員数１００人以上の企業のほとんどが職能資格制、職能給を取り入れており、職能資格制がデファクトな制度となっていました。

職能資格制では、能力やその代替指標としての勤続年数によって、社員を主事一級、主事二級、主事三級といった社員資格にランキングした後、その社員資格に見合うポストに配置していきますので、ポスティングの自由度が高くなります。全員が競争して昇進を争う中で、ポストを比較的自由に設置できることから勝者の数を増やせます。部付部長、部付課長、課長待遇、処遇課長といったポストがたくさんできます。張出大関や張出関脇をどんどん作ってしまうということです。ただし、人件費は増加します。

高度経済成長期に職能資格制が普及していく間も、経済学者等からは日本的人事管理の見直し、職務給の拡大が提案されていましたが、実務の世界で取り組まれることはほとんどありませんでした。

職能資格制をジョブ型とメンバーシップ型のメルクマールで評価すると、まずオープンかクローズドかという点では、中途採用などは少ないクローズドな仕組みです。人事の方法は、人事課が駒のように人を動かす集権配置で、定期異動が行われます。能力をもとに職能資格に格付けられるのは人で、例えば何級社員というふうに格付けされます。構造的には、戦前の任官補職的な制度と言うことができます。人事院ＯＢや労働省ＯＢが議論に参加したことが、こうした職能資格制の姿や普及に影響を与えたのではないかと考えられます。

高度成長期が終わり、第二次オイルショックの後にはエズラ・ヴォーゲルやチャルマーズ・ジョンソンなどのいわゆるリビジョニストが、日本的人事管理が日本企業の成功をもたらしたと主張しました。終身雇用や年功序列型賃金が「ジャパン・アズ・ナンバーワン」の素地になったということで、日本的人事管理がもてはやされる時期がごく短い期間ありました。ただ、彼らリビジョニストの議論は、日本は官民協調体制で官僚制も極めて異質であり、アメリカやヨーロッパとは違う変わった国であるとの逆説的評価、ある意味「褒め殺し」であったのです。

そうこうしているうちにバブルが崩壊し、平成の初め頃には民間企業はリストラをしなければならないということになり、経済団体を中心に再び日本的人事管理の見直し論が隆盛を極めました。さらには、人事コンサルタントが推すジョブ型の人事システムの導入を試みる企業も現れました。例えば、大手の航空会社や銀行などがコンサルタントの話を真に受けてジョブ型の人事システムを導入しました。

導入した会社の人に「ジョブ型システムはどうでしたか」と尋ねたことがあります。いろいろ職務分析するのにも手間がかかるということもあるが、一番困ったのは人事配置であるということでした。Ａ県の支店長は部長級だけれども、Ｂ県の支店長は課長級だというように、支店を細かく格付けすると、部長を格下の支店に異動させることができません。つまり、職名に関わらず職責で整理したことによって、異動を組むことが難しくなるわけです。厳格なジョブ型の人事制度は、人事当局による集権的な配置と相性が悪いのです。

ただ、この時期においても、多くの企業は職能資格制の下で順次、職責給を拡大するなどして、年齢、勤続のウエイトを下げて職務や能力のウエイトを高めていくことで対応していました。さらに、ＭＢＯといった目標管理付きの評価制度を拡大するとともに、ボーナス、昇給に成果主義を導入するという取組みが行われましたが、民間企業の基本は未だに職能資格制です。

一方で、グローバル企業や国際機関では職階制の構造や公募原則がむしろスタンダードで、最近では日産や日立などいくつかのグローバルな日本企業でジョブ型に移行する取組みが再びなされています。グローバル企業でも通常は日本法人では職能資格制ですが、外国法人ではジョブ型の二体系併存のようですので、この取組みがどれくらい成功するのか見ものです。少なくとも人事当局が人事権を集中的に行使するという問題が解決されなければ、日本法人での大幅な転換は難しいのではないかと思っています。

5 職階制をめぐる議論の展開

(1) 職務給原則の漸進的実現

次に、国の職階制をめぐる議論がどのように展開してきたのかをお話しします。1953年に職階制に適合した給与の根拠法の案として国会に提出した「給与準則」が挫折し、職階制の分類の代わりに、暫定制度という位置付けで給与法による分類が導入されました。人事院はもともとは通し号俸制（第4章3参照）であった15級制を職務に対応した8等級制にする勧告をし、1985年にはさらに11級制に改正しました。平成に入ると、1号上位昇格の仕組み（昇格した場合に対応する上位級のほぼ同額の号俸（直近上位の額）より1号俸分高い額に決定する）や、給与構造改革を行って査定昇給制度を導入するなど、職務給原則の実現に向けて少しずつ改正を繰り返していきました。このように、技術的手段としての職階制は実施されなかったものの、国公法の建前である官職中心主義や任用ファースト、つまり、ポスティングの後にランキングをするという職務給原則の考え方は維持されていたので、その実現に向けて少しずつ制度改正を積み重ねていったというのが戦後における給与制度の歴史でした。

その結果、給与法による暫定制度は、職務給が建前の制度の下で限りなく職能資格制的な運用が行われる状況となり、第二次オイルショック以降、職務や能力のウエイトを高めてきた民間企業の職能資格制と本質は違うけれど見かけは酷似する制度になっていきました。

国の暫定制度の最後の段階の構造を図表5－3で整理しています。人事が集権的に行われるクローズドな制度です。給与法の俸給表に分類格付けされているのは「職員の職務」（制定当時の文献には「職員の職務（官職）」とされているものもあります）であり、ポスティングとランキングの順序が民間と逆になっています。つまり、民間では職員を職能資格にランキングした後に、具体的なポストをアサインするのに対し、公務員の場合はポストに任用した後に俸給表の職務の級に格付けします。ポスティングとランキングの順序が逆であり、分類の対象も「社員」なのか、「職員の職務」なのかという違いがあったということです。

図表5－3　暫定制度の構造

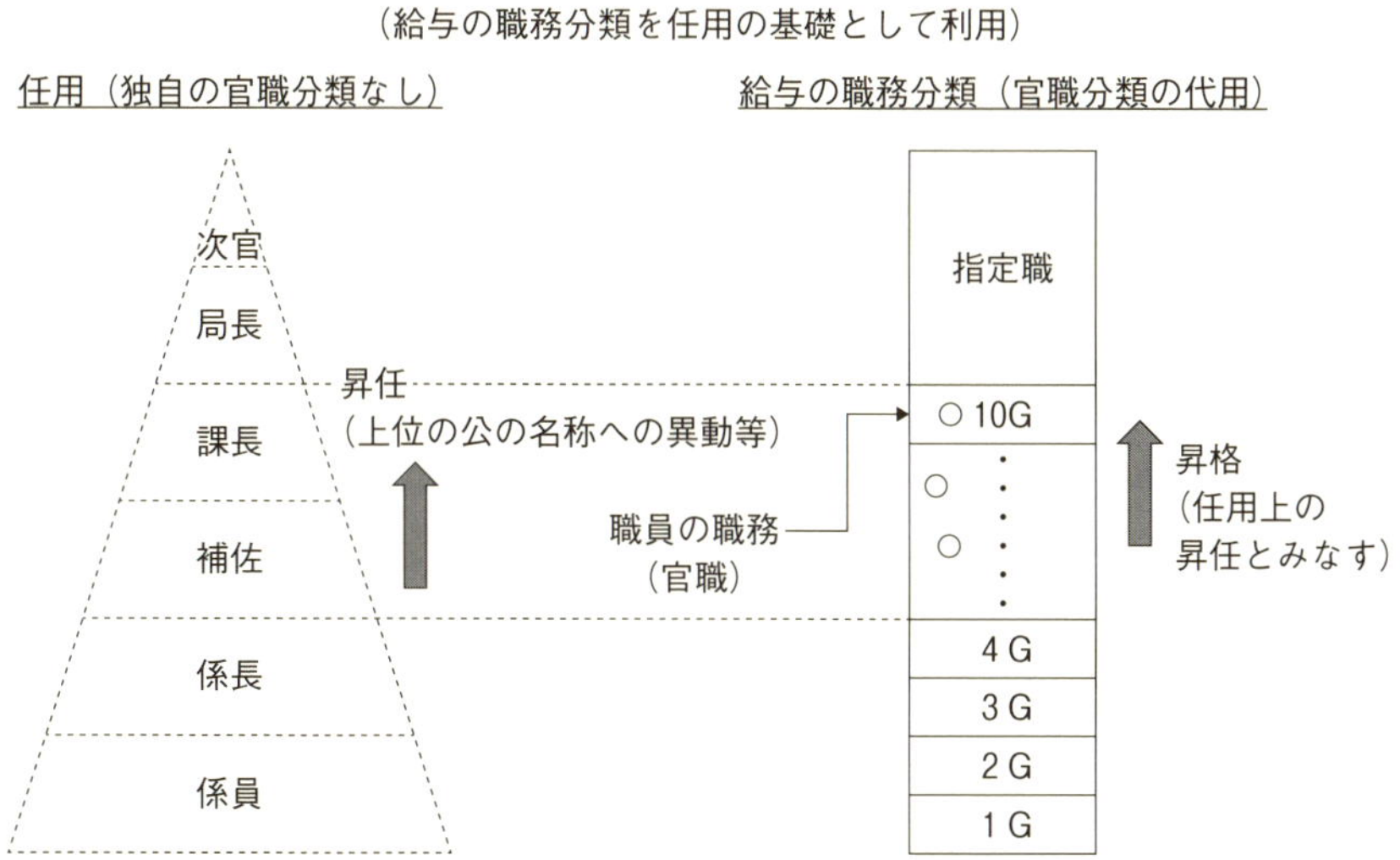

任用基準：任命権者が定める

（出所）『国家公務員の新たな人事制度』（PM出版、2010年）

(2) 公正確保機能の没却

一方、職階制の目標の一つであった成績主義の徹底については、人事院規則8－12（職員の任免）の経過規定に基づいて暫定制度の下では係員クラスの採用試験以外では競争試験は実施されず、試験が行われず候補者名簿のない官職である係長級以上の官職、今の俸給表の3級以上の級については、各省庁が任命権者の定める基準で選考により人事配置を決めるということとされました。

実際の人事運用では、幹部職員以外は人事当局が実質的に決定し、幹部職員についても族議員や官僚集団を含むステークホルダーにより、「この人なら局長まで行ける」、「この人が同期でトップだから次官まで行けるかもしれない」というような衆目一致の人事が行われます。これによって、公務員人事の自律性を尊重する抑制的運用が定着していきました。

このような人事運用が定着したことによって、職階制のもう一つの目的であった、公務員人事の公正の確保の機能は没却されていきました。公平審査のある身分保障以外の、職階制が予定した公務員人事の公正の確保のための制度は事実上停止されてしまいました。

(3) 職階制をめぐる議論の展開

① 人事行政改善の諸施策

次に制度としての職階制はどうなったかと言いますと、1964年の第一次臨調は学者の改革と言われていた通り、職階制の段階的導入を検討してはどうかという答申でした。人事院は1982年に第二次臨調に対抗する形で人事行政改善の諸施策の検討を行っており、同年の勧告時報告で初めて職階制を廃止するという報告を国会及び内閣に提出しました。第二次臨調第三次答申でも廃止の検討が言及されています。当時部内で職階制に代わる恒久的な制度をどうするか議論しましたが、最終的には第二次臨調の議論が収まるにつれて成案を得ないままフェードアウトしていきました。私は1983年採用ですので、昇進管理や給与法の分類をどうするのかという議論が夜を徹して行われているのを横で聞いていましたが、給与法の標準職務表か級別資格基準表を任用制度の方に移せないかという部分で最終的に調整がつかずに成案を得なかったと理解しています。

その頃には、まだ官房に職階部のいわば「なれの果て」の職階課がありましたが、1991年にはこの職階部由来の職階課は廃止されました。各省の設置法にも人事課の所掌事務として職階制に関する事務が規定されていましたが、2000年の省庁再編時の改正で一斉に設置法に置かれていた職階制に関する所掌事務が消されることになり、職階制の形骸も消えていきました。

② 公務員制度改革大綱：能力等級制度

平成期の公務員制度改革の流れとの関係で見ると、1997年に発足した公務員制度調査会は現行法を基本的に是認していたので、職階制の議論は取り上げられませんでした。職階制が取り上げられたのは、2000年の公務員制度改革大綱の議論の時です。信賞必罰の人事制度をスローガンとし、民間企業のような能力主義を導入するために、職階制を廃止して給与法の分類に代えて能力等級制度を導入するという議論でした。

この制度を基本的に立案していたのは行政改革推進本部事務局に大手民間企業の人事部から出向してきていた企画官で、コンサルタントなどと謀って作った能力等級制度の中身は、新設する能力基準をもとに職員を能力等級にランキングした後にポスティングするという、民間企業の人事制度と国公法による人事制度の基本的な思考の違いを踏まえていないものでした（図表5－4）。

今振り返りますと、能力等級制度は、クローズドで、人事の方法は集権、分類対象は職員ということで、極めて職能資格制に近い制度ですが、唯一違うのはポストに応じて格付けをするという縛りがかかっていた点です。当時で言えば職務職能等級制に近い制度でした。官邸幹部が「能力等級制度は良いけれども、とにかく『わたり』をやらせたらいかん。人件費が増えないようにしろ」と、ポストを超える格付けを認めないようにという指示を出したため、職務と比較的密接に繋がった制度になっていたのです。これを、当時、与党に説明した時、「弾力的に人事配置をするという目的から見ると、この制度はおかしいじゃないか。要するに課長の能力があっても課長のポストが空かなかったら課長の級につけられない。こんな制度では人事が自由にできない。人事に制約がかかる」と難詰されたことを覚えています。

この能力等級制度はその後、国公法改正案の法令協議の時にやはり各省から「今の制度とはどう違うのか」「現行制度からどうやって切り替えるのか」「能力で格付けすると言っても、能力があるけれどもポストがなかったらどうするのか」というような疑問が噴出しました。能力等級制度を導入するための法律案は、この他の理由もあって、結局、提出に至りませんでした。

③ ２００７年国公法改正

その後、２００７年国公法改正の際は内閣官房が法案を作り、これもまた各省から賛同が得られなかった

図表５－４　能力等級制度の概要

【新制度】　（９等級制とした場合の例）

<table>
<tr><th>基本職位（本省）</th><th>能力等級</th><th>職務遂行能力基準</th></tr>
<tr><td rowspan="2">課長・企画官</td><td>９級</td><td>・・・</td></tr>
<tr><td>８級</td><td>・・・</td></tr>
<tr><td rowspan="2">課長補佐</td><td>７級</td><td>・・・</td></tr>
<tr><td>６級</td><td>・・・</td></tr>
<tr><td rowspan="3">係長</td><td>５級</td><td>・・・</td></tr>
<tr><td>４級</td><td>・・・</td></tr>
<tr><td>３級</td><td>・・・</td></tr>
<tr><td rowspan="2">係員</td><td>２級</td><td>・・・</td></tr>
<tr><td>１級</td><td>・・・</td></tr>
</table>

〈任用と能力等級の関係〉

能力等級は、基本職位（大括りした職制段階）ごとに求められる能力の内容を想定して職務遂行能力基準を定めて能力の段階を設定することから、一般的には基本職位に対応する等級の者をそのポストに就けることとするが、その時々の業務遂行の必要に応じて基本職位に対応する等級の上位または下位の等級の者をそのポストに就けることもできることとする。

（出所）　公務員制度改革大綱（平成13年12月15日）参考資料より著者作成

のですが、その改正法案には、職階制を廃止し、また能力等級制度も放棄し、代わりに現行制度が盛り込まれました。法案は、官邸と行政改革担当大臣の強いリーダーシップによって成立しました。

能力等級制度と違うのは、任用で用いる分類と給与に用いる分類を分離することです（図表5－5）。すなわち、職階制だと、共通の基礎である官職分類に基づいて任用と給与が決まるのですが、これを任用用の分類と給与用の分類に分離し、ポスティングの後にランキングする構造を維持するという案に修正されました。これはある意味、それまでの級別標準職務表の裏に隠れていた任用の分類を新たに別建てで設けるというコンセプトです。その意味するところは、任用等級を別途整備するということです。この案だと給与法の俸給制度に手を付けず級別定数の移管や労働基本権問題を回避して制度化できるというメリットがありました。

図表5－5　新たな人事制度の構造

（職制上の段階と標準職務遂行能力を用いて任用し、
任用後の職務や職員の能力等をこれまでどおり給与で評価格付）

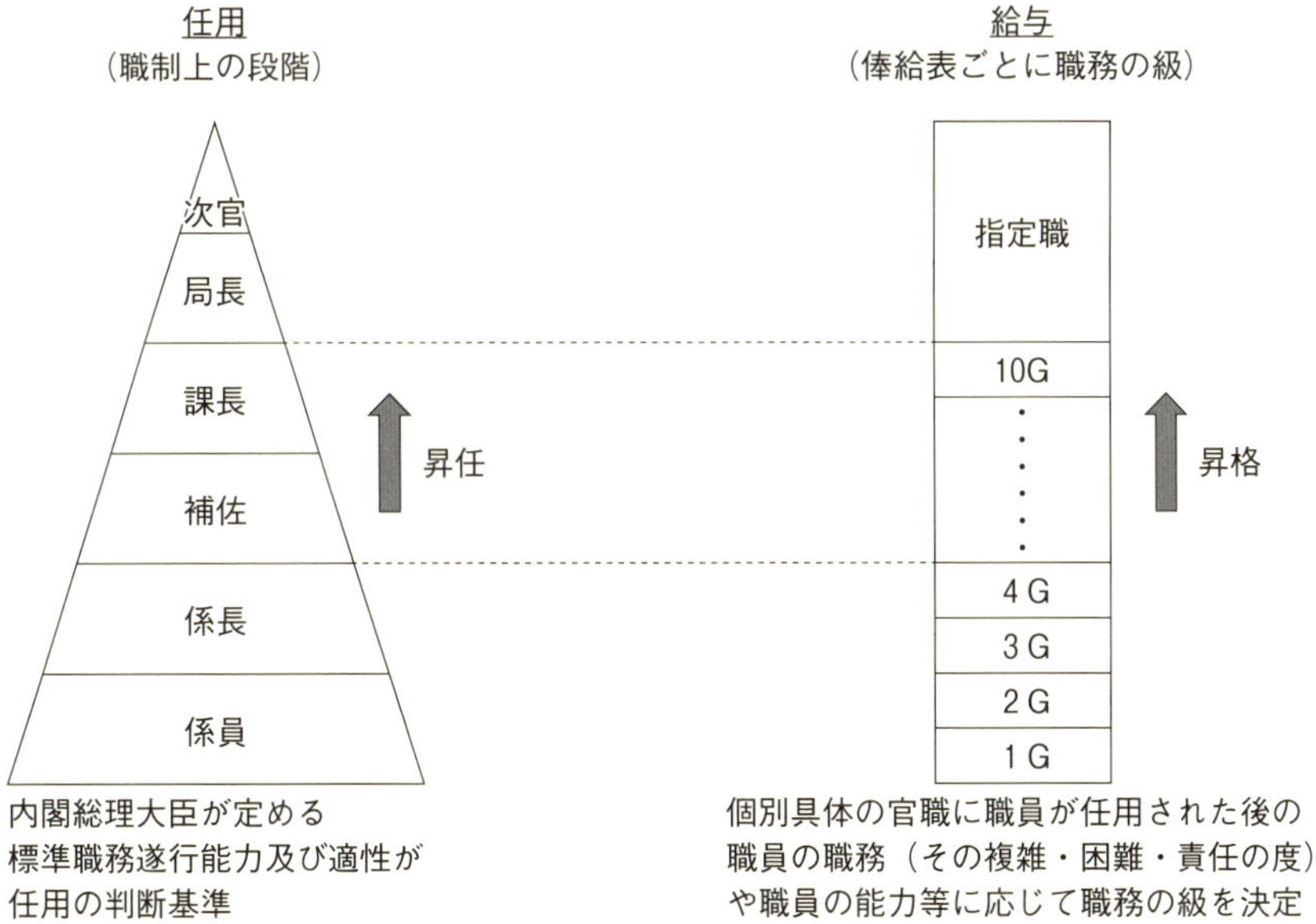

（出所）『国家公務員の新たな人事制度』（PM出版、2010年）

一方で、職制上の段階による分類ができたことで昇任や降任が法律で定義され、暫定制度による経過規定として不完全に行われていた任用制度や身分保障が制度的に整備されました。私が担当補佐だった時は暫定制度だったため、農林水産省のように府県単位機関の先に更に出先機関、出張所があるような足長官庁だと、給与の級が複数の職制段階にブリッジしている場合、職制上は降任となるような異動が、転任や配置換えを繰り返すことによって可能でした。例えば、府県単位機関の課長補佐が出先機関の課長に、出張所の所長にと転任を繰り返して異動しているうちに府県単位機関に元の課長補佐の直下の係長で戻ってしまうということも起こりえたのです。昇任、降任の定義をはっきりさせたことでこうした事態を防ぐことが可能となり、任用制度や身分保障の基盤整備が図られました。

また、標準職務遂行能力が職制上の段階ごとに明確にされました。暫定制度で昇任は任命権者の定める基準によるとされていましたが、基準は公表されておらず、基準の存否すらはっきりしませんでした。これに対し、２００７年法改正では職制上の段階の標準的な官職ごとに共通の標準職務遂行能力（平成21年3月6日、内閣総理大臣決定）が定められ、人事評価の基準となりました。最低限の昇任資格も人事院規則で定められ、公務員人事の公正の確保についても不十分とはいえ制度的な枠組みが整備されました。下位の評価結果があったら昇任させられない、本省課長に昇任させるためには上位の評価結果がなければならないという程度の昇任資格であったため、まだ魂が入っているとまでは言えませんでしたが、今までまったく未整備だったところに制度ができたという意味で一歩前進でした。

民間の成果主義にならってＭＢＯ（目標管理）を導入することによって、半期のミッションを明確にしていくことも２００７年法改正で整備され、評価の前提となる職務内容も一定程度明確にされました。

日本の大部屋主義では、抽象的な職務の外縁を定めたにすぎない官職と、職員がそのポストの下で現実に顕在化させている実際の職務の価値は必ずしも一致していません。Ａさんが○○課長としてやっている職務と、その後任で来た年次の若いＢさんが同じ○○課長としてやっている職務は同じとは限らず、時にはアウトプットにも大きな差があります。ポストで顕在化させた実績に応じる形で給与格付けをするという点で、任用・給与の二分類制は、むしろ日本の大部屋主義の下では合理的な制度設計であると言えるかもしれません。

一方で、当時、改革を裏で推進していた脱藩官僚たちは、アメリカのジョブ型の人事制度、つまり、官民交流、中途採用、幹部公募などの人事制度を指向していました。改正法の中身はアメリカ型の職階制をやめ、日本型の人事制度に近い、暫定制度に近い形で整備をするということなので、彼らから見ればむしろ後退した、逆説的ともいえる改正であったかもしれません。

なお、幣原喜重郎内閣の改革で事務官・技官・教官に統一された「官の制度」は、1959年に恩給法の適用という法的な意味を失った後も暫定措置として存続し、職階制の実施とともに廃止されることが法律で定められていましたが、2007年改正では整理しきれず廃止されませんでした。一方、地方公務員の「吏員」という呼称は2007年に既に廃止されています。

6　現行制度の評価

職階制はついに日本の労働市場に適合することがありませんでしたが、官民相互に影響されつつも最終的に公務員側には職階制の影響は残り、民間とは基本的思考の異なる人事制度が整備されたと言えます。公務員の人事制度は民間企業のメンバーシップ型の人事制度、職能資格制と、グローバルなジョブ型の人事制度の中間型、ある意味で「なまった」ジョブ型の人事制度、クローズドで、人事集権で、仕事が前提の制度になりました。

2007年法改正から17年経過しましたが、絶対評価の人事評価結果は上振れし、評価結果による人事への制約は稀にしか起きません。このため、これまでのグループ別人事管理で人事配置を決めるという運用が継続しています。ジョブ型の制度の下でのメンバーシップ型の運用という状況は続いていると評価できます。

このように公務員制度や給与制度は、官民で相互に影響を受けつつ形成されてきた歴史があります。給与の総水準は官民比較を通じた厳格な民間準拠ですので、いわば後追いですが、制度については官が民間を引っ張っていく現象も見られます。例えば、通勤手当は官先行の形で整備され、税制を通じて民間に広がりました。人事院勧告制度が影響する相手は給与法適用職員約28万人に限らず、更に地方公務員をも含めた約310万人でもなく、我が国6000万人の雇用者に一定の影響を与える場合もあると言えます。

最後に、冒頭に述べた二つの問題意識について仮の回答をします。

一点目のジョブ型の人事制度に転換していけるのかという点については、戦後ほとんどの時期で、終身雇用や年功序列型賃金を改めてグローバルなジョブ型の流動性の高い人事制度や職務給にすべきであるという、今と同じような議論が繰り返し行われてきました。こうした何度もの議論を乗り越えて、職能資格制は、少しずつ変容しながら生き残りました。経営者側、従業員側とも住み慣れた、この人事当局による人事の集権を捨てきれないと思います。ここを見直さない限り、ジョブ型に転換することは難しいと思います。人事当局が裁量的に人事権を行使できなくなると、例えば単身赴任を強いるようなことはできなくなります。人事の集権がなくなってしまったら、ジョブローテーションによる育成もできなくなるし、せっかくお金をかけて計画的に育成してきても転職してしまったり、嫌な仕事は誰にも引き受けてもらえなかったりするので、「働かせ放題」ができなくなり、かえって生産性が下がってしまうことも予想されます。

若い頃にNIH、アメリカ国立衛生研究所を訪れたことがあります。当時ちょうど職階制の議論をしていたので、話を聞こうと係長の席に行きました。外国ではオフィスは個室と聞いていて、確かに隣の人は見えなかったのですが、一つの部屋をパーテーションで仕切っているだけでした。「アメリカにはジョブディスクリプションなるものがあると聞いているが、ジョブディスクリプションを見せてくれませんか」と尋ねました。すると「ジョブディスクリプションか。確か、どこかにあったな」とパソコンの底を漁り、「ああ、あった、あった」と探し出すといった具合でした。A4用紙2枚くらいの紙に仕事が書いてありました。「ジョブディスクリプションっていうのは仕事上いつも見ているのですか」と尋ねたところ、「う〜ん、うちのボスが俺に『お茶を淹れろ』と言ったら、『これに書いてない』と言って見せるけど、ホワイトカラーだから普通はこんなの気にせずに仕事をやっているよ」ということでした。

これは一つのサンプルですが、アメリカのジョブ型の人事制度においてもホワイトカラーではジョブディスクリプションに仕事が全部書ききられているのではないのだということが解りました。「仕事に来たら最初にまず何をするのだ」と尋ねたところ、「まず、パソコンを開いて空きポスト（vacancy）情報を探す。自分のポストから応募できる政府部内のポストが限られているので、出てきた求人にまずアプライする。それからおもむろに仕事を始める」というようなことを言っていたのを覚えています。

そういった世界と比べると、日本の公務員制度においても官民交流や公募制の拡大は一定程度進むかもしれませんが、日本の労働市場と官民の給与水準の違いから、徹底的に公募、ジョブ型のグローバルな制度にしていくということについては高い壁があるのではないかと思います。

二点目の、公務員人事の公正確保の制度的保障措置については、前述のように職階制に代えて不十分ながら一定の枠組みが整備されました。国公法には「公務員人事の公正の確保」という目的と公務員制度のグローバルスタンダードである成績主義（メリットシステム）が法定されています。勤務成績に基づく公正な人事は、少数精鋭による行政運営の実現だけではなく、憲法第15条の「全体の奉仕者」に由来する公務員の政治的中立性（一党一派の私兵と化さず、いかなる政党が組織する内閣にもテクノクラートとして忠実に仕えられる）の確保のためにも重要であると考えられます。

また、これまでの政権交代と政治主導の議論の中で、政治の側で幹部人事について公務員側の人事案を一定程度尊重するという運用が失われつつあるようです。専門性の高い官僚制を維持し、その役割を十全に発揮させるためには、最終的な民主的統制手段である人事権を抑制的に行使する必要があるという、かつてあったコンセンサスを再建していくことが求められているように思います。伝家の宝刀である人事権をやたらに振り回すと、官僚による誠実な支えや、専門性の涵養が難しくなりかねないという認識が必要ではないかと思います。

第6講

新たな人事評価制度の導入と能力・実績主義の徹底

今回は新たな人事評価制度の導入と能力・実績主義の徹底についてお話しします。

2007年の国公法改正について当時の内閣官房行政改革推進室は、職階制に代わるものとして新たな人事評価制度を導入したという説明をしていました。新たに導入された人事評価制度が、果たして職階制に代わるものなのかどうかという問題意識でお話ししたいと思います。

1 国公法制定時の評価制度とその後の展開

1947年に制定された国公法は第33条に成績主義、第62条に職務給原則を定めるとともに第72条に勤務評定制度を規定していました。しかし、その位置づけが極めて曖昧で、これをどのように使うかということは法律では明確にされていませんでした。

制定時の文献を調べると、フーバー原案では能率の計画の中で勤務評定を実施し、結果に応じて表彰や矯正措置をとるとだけされ、任用、給与は関係付けられていませんでした。制定時国公法の人事制度の中心であった職階制(ジョブ型の人事制度)や職務給と、評価や査定、今でいう成果主義とは相性が良くないということです。職務給の究極の姿はシングルレートですし、国公法のもととなったアメリカの当時の給与制度でも各級に数号程度の習熟昇給しか置かれていなかったと言われています。人事は空きポストごとに公募で決め、給与は職務給だとすると査定は必然とされないので、巷間言われているようなジョブ型雇用を導入して成果主義を徹底していくというのは考え方としてはおかしいと言うことができます。

2 制定後の経緯

戦後、民間では年功給が一般的となり、社会的に平等意識が高まる中で、公務では昭和30年以降、職員団体が勤務評定制度の導入に反対する運動を展開しました。いわゆる「勤評闘争」です。中心は学校職場や地方公務員でしたが、国家公務員の職場でも勤務評定に対する反対運動が行われ、農林省の秘書課の参事官が組合交渉に悩んで失踪し、大騒ぎになったという話も伝わっています。

多くの省庁では勤務評定制度を実施できない状況に陥りました。１９６５年の国公法改正で勤務評定制度が人事院から総理府人事局に移管されることになり、後に総務庁人事局が調べた限りでは、全省庁で勤務評定制度は実施されていることになっていましたが、地方機関などでは実際には行われていないところもあったやに聞いています。

3 改正前の制度と運用

以前の勤務評定制度は、条件付採用期間（試用期間）経過後の特別評定と年1回の定期評定という仕組みになっていました。

〈昇　任〉

昇任の選抜にあたり、建前としては勤務評定を参考にするということになっていましたが実際には使われておらず、執務状況を観察した「普段の心証」によって長期的に評価し、配置や昇進、最後は退職勧奨の順序や再就職の斡旋先まで決めていました。

〈分限処分〉

人事院規則11－4（職員の身分保障）の運用通達で免職・降任などの分限処分は勤務評定の結果その他勤務実績を判断するに足る事実に基づいて行うことになっていましたが、処分自体が稀で実際は使われていませんでした。私が担当補佐の時に某省の人事課の人がやって来て、「今年の採用者で本当に仕事ができない職員がいる。これをなんとか分限免職したいのだが、相談に乗ってくれないか」と言うので、「では、条件付採用期間が終わったところで行う特別評定はどういう結果だったのか」と聞くと、「優秀という評価です」と答えられました。「それじゃあ分限免職できないよ」という話をしました。

〈俸給表上の昇格〉

昇格については級別定数の枠もあるので、係長の級くらいから個人差が生じていましたが、これも昇任と同じように普段の心証に基づく評価をもとにポスト、級別定数の制約の中で選抜している状況で、勤務評定の結果を直接の根拠とはしていませんでした。職員団体や職員との関係で、俸給表上の「第二双子」（昇格時の下位級と上位級の俸給の対応関係において下位級の二つの号俸が上位級の一つの号俸に対応する双子関係が二度目に現れる号俸。昇格が遅れて双子関係を過ぎて昇格すると昇格後の俸給が1号俸不利となるが、一度目は不利とならないよう調整されていた）を越えると昇格時期の違いで実際に給与に差が生じることから、そこに到達するまでになんとか昇格させるというような運用に各省とも努めていたようです。

〈勤勉手当（ボーナス）〉

勤勉手当については、勤務評定の結果等を考慮して成績率を定めると通達に規定されていましたが、時期も回数も合わないため、府省にもよりますが、実際には毎期、勤勉手当の決定の前に簡易な個別評価を行い、優秀者を決めていたようです。一部の省では職員団体が影響力を及ぼしているのではないかと疑われる状況も見られたと伝わっています。

〈特別昇給〉

従前の制度で唯一、勤務評定とリジッドに繋がっていたのが特別昇給でした。人事院規則9－8（初任給、昇格、昇給等の基準）第37条で勤務評定の結果が上位の成績優秀者は、在職者の12～15％の枠の中で、当時で言えば1号俸分（今の4号俸分）、特に多く昇給するというものです。実際には持ち回り的運用が行われて、数年に一度、特別昇給の機会が回ってくるように運用されていたと言われています。

平成期の公務員制度改革が始まった頃、各省の人事当局に、特別昇給の差についてどういう実態なのかを尋ねたことがあります。各省は「特別昇給は持ち回りだけではなく、差はつけている。生涯で見れば相当差がついている」と言っていました。「では、優秀な人が辞める場合と、平均的な人が辞める場合に、最終号俸でどれくらい差があるのか」と聞くと、「いや、大きな差がありますよ。40年勤続して2号俸差がつきます」と言っていました。当時の人事当局の常識がどれくらいのレベルであったかがうかがわれると思います。当時の2号俸というのは今で言えば8号俸、最大4％です。40年勤務でこの程度が優秀者と平均者の差であったということです。人事当局から管理職に対し「次は○○さんに特別昇給を打たなければいけないので勤務評定を上位と評価してくれ」と囁かれることもあったようです。

こうしたこともあり、公務員は年功序列であり、大きな差はつかないと一般的に思われていましたが、国は地方自治体と比べればまだ差が見られたようです。地方自治体から研修生として来ていた人が、両端の号俸部分に網掛けされている給料表が描かれている下敷きを持っていました。「なぜ網掛けされているのか」と聞くと、「これは組合が作ったもので、1年に1号俸ずつこう昇給・昇格し、退職時にここまで行くという給与額だけが白抜きになっています」と言っていました。このような下敷きを職員団体が作り職員に配っているところもあるのが地方自治体の実態でした。いわゆる「わたり」で昇給・昇格していくので、級号俸が在職年数とほぼ比例する運用が行われていた自治体もあったようです。

4 民間企業における能力主義の普及

民間企業はどうであったかというと、最初は電産型賃金の年齢給で、基本的には年齢や扶養親族の有無等に応じて給与を支払っていくということでした。高度成長期に職能資格制の普及とともに能力・職務・職責の要素を加え、別建ての職責給も作られるようになりました。これにノルマの達成度合いに応じてボーナス査定を加えていくということが行われていたようです。

人事院の特別給（ボーナス）調査を見ても分かるように、戦後まもなくの時期にはボーナスはほとんど支給されていませんでした。年末一時金として、0・5ヶ月分もしくは1ヶ月分支給であったのが、高度経済成長期に夏、冬に利益配分として定期的に数月分のボーナスが支給されるようになりました。このボーナスで個人差がつくという状況が見られるようになっていました。

5 新たな人事評価制度の検討と導入

次に勤務評定制度に代わる公務員の新しい人事評価制度の導入の経緯についてお話しします。

1997年頃、公務員制度調査会の検討当時、制度官庁である人事院と総務庁人事局は、人事管理システムの全般的見直し、制度・運用の一体見直しを掲げていました。国公法の成績主義や職務給原則などは制度としては良いのだが、キャリアシステム、年功的昇任・昇格運用、持ち回り的な特別昇給・勤勉手当の支給といった硬直的な人事運用を法の趣旨に沿って見直すべきではないかという考え方です。その鍵となる制度として民間で普及していた人事評価制度を導入する必要があるということで、それぞれで検討を始め、並行して二つの勉強会が置かれることになりました。公務員制度調査会が村山富市内閣の頃に設置が決まったため、職員団体はどちらかと言うと当時の総務庁人事局と近く、職員団体と総務庁人事局で勉強会を行い、それに対抗する形で人事院と各省で同じような勉強会を進めました。目標管理の有無などの違いはありましたが、結論は、民間の例にならって能力評価と業績評価を行うという概要はよく似た報告書が出ました。

先日、ある歴史書（遠山美都男・関幸彦・山本博文『人事の日本史』（朝日新聞出版、2021年）を読んでいたところ、律令制時代の官僚の勤務評定では、「勤務評定の基準項目には「善」と「最」があった」そうです。「「善」とは「四善」といって、「官僚」らに共通して求められる道徳的なチェック項目」で、「「最」とは、官職別に職務を十分果たしたかどうかについてのチェックのこと」であったと書かれており、日本人というのは評価が好きで、しかも同じようなことを昔もやっていたのだなと思ったことがあります。

この時の公務員制度調査会の基本答申は次の公務員制度改革大綱への流れの中で実現しませんでしたが、公務員制度改革大綱でも信賞必罰の新人事制度として、新たな人事評価制度を導入して能力等級制度を基礎とする「新人事制度」が提起されました（第5講参照）。結局、能力等級制度も実を結びませんでしたが、評価制度の基本的な設計や評価結果の反映については、2007年国公法改正で導入される制度の原型が作られました。

公務員制度改革大綱の法制化が頓挫した後、2006年の人事院の給与構造改革で大幅な給与制度の見直しが行われました。見直しの中心は地域手当の新設でしたが（第16講参照）、査定昇給制度の導入など成績主義を徹底するための制度改正も改革の一環として行われました。

まず、査定昇給制度の導入です。それまでは3ヶ月ごとに昇給期があり、1年間、勤務成績良好で働くと1号俸昇給し、特に優秀なら特別に2号俸昇給していましたが、昇給期を1月に揃えて、更に1号俸を4分割して勤務成績に応じて0～8号俸まで細かく昇給することになりました。評価結果に応じて昇給差を設けるための受皿が、この改革の時に作られたのです。降給・降号俸といったマイナス昇給の制度もこの時に初めて整備されています。

勤勉手当の制度改正も行われました。期末手当（ボーナスの定率部分）は、本俸と調整手当（地域手当）の合計額に期別の支給月数（2月分など）を乗じて算定していましたが、勤勉手当（ボーナスの査定部分）は「扶養家族が多いと勤勉手当が高くなるのはおかしい」という理由から扶養手当の額を算定基礎とせずに計算していました。この払い残した「扶養手当×勤勉手当の支給月数（0・6月分など）」分が原資として成績上位者に配分されるので、段々と少子化が進み、共働き世帯が増加すると、扶養手当の受給者減少により勤勉手当で成績上位者に配る原資が少なくなってしまうという問題が生じました。そこで、給与構造改革では勤勉手当の支給月数の一定割合を成績上位者の原資として割り当てる仕組みに変えました。

給与構造改革は、2007年の新たな評価制度の導入に先行する形で受け手側の給与制度の整備を図ったものであったと言えます。この間、2004年の今後の行政改革の方針によって能力評価と業績評価の全省的な試行が数次にわたって行われ、2007年改正法によって、新しい評価制度という形で現在の能力評価と業績評価から成る人事評価制度が導入されることになりました。

6 新たな人事評価の内容

2007年改正法で導入された新たな人事評価制度は、従前の勤務評定制度とはいくつかの点で異なっています。

一点目は、情意評価の排除です。従前の勤務評定制度は人柄や性格も評価していましたが、そういう要素は排除されています。仕事の出来栄え、能力に限って評価するということです。さらに、期初に仕事の目標を立て、それに基づいて期末に業績評価、面談を行うという目標管理を導入することになりました。勤務評定は、課長がこっそりつけて人事当局に提出してしまうので、勤務評定結果について話し合うこともなければ当人に伝えられることもなく、特別昇給があれば評定結果が上位だったのだなと判るというものでした。開示なども定められ、新しい民間型の評価制度にリバイスされました。

新たな人事評価制度では、面談が重要です。霞が関の課長は、今も多少その傾向がありますが、意識がプレイングマネージャーどころかプレイヤーとなってしまっているので、部下が何をしているか、何に悩んでいるかを見る以前に、議員会館を走り回って、重要法案をどうやって通すか、予算をどうやって獲ってくるかを考えていました。そういう人が優秀だとされていたのです。新たな人事評価制度は、課長の仕事はマネジメントである、部下を見て業務を管理し、組織としてアウトプットを出すのが任務であるという意識づけの第一歩です。新たな人事評価制度導入の意義は信賞必罰に加えて、組織マネジメントの確立でした。

二点目として、評価結果を人事や給与にどう使うのかが人事院規則でルール化されたことが大きな違いです。勤勉手当は、民間企業でいう短期業績給です。その半期の業績評価結果（成果）に応じて毎期、ボーナスを上下させて決済していくものとして位置付けられました。昇給については、1年間の三つの評価結果をもとに上位者から高い昇給幅とすることになりました。その人の翌年の期待発揮能力というか、翌1年間にどれくらいの成果を期待できるかを前年の能力評価と業績評価の結果から判断する、1年間働いて経験を積んで能力が高まった人をより多く昇給させていくということです。

また、昇任や昇格についてはポストの制約があり、基本的に評価結果が下位の人は昇任、昇格させられないというわば足切り基準となりました。当時の幹部にお諮りしたところ、「その期にたまたま一番成績が良い人をその時点で一番良いポストに就けるわけにはいかない。人事には長期計画、少なくとも中期計画がある。一番高い能力が求められるポストが半年後に空く場合、そこに就けたいと思っている人がいるので、成績の良い順にその人が希望するポストや難しいポストに就けているわけではない」と人事評価結果をリジッドに人事配置に反映させることは困難という判断でした。

2022年の評価区分の6段階への見直しにより、現在は、昇任には、昇任前2年の能力評価、業績評価において、それぞれ一回は6段階の評価結果のうち上から3段階以上の評価結果（本省課長級への昇任には能力評価が上から2段階以上）で、下2段階（やや不十分、不十分）の評価結果がないこと、昇任を伴わない昇格については昇格前2年の六回の評価結果のうち二回は上から3段階以上の評価結果が必要などとされています。

免職・降任などの分限処分については、下位の評価結果がついた場合は、しっかり働いてもらえるよう通常は当局が矯正措置を発動する契機とすることになりました。日本の人事管理は集権型のため、人事当局が免職や降任等の最終的な人事権を実質留保しています。現場の管理職は人事配置の権限を持っていないため、管理職の評価結果と処分を直接リンクさせることは適当ではないという考え方で設計されました。

最後に人材育成については、評価結果を全体的に使うと書いてあるわけですが、不足する能力や対応は様々であることから、具体的な措置は講じられませんでした。

7 結び

当然ですが、新しい人事評価制度は旧勤務評定制度に代わるものであり、職階制に代わるものではありません。2007年法改正の時に事務局が「職階制に代わるものとして新たな人事評価制度を導入した」と説明したのは、公務員制度改革大綱後の法案化作業の時に能力等級制度について各省から疑問や批判が多く出され、職階制に代えて新しい分類制度を導入したと言いたくなかったためと私は理解しています。さらに、新しい評価制度は、任用面で改正前の国公法において能力実証の中核的な手段とされていた競争試験を代替するものとも言えます。すなわち、在職者については、管理職による業績評価、能力評価を能力実証の手段として評価結果に基づいて昇進選抜等を行うことにしたというのが正しい整理ではないかと考えます。

改正前のように、一生涯かけて当時の1号俸か2号俸しか差がつかなかった時代から見ると、能力・実績主義は既に遠いところまで来ています。民間は公務よりもっと厳しい、抜擢人事をやればもっとうまくいく等の批判が出されていますが、従前の状態と比較すれば、現状はすごく進んだと言えます。

現在、昇給や勤勉手当の差は、職員にほぼ受け入れられているようです。この差を拡大すれば職員が更によく働けるようになるかと言うと難しいところです。経営学では、給与は衛生要因とされています。昇給したり、勤勉手当で高い額をもらったりすると、その瞬間は嬉しいのですが、翌年はもっと高くならないと嬉しくない、現状維持ではモラールが高まらず、額が下がったらモラール・ダウンしてしまうのです。昇給や勤勉手当への評価結果の反映の効果は時間が経つにつれて消えていきます。

人事評価制度の最終目的は、評価すること自体でもなければ職員の間に差をつけることでもなく、まして公務員に鞭を入れることでもありません。職員が皆気持ちよく働いて、国民に質の高い行政サービスを提供できることが目的であることを忘れてはいけません。これを基本に、更に制度の整備、運用の改善を図っていく必要があります。

今後の課題として、一点目は、技術的な問題として評価結果の分布の適正化をどうやって図っていくかです。制度導入時には、人事院も当時の人事・恩給局も「絶対評価であっても評価者研修を徹底すれば正しい評価ができる」と言っていましたが、抽象的基準を示して評価者研修を行えば、神様のように部下の能力や業績を正しく評価できるというのは、いささかナイーブな考えであろうと思います。既に何度か検討や見直しも行われているようですが、民間では評価のレベル合わせの管理職会議なども行われているようです。

二点目は、あらゆる人事の局面に能力評価と業績評価の結果を反映するのは難しい面があるのではないかということです。二つの評価結果に対して昇任・昇格・昇給・勤勉手当・降任・免職・人材育成と多くの制度が対応しているという制度設計に無理はないのかという問題意識です。

三点目は、部下の男性に育児休業を取得させたら高く評価する等、評価を利用して特定の人事施策を推進することをやりすぎていないかということです。ポストによっては予算を獲らなければいけないのに、予算を削れば評価されるなど、個々人に与えられているマンデートを抜きにして一定の方向の仕事をした者に高い評価を安易に与えると、評価結果がゆがんでしまわないかという問題意識です。

第7講

国家公務員の人材育成

複雑・高度化する現代国家においては、有能な専門官僚集団、テクノクラートは不可欠であるというのがウェーバーの議論でした。我が国の国公法もメリットシステム（成績主義）を原則としており、官僚の育成のため日本に初めてアメリカからトレーニングの概念を持ち込んだとされます。１９４７年に制定された国公法ではトレーニングに相当する訳語として「教育訓練」という法律用語を用い、定着した「研修」と改称されるには１９６５年の改正を待たなければなりませんでした。ちなみに、同様に定着した訳語のなかったレクリエーションには制定時「元気回復」という法律用語が充てられました。

1 人材育成の現状

公務員人事管理の目的の一つは、高い専門性と幅広い視野を持った人材の確保・育成です。求められる専門性は、その国において公務員が政治との関係で、また、民間との関係で、現にどのような役割を果たし、あるいは果たすことを期待されているかにかかっています。これに必要な能力をいかに効率的に付与していくかが公務員人事管理の課題となります。

例えば、アメリカでは政治任用を除く公務員は、基本的に政策の企画・立案に関わりませんから、そうした能力を開発することはありません。一方、フランスではＥＮＡのような特別の機関を設けて組織的、集中的に能力開発を行っています。

人材育成の手段は、大きく分けると、研修、人事配置による計画的職務経験付与（ジョブローテーション）、自己研鑽の奨励になります。研修は、更に職場で行う狭義のＯＪＴと、職場から離れて行うＯＦＦＪＴに分かれます。狭義のＯＪＴと人事配置による計画的職務経験付与を併せてＯＪＴと言うこともあります。ＯＪＴとＯＦＦＪＴは適切に組み合わせることが効果的とされます。

各府省当局に聞くと、ＯＪＴを中心に人材育成を図っているとの回答を得ますが、実際の職場では管理職が意識的、計画的に部下の人材育成を図っているところがそう多くあるようにはうかがえません。せいぜい「俺の背中を見てやり方を盗め」といったお寒いものが多いようです。一方、民間企業の一部では育成シートや育成目標の設定などの取組みを行っています。人事院は昭和の終わりに分厚い「ＯＪＴマニュアル」を作って各省に提供しましたが、定着することはありませんでした。

近年では、ＯＪＴとは性格の異なるものですが、自席のパソコンを使って業務の空き時間に公務員倫理規程や人事評価制度などに関する基礎的な知識を習得するｅラーニングも多く行われるようになっています。

一方、ＯＦＦＪＴとしては、気象庁の予報官や航空管制官、国税専門官など、専門行政で職員数の多い一部機関では、特別に学生対象の採用試験を行って、新規採用者に対し採用直後から2年ないし4年の長期にわたって専門教育を施してから職場に配置する「大学校」という教育施設を持っている省庁が見られます。学生は正規の公務員で、教育期間は職務として扱われ、給与も支払われます。

また、規模の大きな省では国土交通大学校など自前の研修施設を持っているところもあります。全府省で80ヶ所以上、年４０００コースあり、６万人が研修を受けています。そこでは随時、その省の行政に関する専門研修、実務についての研修が行われ、マネジメント研修など一般的な人材育成のための研修も行われています。

府省共通に研修を行う施設としては人事院に公務員研修所が置かれ、多くの研修コースを実施しています。総合職試験採用者全員に対して行っている初任行政研修を例とすると、3週間にわたって講義方式、グループワーク、自治体での体験研修などを組み合わせたものとなっており、内容も公務員倫理や過去の行政の失敗事例を含む政策研究、模擬政策立案、読書研究、在日大使館職員との交流など多様です（図表7－1）。

公務員研修所の行う研修は、憲法第15条の国民全体の奉仕者を育成するためのものです。年間40コース行われており、現在ではかつての階層別の養成研修から、女性の能力開発など人事行政上の特定の政策目的を実現するための研修にシフトしてきています。ただし、研修員は各府省から推薦されて参加するため、優秀な職員ほど多忙なポストに配置されていることから、研修に参加できないことも多いようです。

各府省共通の研修としては、内閣人事局が行う研修もあります。内閣人事局は独自の研修施設を持っていません。

このほか各府省共通に行われる研修として、総務省の統計研修、財務省の会計事務職員研修など府省共通の専門知識を付与するための研修が、その分野を担当する機関の研修施設等において行われています。

2 ジョブローテーション

職員を配置する法律上の権限は大臣等にありま

図表7－1　初任行政研修のカリキュラム

研修科目	技法
公務員の在り方 政治と行政	講義、レポート作成
公務員倫理を考える	演習
人権	講義
行政政策事例（政策課題）研究	講義、討議
若手公務員の歩み	講義、討議
特別講義	講義
コミュニケーション	演習
国際行政の現場	講義、討議
地方自治体実地体験 被災地復興・地方創生プログラム	講義、視察、体験、討議
市民との協働について考える	講義、演習
開・閉講式、オリエンテーション、チームビルディング等	

（出所）　人事院ホームページ

すが、実際に配置の原案を作成しているのは各府省の人事課・秘書課などの人事当局です。人事当局は各府省官房に置かれる人事課だけではなく、事務・技術、専門性の違い、部局の違い等に応じて複数存在する場合も多く、人事グループを形成しています。その人事グループに属する職員の配置されるポストも、概ね固定されています（第3講参照）。

例えば、厚生労働省の医系技官の人事グループは医師の国家資格を持つ職員の人事グループであり、これに属する職員はトップの医務技監、地方の検疫所長、他府省への出向ポストなど医療の知識の必要なポストに配置され、人事配置は官房厚生科学課が原案作成を担っています。採用された医師は長期雇用を前提に職責の軽い医療の知識が必要とされるポストから始めて、順次先輩職員の就いていた医師の専門性が必要なポストへの異動を重ねます。こうして異なる経験を積ませることによって上位ポストに必要な能力の伸長を図り、行政部内に必要な専門性が継続的に蓄積されていきます。

日本の人事異動は、新規学卒者が採用される4月に一斉に行われることが多いのですが、中央省庁の幹部人事は通常国会が終わり、政策課題も一段落する夏に一斉に行われます。

新規学卒者は簡単な初任研修を受けると職場に配置され、2年程度で定期異動の機会に別の係員クラスのポストに異動します。これを繰り返して必要な知識・経験と、人脈や組織文化を身に付けていきます。民間企業や自治体に比べ異動のサイクルが短いことが特徴です。

総合職試験からの採用者について見ると、課長補佐に昇進するまでに通例、係員で2ポスト、係長で2ポストというように異なった内容の4ポストを、1ポスト1年ないし2年の短期で経験させられることが多いようです。その後も地方機関、関連する他府省、自治体、関連法人、国際機関への出向、留学など多様な経験を組み合わせて幅広い視野が身に付くように育成が図られています。かつては、若くして地方機関の長のポストを経験させるような育成手法も見られましたが、「バカ殿教育」との批判を受けて今は行われなくなっています。

30歳代前半で育成期間が終わると、それまでの執務実績により判明した適性に応じて、グループ内で国際畑や予算畑など更に細分化されたフランチャイズの人事配置を行う府省も見られます。

3 長期在外研究員制度

このように国家公務員の人材育成や研修は、民間企業に比べて決して充実しているとは言えない状況にあります。唯一、誇れるものがあるとすれば、明治以来の国費留学制度です。

国家公務員の海外留学は、一定の若手職員を対象に、各省の推薦する職員の中から人事院が選抜する長期在外研究員制度として行われています。毎年150人程度が海外の大学院に留学しており、その数は年々増加しています（図表7－2）。総合職採用者数が毎年800人前後であることを考えれば、相当の比率と言うことができます。このほかに外国の政府機関等で調査研究を行う6ヶ月程度の行政官短期在外研究員制度も行われています。

長期在外研究は職務命令による出張扱いで行われており、留学費用や給与が支給されます。かねて各府省から留学後、短期間勤務した後に転職することを問題視する声があがっていて、せめて留学費用を返還させるべきとの要望がありました。職務に要した費用を返還させられるのか、単年度会計主義との関係などの課題もあって懸案事項でしたが、公務員制度改革大綱の時に留学費用償還法（2006年）が制定され、5年以内の退職者には費用を返還させることになりました。

この留学費用の返還の対象者は2011年には15人でしたが、2023年には76人と顕著に増えています。人材スカウト会社が償還費用持ちで引き抜いているという噂もあります。対策として、誓約書の提出や、英語圏以外、MBA以外への派遣の拡大などの対策を進めていますが、効果はあがっていないようです。

図表７－２　留学者数（行政官長期在外研究員新規派遣者数）の推移

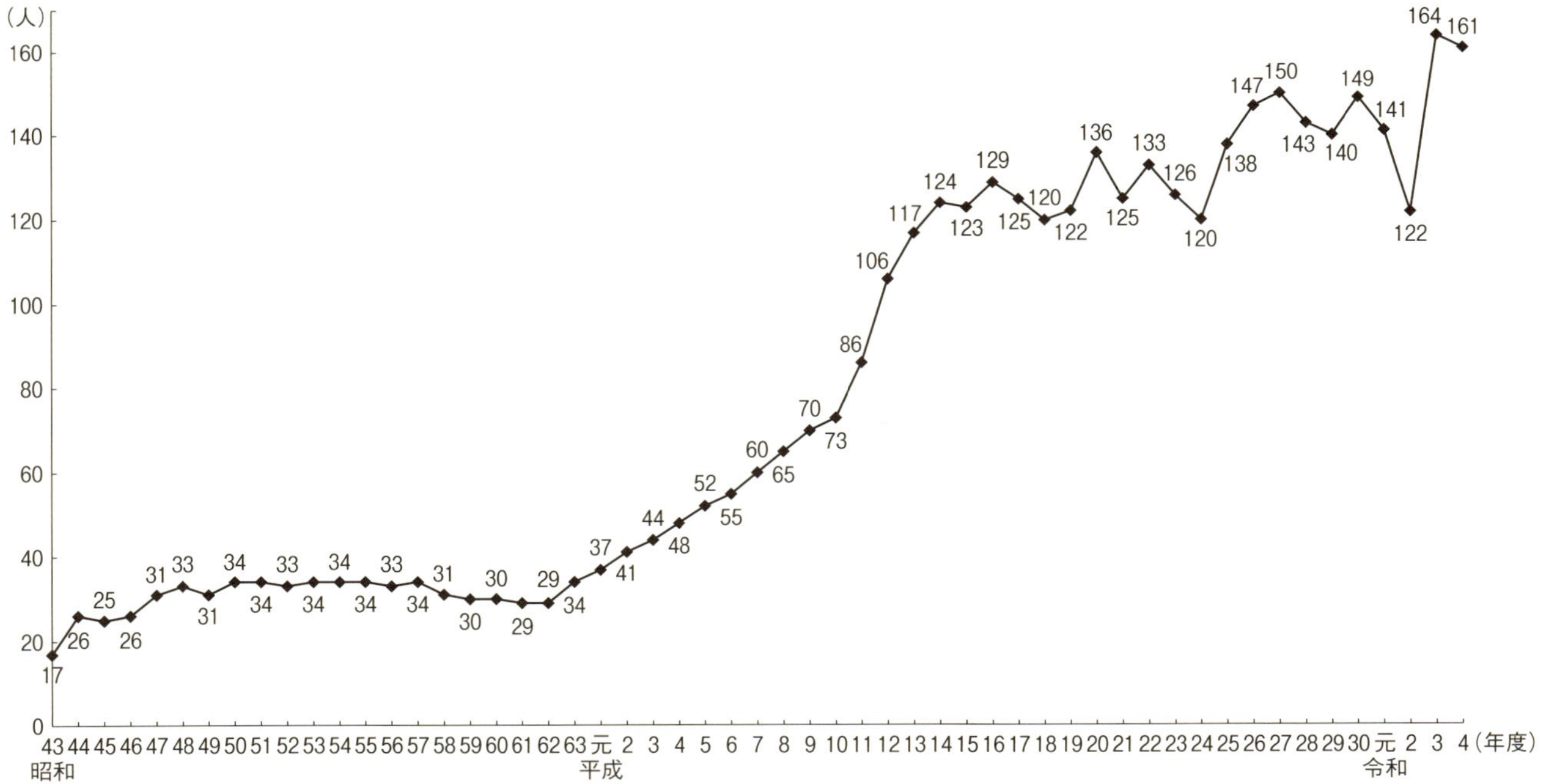

（注）１　博士課程への派遣のため、当該年度に研究従事期間を延長した者及び当該年度に再度派遣された者（平成24年度３人、平成25年度２人、平成26年度２人、平成28年度１人、平成29年度１人、平成30年度２人、令和２年度３人、令和３年度１人、令和４年度１人）を含む。

２　当該年度に派遣を開始した人数を示す。

（出所）人事院『令和４年度　年次報告書』

この背景には、日本の経済力の低下による留学費用の高騰と日本人留学生の減少があるようです（図表7－3）。文部科学省の調査でも、大学生が海外留学を見送る要因の第1位が経済的負担となっています。民間企業の社内留学も、引き抜き対策などもあって選抜が厳格化し、実施が難しくなってきているようです。

国際化でグローバル人材の社会的需要は引き続き高いのに、経済的理由で日本人留学生が減っていることを考えると、国費留学目当てで国家公務員になったとまでは言わないとしても、帰国後に転職を考える人が増えるのは当然かもしれません。かっては日本社会全体で考えればそれでよいのだというおおらかな意見もなくはなかったのですが、私費留学後に採用された者とのバランスや国際関係業務の増加、国際的に見て少ない学位取得者増加の必要性などの情勢に鑑み、自己啓発等休業制度を活用し、学費貸与による在職者の私費留学の促進などの方法に切り替えて、留学者数の大幅な拡大を図ることも必要となってきているのかもしれません。

人事当局も、留学は繁忙勤務のご褒美、本当に必要とする職員は留学推薦しない、戻ってきても留学経験を活かせる国際業務に配置するわけではないなどといった意識を切り替えていく必要があります。

4 自己研鑽

留学費用償還法と同時期に、職員が自らの意思で大学院等に進学する場合に長期の職場離脱を認める自己啓発等休業法（2007年）が制定されました。職員自身が自力でキャリア開発を行う意識は未だそれほど高くなく、無給で権利性も低いことから、あまり活用されているとは言えません。リスキリング奨励策として共済給付を活用することなども考えられなくはないように思います。このほか、制度化されていませんが、自発的に民間人も入った研究会や府省横断的勉強会に参加するケースは比較的多く見られます。

図表７－３　日本から海外への留学生の推移

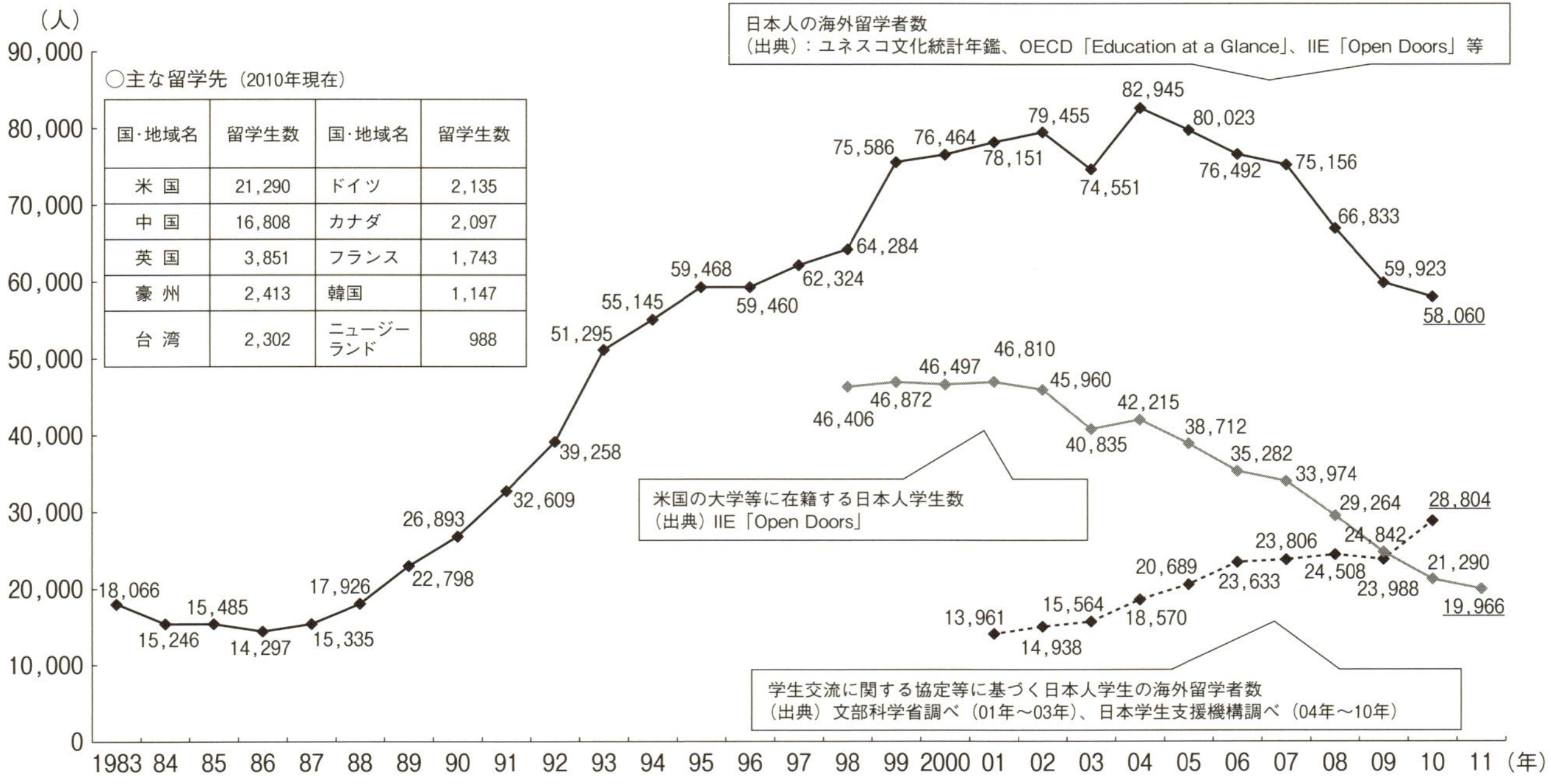

○主な留学先（2010年現在）

国・地域名	留学生数	国・地域名	留学生数
米国	21,290	ドイツ	2,135
中国	16,808	カナダ	2,097
英国	3,851	フランス	1,743
豪州	2,413	韓国	1,147
台湾	2,302	ニュージーランド	988

（出所）　文部科学省「若者の海外留学を取り巻く現状について（平成25年12月）」

5 日本の人材開発の特徴

日本の国家公務員の人材開発の特徴としては、まず、主体が人事当局であり、職員は基本的に受け身で自らの意思で積極的に能力開発する機会は少なく、その意識もそれほど高くないということがあげられます。これは、欧米諸国のように職員側から上位のポストの欠員に応募し、そのために継続的に能力・資格を獲得するなどスキルを磨くということがなく、人事当局が一方的に異動を発令するため、職員には今後自分にいかなる知識・能力が求められているかが判然としないことと、長時間労働に起因していると考えられます。近年は雇用の安定が崩れる中で、若手職員にはキャリアは自ら開発するものとの意識の変化が起きており、ギャップが広がっているという見方もあります。

次に、人材育成の手段がジョブローテーションに偏っているということがあげられます。比較的狭い職域での頻繁な定期異動は、先輩の配置を見れば自分の将来が推測できるという意味で、結果として制度化されていないキャリアデベロップメントプログラムとも言うべき効果があり、職員にキャリアプロスペクトを提供しています。こうしたジョブローテーションによる人材育成が職種を問わずに行われています。

こうした特徴は、日本の国家公務員の置かれている次のような条件により規定されていると考えられます。

一つは、総定員法と累次の定員削減計画により、日本の行政は極めて少ない人員で担われているということです（第1講参照）。厳しい定員管理により人材育成に充てるリソースが限られていたことが、計画的ＯＪＴやＯＦＦＪＴへの消極姿勢に繋がったと考えられます。

また、中央省庁では長く局長、課長など現場の管理職に期待され、自分たちもやりがいがあると考えてきた役割が、政策の企画・立案や合意形成、法改正などでした。現場のニーズを吸い上げ、現実的な政策にまとめあげ、政治家やステークホルダーを説得するという役割を果たすには、所管行政に関連する領域を広く経験させ、政策に関する土地勘や幅広い人脈を獲得することが必要であり、こうした汎用的でない知識・能力の獲得にはジョブローテーション中心の人材育成が適合していたとも考えられます。一方、ＯＦＦＪＴによる学術的な知識の習得や部下の育成を始めとしたマネジメント能力などの汎用的能力の習得は軽視されてきました。

6 人材育成の課題

２００７年の国公法改正により国家公務員にも人事評価制度が整備され、管理職は人事評価で判明した弱点を面談で職員に示して能力開発を促すなどして、評価結果を人材育成に活用することとなりました。管理職の目標設定や能力評価の基準には、部下の人材育成の項目が設定されています。しかし、これまでのところ、人材育成の状況に大きな変化は見られないようです。職場やその周辺に人材育成のノウハウが蓄積されておらず、管理職も具体的にどうしてよいのか分からないことが、その一因となっていると思います。職場で管理職に効果的な人材育成に取り組ませるため、まず管理職からＯＦＦＪＴに連れ出してコーチングなどのマネジメントのノウハウを叩き込む必要があるのです。

第8講

天下り
——定年制と早期退職慣行という二重の天井

今回、お話しするのは、天下り問題、退職管理の問題です。絡み合って進んだ定年制と再就職規制の問題についてお話ししたいと思います。

1 戦前官吏の退職管理

戦前の官吏は辞めると十分な恩給が出て、だいたいは「家作」と言われるアパート経営に乗り出すなどして左うちわで暮らしており、退職管理の問題はなかったようです。その理由の一つに、平均寿命が短かったということがあります。

「サザエさん」で磯野家の波平さんは、福岡で「局長さん」と呼ばれていましたが、設定上の年齢が54歳となっており、年寄りになる年齢が今とだいぶ違います。今は60歳になってもピンピンしていますが、昔の人は50歳くらいになると相当老けてしまっていたようです。そういうこともあり、官吏には定年というものはなく、検察官と国立大学の教官だけに定年が設けられていました。なお、国立大学の教官の「テイネン」の「テイ」は「定まる」ではなく、「停止」の「停」でした。

2 国公法の制定後の状況

戦後に国公法ができた際、その制定の経緯からアメリカの制度を引き写すことになりました。

アメリカでは現在でもそうですが、エイジレスなので定年制はありません。むしろ、法律で定年は年齢による差別として禁止されています。ジョブ型の人事制度のため、仕事のできる限りは雇用し続ければよいという考え方です。

年金の受給資格が備わるとハッピーリタイアで引退することが多いようですが、引退が強いられているわけではありません。

20年くらい前にNASAを訪問した際に、スターウォーズのヨーダのような研究者が出てきて驚きました。その方は女性のドクターで、杖をついていましたが、頭はシャキッとしていました。

一方で、制定時の国公法のフーバー原案には、在職中のポストの関連企業を代表するポストに離職後2年間は就職できないという営利企業への再就職についての規制が入っていました。当時のアメリカに同じような制度はなかったようなので、それがどこから来たのかは不明です。

フーバー原案の規制が各省庁から問題視され、日本側の修正によって人事院の承認を得れば除外される規定が入ったとされています。ただし、戦後すぐの頃は戦前との連続性もあって、天下り批判も大きくはありませんでした。ちなみに、今では「天下り」と書いていますが、「天孫降臨」由来なので、「天降り」が本来の表記です。

国公法制定後の国家公務員の退職管理がどのように行われていたかというと、組織的に退職勧奨を行い、その際には再就職先を斡旋するという形でした。キャリア、ノンキャリアを問わず、車庫長などに対しても同じやり方だったようです。退職手当法第5条で、勧奨に応じれば退職手当が5割増になるという仕組みもあり、後進に道を譲るという慣行が機能し、順調に退職管理が行われていました。一方で、民間では高度経済成長期に「終身雇用」とも言われる、新規学卒者の一括採用・長期雇用が一般化するとともに、55歳定年制が普及していきました。

1985年に新たに定年制を導入する際に、細目を定める人事院規則11－8の立案段階で各省庁の話を聞いたところ、概ね主要省庁の事務系キャリアだと50歳前から、次官であっても55歳くらいまでには退職を勧奨し、その後、いくつも再就職先を斡旋していくということでした。最初は特殊法人、次に公益法人や民間企業、場合によっては関連団体というように三つ、四つ斡旋し、主要省庁では最後70歳近くまで再就職を斡旋していました。日本の人事管理の三種の神器の一つとして終身雇用があります。亡くなるまで雇っているわけではないので、正しくは長期雇用であると経営学では言っていますけれども、公務の事務系キャリアは文字通りの終身雇用でした。

このような組織的退職勧奨、再就職斡旋については、昭和40年代に特殊法人が多数設置され、それが税金の無駄遣いではないかという指摘を受けて特殊法人の設立が抑制されました。昭和50年代になり、特殊法人の代わりに公益法人がたくさん作られました。これも批判を受け、公益法人も作らないということになると、各省は退職者を、最初特殊法人の理事に斡旋して、そこに2年いたら次は小さい公益法人の理事長を斡旋し、その後は更に小さい公益法人に移らせたり、関連の民間企業に再就職させたりしていました。その結果、退職金を何度も受け取る、いわゆる「渡り鳥」批判が起きました。

営利企業への再就職規制との関係では、多くの省庁は、規制の対象になっていない特殊法人などで民間企業への再就職が規制される2年間をしのぐ、あるいは2年間は省庁間でバーターして、例えば通商産業省の人が銀行に行き、大蔵省の人が商社に行くといったことをしていました。

渡り鳥批判で、どれくらい退職金がもらえるのかということが平成の公務員制度改革の最中に問題になり、高名な官僚ＯＢのＳさんがテレビに出演して「特殊法人と公益法人三つくらいへ行って、トータルで退職金を〇千万円もらった」などと発言したものだから、これが反響を呼んでますます批判が高まるということもありました。

人事院は再就職の承認をすると、承認状況を毎年国会及び内閣に報告しなければならない（『営利企業への就職の承認に関する年次報告書』。いわゆる『天下り白書』）ことになっていました。人事院の再就職承認は２００７年の国公法改正まで行われていて、人事院は課長級以上について審査をして、課長級未満は各省に権限を委任していました。人事院が直接承認していた営利企業への退職後2年以内の本省課長級以上の再就職で年間１００件前後、各省に委任した室長級以下で年間７００件前後の承認が出ていました。事前相談を受けていましたから、各省からの申請は承認されていました。

このように新規学卒者の一括採用、長期雇用という官民共通の雇用慣行の中で、公務員には定年がなかったため、それを代替するものとして組織的な退職勧奨、再就職斡旋が機能していました。第一次臨調などで定年制の導入が提言されましたが、実現しませんでした。

3 定年制度の導入

国では退職勧奨、再就職斡旋がうまく機能していましたが、地方公務員では定年がないため、家で農業を営みながら公務員を続け、70歳くらいになって辞めると高額の退職金が出るという例もありました。技能・労務職俸給表すらなく、「給食の調理師〇千万円退職金」のような報道がなされ、批判が高まりました。

これに対し、当時の自治省は地方公務員法に定年制を導入する法案を昭和30年代に二度出しましたが、通りませんでした。

昭和50年代に今と同様に年金財政が悪化し、少子高齢化が始まっていたということもあって、民間企業で一般的だった55歳定年を60歳定年に引き上げることを努力義務とする高齢者雇用促進法の改正が行われました（1998年に義務化）。語呂合わせのようですが、「昭和60年、60歳定年制」です。これに合わせて公務員にも国と地方セットで60歳定年制を入れることになったのです。

1981年にこのための改正法が通るのですが、政府側はその法案の審議で「この法律が通れば現在行っている組織的な退職勧奨はなくなる」と何度も答弁しています。しかし、当時の勧奨年齢はキャリアであれば50歳代前半、ノンキャリアであっても56歳から58歳であり、60歳定年よりも低かったため、退職勧奨と再就職斡旋の実態はほとんど変わりませんでした。刑務官や非管理職では定年で辞める人もいましたが、霞が関の多くでは、定年で辞める人はその後もあまり生じませんでした。退職勧奨年齢と定年という屋上屋というか、二重の天井ができたのです。

1985年にはもう一つ大きな改正がありました。共済年金制度の改正です。これによって民間の厚生年金制度との並びで標準報酬月額制度が入り、支払った掛金に応じて年金額を決めることになりました。それまでの共済年金は退職時の俸給月額を基礎とし、偉くなって給与が高くなると年金も高くなるという仕組みでしたが、これが改められました。国公法には適正な退職年金制度が樹立されなければならないと規定したうえで、年金額の算定は退職時の条件を考慮すると書かれており、その点について当時の人事院は政府から見解を聞かれましたが、採用から退職まで全部の標準報酬月額に基づいて算定するのだから、退職時の俸給月額も考慮されており、問題ない旨を回答しました。

その結果、現在の次官の年金年額が270万円という状況が生じたのですが、各省庁はこの改正について反対しませんでした。民間並みだからというだけでなく、経過措置があったので、当時辞めた人たちはまだ高い年金をもらえたということが理由の一つです。もう一つの理由として、年金よりも再就職斡旋で理事や理事長をして70歳を超えても働き、そこで退職金をまたもらえるということもあったのだろうと思います。

以上が平成期の公務員制度改革で退職管理が問題になる前までの、国家公務員の退職管理の状況でした。

当時、人事院の再就職承認に関しては、次のような議論がなされていました。

一つは、人事院の承認が必要な天下り規制の期間が2年間では短いのではないか、天下りを減らすためにはもっと長い期間、関連企業に就けないようにすべきではないかという議論です。実際、当時の退職管理の状況を見ると、特殊法人や公益法人に2~3年いて、規制がなくなったら民間企業に再就職するといったことが行われていて、「喪明け」などと呼ばれていました。実質的に癒着を防止するためには、もっと長い期間の規制が要るのではないのかという議論です。

また、営利企業だけが対象だった天下り規制の範囲を、特殊法人、公益法人へ広げるべきではないかという議論がありました。当時、特殊法人、公益法人の労働組合である政法連（政府関係法人労働組合連合）が、特殊法人や公益法人にどれくらいの役人ＯＢがいるかを調査して独自に『特殊法人天下り白書』を発表し、天下り反対の論陣を張っていたのですが、そのためもあってか、その後、特殊法人、公益法人の存在自体が見直されることになりました。

ちなみに、特殊法人、公益法人改革の議論が盛り上がったのは、猪瀬直樹著『日本国の研究』（文藝春秋、１９９７年）という本がきっかけです。この本の中で、「天下りの行き先は92の特殊法人のみでなく、こうした多数の公益法人でもあるのだ。それが増えつづけている」とし、「公益法人に群がる寄生虫たち」と批判しました。これが、特殊法人改革、公益法人改革、今回の再就職規制の見直し議論にも影響を及ぼしました。

4 在職期間の長期化への取組み

１９８５年の定年制導入後も定年前の退職勧奨、再就職斡旋は続きました。その中でも誰かが事務次官になった時には同期は皆辞めていたのですから、各年次１人ずつ事務次官を出して皆1年で辞めればよいのですが、同期で2人がなったり、2年間やる人がいたりすると、次官の退職年齢は少しずつ引き上がっていきました。

一方で、国家財政が赤字になり、国債も多く出している中で、なぜキャリア官僚はいくつも天下りし、生涯良い思いをしているのだという批判も高まってきました。その矢面に立ったのが人事院であり、『天下り白書』が出るたびに、人事院の天下り承認が甘いのではないか、渡り鳥による高額な退職金について良いと思っているのかと、マスコミや世論から批判されました。

人事院はこれに対し、世論の批判が高まる中でそれまでのような組織的退職勧奨、再就職斡旋は続けられないと考えます。定年制を導入した時に組織的退職勧奨はやめるということだったので、早期退職慣行の見直し、在職期間の長期化という考え方を提起しました。すぐさま早期退職慣行をやめるのではないけれども、放っておけば少しずつ在職期間は延びていくのだから、計画的に在職期間を延ばしていき、最終的には定年退職を基本とする人事管理に移っていくべきではないかと平成に入ってから勧告時報告や研究会の報告書などで打ち出しました。

この軟着陸路線は、昇進ペースが遅れ、また全体的に処遇が下がるという理由で主要省庁から強い反発を招きました。例えば、1995年に幹部職員全体の勧奨年齢の上昇を可能とするため、それまで60歳定年であった事務次官の定年年齢を62歳に引き上げました。前々年くらいから各省庁と始めていた議論で事務次官の定年年齢を63歳（特例定年）に引き上げることを提案したのですが、各省庁はこれに強く抵抗しました。よく考えると、定年というのは単なる天井であるため、天井がどうあろうと各省はその中で自由にふるまうことができ、そこまで勤めなければならないということはありませんでしたが、各省庁は在職期間の長期化という考え方自体が許せなかったのです。長い議論の結果、63歳を62歳として人事院規則の改正が行われました。

各省の論理は、50歳くらいで辞めなければ民間企業で使いものにならないというものでした。いくつかの省庁は、社長より年長では再就職先に受け入れてもらえないと言っていました。また、ある省の人事担当課長は「退職管理には組織活力の維持、新陳代謝の促進、人材確保という意味があるが、それよりも官房が一番気にしているのは組織に対する忠誠心、ロイヤリティの維持である。在職中に担当した行政分野で、いろいろな問題があることを知ることになる。○○省一家という意識を維持し、辞めた後に組織に刃を向けさせないために退職管理は重要だ」と言っていました。省として組織維持のために退職管理は避け難いというわけです。

事務次官の特例定年に関する規則改正がなされた際、実はこっそり喜んでいた省もあります。法務省と外務省です。法務省は次官が終わりではなく、そこから定年年齢の高い高検検事長に行きますので、今までより自由に動けるようになったのです。外務省も大使のポストがあるため、次官が終わりではありません。次官の先のポストを持つところは反対する時は黙っていましたが、特例定年が通ったら「ありがとうございました」と言っていました。

5 公務員制度改革大綱

平成期の公務員制度改革で退職管理が最初に議論されたのは1997年の公務員制度調査会です。退職管理のワーキンググループ（「退職の在り方に関する検討グループ」）を作って、天下り批判に対してどういう人事管理の見直しをすべきかを議論したのです。ワーキンググループは、これだけ世間の批判が厳しい中では、定年まで勤務する形に少しずつ変えていくべきであると早期退職慣行の見直し、在職期間の長期化を報告しました。通常、総理が諮問した審議会の答申は「最大限尊重」する旨の閣議決定をしていたのですが、報告内容を盛り込んだ基本答申は各省庁の反対が強いために「閣議報告」となりました。

1998年頃になって、高かった内閣支持率がいろいろなことで段々と下がってきました。官邸から人事院総裁に「内閣の支持率が下がっているのは天下りのせいだ。何とかできないか」と相談がなされたようです。総裁は、このままでは人事院が承認している民間企業に加え、特殊法人、公益法人への再就職も規制されかねない、営利企業への再就職はある程度抑制せざるをえないのではないかと判断して、いわゆる総量規制、承認件数について前年を上限とし、それ以上増やさないという、再就職承認件数を抑制する運用を始めました。この結果、100件以上あった承認件数が大幅に減少しました。これに対し霞が関の主要省庁が危機感を持ち、1999年12月末の行政改革大綱の中に、人事院の再就職承認を廃止して、第三者機関ではなく政治が責任を持って再就職を管理する大臣承認制とすることが盛り込まれました。

これに対し人事院は、政治主導はよいけれども、「お手盛り」にならないためには各省大臣ではなく内閣が承認なさるとよいのではと問題提起しました。翌2001年に決定された公務員制度改革大綱では、内閣承認制となり、加えて、アメリカで行われていた事後規制、すなわちＯＢが現役職員に対して頼み事をしたら刑事罰を科す制度も盛り込まれました。

さらに、2002年、在職期間の長期化を図るため、官邸の指示で5年間で3歳退職勧奨年齢を計画的に引き上げるという閣僚懇申し合わせがなされました。人事院の天下り規制をなんとか外したいという各省庁の思惑は外れ、公務員制度改革大綱では内閣承認制になってしまい、更に在職期間の計画的長期化もやらされるということになってしまいました。野党や職員団体の反対、累次のILO勧告などに加えて、大臣承認制が内閣承認制となって各省庁の支持が失われたことも、2004年に「今後の行政改革の方針」で公務員制度改革大綱の法案化が断念される一つの要因となりました（第10講参照）。

このように、行政改革大綱から公務員制度改革大綱までの議論を通じて天下り問題が争点化し、公務員制度改革は政治的なイシューとして世に認知される結果となりました。

6 2007年国公法改正——厳格な再就職規制の導入

立法化がペンディングになってからしばらくの間、新しい評価制度の試行が進められるなど改革の状況は安定していました。ところが、第一次安倍晋三内閣になる直前に、当時さまざまな政策決定の中心となっていた経済財政諮問会議に、中馬弘毅行政改革担当大臣が「中馬プラン」を提出しました。官民交流を推進する立場から、いわゆる「リボルビングドア」、官と民を行ったり来たりできるような仕組みを作るために障害となっている天下り規制を届出制とするというような内容でした。霞が関では、今度は行政改革大綱とは別のところが仕掛けたのではないかとも噂されていました。これに対して当時の民間出身議員4人が連名で出したいわゆる「民間議員ペーパー」が、その後の国公法改正の原案となりました。かつて与党の小委員会が提案したことのある人事当局による再就職斡旋の禁止、公務員制度改革大綱に盛り込まれていた退職後の口利き規制、在職者の求職規制の導入、新人材バンク（官民人材交流センター）の設置を内容とするものでした。「中馬プラン」とは真逆の極めて厳しい再就職規制を導入するものでした。

第一次安倍内閣になって佐田玄一郎行政改革担当大臣が事務所費問題で辞任し、内閣府の渡辺喜美副大臣が行政改革担当大臣になりました。渡辺大臣は、世間の官僚への批判が厳しい中で、天下りを規制する民間議員ペーパーを推進すべきであるという意見で、大臣自ら各省大臣を回って働きかけました。各省庁は厳しい再就職規制については当然反対で、自民党からも片山虎之助行政改革推進本部長を始めとした役人OBの議員を中心に、これでは各省の人事管理が持たないとの意見でした。このため、法案の各省協議も始まらない状況でした。

年度が改まると、連休明けになって各省の秘書課長、人事課長が官邸の会議室に集められ、官邸幹部から今から徹夜で法令協議を行うと言われました。それを聞いたある省の人事担当課長はその場で席を立って帰ってしまいました。2～3時間で法令協議を終わらせ、その後、自民党も了承しました。参議院議員選挙が7月に迫っており、投票会場もセットされていて、5月末に法案を提出しても衆議院の通過も難しい見込みだったのです。その後、衆議院の委員会審議が終了しないうちに、戦後2例しかない中間報告後の採決が行われました。本会議に委員長が審議状況を報告したところで、いきなり採決が行われたのです。さらに、会期延長を行い、参議院議員選挙の日程をずらし、法案は国会を通過しました。

こうして政治的資源を費やして再就職規制を強化する国公法の改正を通過させたのですが、安倍内閣は参議院議員選挙で勝つことができず、退陣することになりました。各省は再就職斡旋が禁止され、唯一の逃げ道が官民人材交流センターによる斡旋になりました。法案提出時の閣議決定では、再就職の在り方について懇談会を設置して検討することになりました。「官民人材交流センターの制度設計に関する懇談会」が、元行政監察局長の田中一昭拓殖大学名誉教授（座長）や経営者等が入って設置され、そこで議論されたのが「わたり」（従前の「渡り鳥」。給与の格付けに関する「わたり」を誤用したもの）の禁止についてでした。懇談会では官民人材交流センターでの斡旋はあくまでも退職時一回限りとされました。

前述したように、かつて主要省は70歳くらいまで面倒を見ていたので、50歳代の前半で辞めた人は長くて20年近くも勤め先を転々とします。退職管理は大変な仕事でした。「わたり」がなぜ行われていたかというと、例えば、ある省の再就職先に、処遇が良く、給与が高いAという特殊法人のポストと、そうでもないBという法人のポストがある場合、ある年に勧奨退職した局長はAに行きますが、その翌年に退職した人はAのポストが埋まっているのでBに行くことになります。これだと不公平が生じるのです。同じ人がAで何年も理事をしていると、たまたまBに行った次の人は不満ということになります。これを避けるには、待遇の良いAでは2年ほどでポストを譲ってもらって、代わりにBで我慢している人がAに行き、トータルでOBの処遇に不満が出ないようにする必要があります。これが官房長の重要な役割の一つだったのです。OBの不満が出ないようにするために、再就職先を入れ替えたり、転々とさせたりします。局長を辞めたあと、最初は処遇の良い特殊法人だったのが次には公益法人や社団法人に行き、最後は何だか知らないところの監事になるといったように移っていきます。官房長の腕の見せどころは、不満が出ないように再就職先の調整をしながら、最後はOBに引導を渡すことにありました。「わたり」は退職金を何度ももらうために行われていたわけでもないのです。

大手町に置かれた官民人材交流センターでは各省庁が優秀な職員を出向させて、1年の間に数百人もの再就職斡旋をしました。自分の省庁の斡旋は担当させてもらえなかったので、農林水産省の人が財務省の人の斡旋先を探すということが行われました。

ところが政権交代が起こり、民主党は、官民人材交流センターは官僚の天下り機関だという批判をしていたため、その機能を停止させてしまいました。斡旋禁止、事後規制、求職規制という厳しい三本立ての規制だけが残ることになったのです。こうして21世紀まで続いていた人事当局による組織的再就職斡旋は制度的に認められなくなりました。

また、2007年改正法には3年間の猶予規定が入っていて、本格的に官民人材交流センターが稼働するまでの間は、与党の修正により人事院の承認に代えて再就職等監視委員会の承認を得れば再就職をしてもよいとされていました。民主党はこの規制ではまだ甘いと言って、ねじれ国会の時に再就職等監視委員会の同意人事に反対して、人事が通らず委員会が発足しないという事態が起きました。委員会が発足しないため、各省はまったく斡旋することができなくなりました。各省が困りまして、福田康夫内閣の時に、法律には総理の承認権限を再就職等監視委員会に委任すると書いてあったことから、まだ再就職等監視委員会が発足していないのだから発足するまでの間は総理が承認するという解釈の下で同内容の政令を出しました。それについて、また脱藩官僚が騒いで政治問題化しました。結局、承認は行われませんでした。

行ったり来たりした結果、経過的措置も行われず、官民人材交流センターも機能停止されてしまいましたので、弾力化措置はほとんど働くことのないまま、各省から見るといきなり全面的な再就職斡旋禁止となりました。その後、このままでは人事管理が立ち行かないということで、2007年法改正で作成することとなった退職管理基本方針で、在職したまま特殊法人に行く現職出向、官民交流の拡大、専門スタッフ職の整備が取り上げられ、厳しい再就職規制の中でなんとか現行人事管理を少しでも維持しようとする取組みがなされました。2012年になって再就職等監視委員会の人事は国会同意されて、再就職等監視委員会も機能し始めました。

今や斡旋なしの再就職は息も絶え絶えの状態になっており、幹部公務員についてはなんとかぎりぎり応募認定（本人からの申出による早期退職）が続いているという状況です。国公法制定後60年を経て、退職管理についてはついに定年制を中心に運営されるという民間と同じ形となり、二階建ての一階部分がなくなり、二階が本格的に機能し始めるという状況になったのです。

2007年の国公法改正前には年間3500人が勧奨を受けて退職していましたが、官民人材交流センターも止められたので、2009年に勧奨退職者は1600人を切ってしまいました。退職管理基本方針で進めた官民交流や在職出向の拡大、専門スタッフ職の拡大に、これを補えるだけの数があればともかく、数十というレベルですので焼け石に水です。また、官民交流や在職出向を拡大しても、また戻ってきますから、幹部の高齢化、昇進の遅延による組織活力の低下が霞が関の人事管理上の課題となりました。

ここまで1997年から2007年までの10年間の動きを見ますと、各省庁はなんとかこれまでの退職管理を続けたいと、何度も政治的な動きを含めて抵抗しましたが、抵抗すればするほど批判が高まって、最後は全面的な規制強化に繋がったと言えます。

当時の霞が関の若いキャリアの人には、自分たちの頃にはもう天下りはないのだから、こんなに批判のある天下りはやめてしまえばいいのだと言う人が結構いましたが、定年に達するか、たまたま実家が金持ちであるか、学者に転身できたといった稀なケースを除くと、辞める人の数が減ってしまいました。ほんの少ししか辞めないので、局長が異動しても局長ポストの中で回されます。課長も局長が抜けないために誰も上に上がれないので、課長ポストの中で回されるようになりました。課長で抜ける数も、局長で抜ける数も減ってしまい、課長補佐や企画官から課長に上がる数が減っています。「天下りはなくてもよい」と言っていた人は、ずっと補佐や企画官でいるしかありません。昔であれば40歳代前半で本省課長になれましたが、45歳になり、場合によっては50歳になっても課長になれないケースが生じています。どんなに優秀であっても50歳にならないと課長になれなくてよいのかという問題を自分のこととして考えなければ、天下りなどなくてもよいと軽々に言ってはいけなかったのです。

新たに導入された規制だけを見ると、再就職先の斡旋は禁止されているし、口利きも禁止されている、規制の対象が特殊法人や公益法人に拡大されているということで厳しくなっています。ただし、1ヶ所だけ緩んだところがあります。在職中はできないのですが、退職後に自分で就職先を探して行くのであれば、利害関係先企業（補助金先や監督先の企業）に就職してもよいということになりました。後に問題となりましたが、資源エネルギー庁長官が退官直後に東京電力に行っても規制の対象にならないのです。人事院はこれを問題視して、例えば金融庁の金融監督官がいきなり銀行に転職するのもかまわない、頭の中に検査マニュアルを入れて銀行へ転職してもかまわないということでよいのかと注意喚起しましたが、受け入れられませんでした。

この背景には、官僚像の転換があると思われます。多くの公務員は基本的に人事当局がキャリアを考えてくれて、個々人が自分で自立してキャリアを考えるということはありませんでした。アメリカだと人事当局は何も考慮してくれませんから、常に手を挙げて公募に応じていかないと自分のキャリアが作れません。そこで、できるだけ処遇の良い職を求めて転職していくのです。いわゆる脱藩官僚たちも人事院の長期在外研究員制度などを使ってアメリカの大学に留学しているので、そうした制度に切り替えたいと思うようになったのです。こうした人たちは組織人というよりも一匹オオカミ的な信念を持っているように見え、人事当局が自分たちを評価しないで本流に乗せてくれなかったことに対する感情が、当局に厳しい改革を迫る背景となっていたのかもしれません。ワシントンDCで行われているように、官民のリボルビングドアで自分たちがまた役人に戻るという世界に霞が関を変えたいと思っているのではないかと見えました。

高い能力のある人は官民を行き来すればよいと言うのですが、冷静に考えると、官民の仕事の間にどれほど互換性があるのかという議論もあります。後に財務省のプロジェクトチームで、慶應義塾大学の清家篤塾長もその点を指摘していました。清家教授の専門の労働経済学では、管理能力やワープロを打つ能力などの会社を超えて共通する一般的技能形成とは別に企業特殊技能形成があって、その全体が職業能力であるとされています。企業特殊技能形成とは、その会社では誰が一番力を持っているのか、この話をうまく通すにはどういう人にどういう順番で話を持っていったらいいかなど、それぞれの会社の中だけで通用する知識・能力のことです。転職するとそうした能力の価値がなくなってしまうから、給与が低くなってしまうという議論をしているのです。

公務員について見ると、ワープロを打つ能力やマネジメント能力などは民間と共通するのですが、企業特殊技能形成もたくさんあります。政策の作り方、各省間の法令協議、内閣法制局の審査の受け方、もっと小さいところでは公用文の書き方などは民間では役に立ちません。民間では、「及び」と「並びに」がどうこう言っても価値がないのです。霞が関の中を見ても、金融庁、公正取引委員会、経済産業省はともかく、たぶん普通の警察官僚は民間企業に行ってもなかなか使えませんし、民間企業の人が警察庁の局長になってもほとんど何もできないでしょう。このように、省庁によっても一般的技能形成と企業特殊技能形成の比率は違います。民間の人が霞が関に来て活躍できるポストはあると思いますが、どこの局長でも一般的に民間の経験がある人がよいとか、役人上がりが民間に行ったらどこでも通用するということにはならないのです。

この問題は、教育問題に似ているところがあります。皆自分が受けている人事管理を前提として意見を言うのです。キャリアの人も自分たちの受けてきた人事管理を前提に、年次一律昇任はいけないとか、天下りは癒着に繋がるとかいう問題意識を述べるのですけれども、霞が関にいるのは一般職公務員28万人のうち4万人にすぎません。地方でまじめに働いている刑務官の人とか、技術系の人はどのような人事管理を受けているのか知らないまま、抜擢人事をやればよいのだなどという議論が横行して、冷静で専門的な議論はほとんど行われなかったように思います。

7 65歳への定年延長

再就職の斡旋が禁止されるなどにより天下り問題が一応の決着を見た後、平成期の公務員制度改革の後半で議論になったのが、定年年齢の引上げです。

1985年の60歳定年の実施後、2001年からの老齢年金の定額部分の支給開始年齢が引き上げられたことに合わせて公務員にも新しい再任用制度が導入され、60歳以降の雇用の確保が図られました。さらに、2013年からは老齢年金の報酬比例部分の支給開始年齢も引き上げられることになりました。

2008年に国家公務員制度改革基本法が作られた時はねじれ国会でしたので、基本法を通すために与野党協議が行われました。民主党側は職員団体（公務労協）の意見も聞いて協議を進めていましたが、既に官民とも老齢年金の報酬比例部分の受給資格年齢が60歳から65歳に段階的に引き上げられることが決まっていたため、職員団体は定年年齢の引上げを基本法に書いて欲しいという要望を民主党にしたようです。定年年齢の引上げを検討すると基本法に書き込まれました。

2011年、人事院はそれまでの検討を踏まえ、基本法の宿題返しとして国会及び内閣に65歳への段階的な定年年齢の引上げの意見申出を行いました。再就職斡旋もないのだから、年金の受給資格年齢引上げに合わせて定年年齢を段階的に引き上げ、定年まで働いて年金生活に移るべきだという、筋の通った内容でした。

これを受けた民主党政権は、職員団体と親和的な議員もいれば、むしろ公務員に対して厳しく、再雇用中心の民間より優遇されるのはけしからんという意見の議員もいたことから、なかなか意見集約されないまま東日本大震災が起こり、定年年齢の引上げは宙ぶらりんにされてしまいました。2012年には、再任用で対応するという国家公務員制度改革推進本部決定がなされましたが、労働基本権付与、給与勧告の深掘りなど多くの公務員制度の課題が議論される中で、改正法案は提出されないまま民主党政権は終わりました。

政権交代後、第二次安倍内閣は、民間企業では8割方が再雇用という状況であったことから法改正を見送り、希望する職員を再任用することを原則とする閣議決定（2013年3月26日）をしました。人事院の意見の申出については、3年ごとに1歳ずつ義務的再任用年齢が上がる段階でこれを踏まえて再検討することになりました。

再任用を原則とするという閣議決定をした時には、再任用者は基本的にフルタイム勤務とされていたのですが、厳しい定員管理の中で、再任用のほとんどが定員外の短時間勤務になりました。職位は下がり、勤務時間は短くなり、更に給与は「七掛け」というトリプルで処遇が下がる短時間勤務の再任用職員が増え、年金の支給開始までの期間も段々に長くなっていく状況となりました。

その後、政府からの検討要請があって２０１８年に人事院から再度、定年年齢の段階的引上げの意見の申出が出されました。しかし、翌々年の通常国会に提出された定年年齢引上げの国公法改正法案は、検察官の勤務延長問題という予期せぬ別の問題から成立しませんでした。翌２０２１年になって定年延長法案が成立し、２０２３年から2年に1歳ずつ定年が引き上げられています。民間企業には既に70歳までの雇用が努力義務とされており、早晩、公務員の65歳以降の雇用をどうするかも課題とされざるをえないと言うことができます。

採用時、定年制の担当となり、初めて起案したのが定年制実施の人事院規則と運用通知でした。運用通知の冒頭に規定されているのは、国公法の定年制度が適用されない「別段の定め」に当たるものとして検察庁法があるという規定です。回り回って退官直前になって、「別段の定め」として定年に関し検察庁法の定める範囲を政府が解釈変更したことが国会等で大きな争点となったことは感慨深いことでした。

8 結び

最後に、公務員の退職管理について残された課題についてお話しします。

霞が関の幹部公務員、キャリアを中心とした天下り、再就職に対する批判を受け、２００７年法改正で、キャリア公務員もいやおうなく定年まで勤め上げなくてはならなくなりました。若い人たちの勤務意欲を維持し、組織の新陳代謝を円滑に図っていくためにはどういう人事管理をしなくてはならないのか、人事管理の見直しが残された課題となりました。

解決策の一つは、本省課長昇任時の厳正な昇進選抜の実施など在職中の人事管理の見直しです。もう一つは、早期退職者の適正な処遇の確保です。幹部職員が早期退職した場合、年金が支給されるまでの間はある程度の給付を行う代わりに、国会や政党に政策スタッフとして出向させる、大学などに行って無償で教える、社会貢献やＮＰＯで活躍してもらうといったことも考えられます。こういう捨て扶持を食わせるようなことができないと、退職公務員の能力活用という問題に対する根本的な解決策にはならないのですが、厳しい財政事情と公務員バッシングの中でこれまで躊躇されてきたのです。

２００７年改正法における厳しい規制の導入と再就職等監視委員会のような監視組織の設置は制度設計としては巧みでなく、人事当局による斡旋に代わって有力ＯＢが再就職先を差配しかねないなどの規制逃れを生みます。

公務員が安んじて職務に専念し、公正に公務を執行するにはどうしたらいいのか。定年制、再就職規制、退職手当・年金等の退職給付など退職管理を全体として制度設計して、どういうインセンティブを与え、それによってどう全体が回るのかを考えなければいけません。それぞれの制度官庁がそれぞれの論理で勝手に走った結果、現在の困難な状況が生じています。この問題の全体を冷静な頭で再検討することが必要です。

また、公務員に定年制の導入された１９８５年頃には少子高齢化は必至であり、10年、20年スパンで見たら、いずれ定年年齢を60歳から65歳、あるいは70歳に引き上げないと労働力人口と年金財政が釣り合わないという議論が既にありました。当時、ある大蔵官僚が言っていたように、様々な将来推計は前提条件を置かなければならず、正しい前提条件を置いて推計できている保証はないが、人は必ず1年に1歳、年をとり、一定率で死ぬということが判っているので、人口推計だけは相当の確度で信頼できます。昭和の終わり頃には、高齢者雇用を何とかしなければいけないという問題は確実に予見されていました。

しかし、我が国は40年間、適時に実効性のある政策を提起できませんでした。霞が関で政策立案をする人たちは、「ゆでガエル」にならないよう対策を考えなければならなかったのです。判りきった大きな危機があるというのに今の省庁の政策立案体制ではこれに十分に対応できなかったということを、もう一度よく考えてみる必要があります。錯綜する利害の中でどうやったら日本の将来が良くなるかを、各省それぞれの立場でなく考える必要があるのです。

今回は、各省庁がそれぞれの利害で勝手に動いたらどんどん悪い方向に行ってしまったという経緯でした。日本全体の利益を考えて政策を立案し、実現するということが、霞が関の官僚の役割としてあります。そうしたことが考えられる体制や人材育成を、公務員制度を超えて行政としてどう整えていくのかを考える必要があるという教訓を、退職管理の議論の経緯から抽出することができるのではないかと思います。

第9講

国家公務員の労使関係と労働基本権問題

今回は国家公務員の労使関係と労働基本権問題についてお話しします。

第4講で「公務員の人事管理と民間企業の人事管理」と題して、いわゆる日本的人事管理の三種の神器のうち、長期雇用と年功賃金は似ているけれども、企業別組合については官民で違いがあるというお話をしました。官民の違いの背景となっているのが、労働基本権の制約と労使関係の問題です。

1 公務員の労働基本権制約の内容

一般職の国家公務員は、その地位に照らして民間企業の従業員と異なり、国公法で労働三権が一部制約されています（図表9－1）。団結権は保障され、職員団体が結成できます。勤務条件に関し労使交渉はできますが、労働協約を結ぶことはできません。ただし、一般職の地方公務員は、労働協約としての法的効力はありませんが、書面による協定で文書確認ができます。争議権（スト権）は認められていません。

この労働基本権制約には戦後の長い経緯があります。

図表9－1　労働基本権制約の状況

団結権	団体交渉権	争議権
○ （警察職員、海上保安庁職員、刑事施設職員、入国警備官　×）	△ （協約締結権　×）	×

（出所）　著者作成

2 公務員の労働基本権問題の経緯

労働基本権問題の歴史を振り返りますと、戦前は官吏にも民間企業の労働者にも労働基本権を保障するような法律は定められていませんでした。ただし、昭和初期に内閣が官吏の俸給を一割削減した際に、司法官等がこぞって反対して争議行為を行った記録が残っています。

戦後になって労働組合法（労組法）が制定されると、公務員にも労働基本権が認められ、非現業公務員は労働関係調整法によりスト権が制約されるという法体系になりました。そうした中で1947年には、二・一ゼネストという官公労を中心とした大きなストが企画されたのですが、GHQの命令で直前になって禁止されました。さらに、1948年7月に再度ゼネストが企画されますと、マッカーサー書簡に基づいて政令二〇一号というポツダム政令が出て、国公法を改正する前に公務員のストが禁止されました。この政令二〇一号を受けて1948年に国公法が改正され、非現業の一般職公務員についてはスト権と労働協約締結権が制約され、その代償措置として人事院勧告制度が設けられるという経緯をたどったのです。

労働側から見ると、それまで認められていたスト権と労働協約締結権が法律によって不当にも取り上げられ、憲法で認められている基本的人権が制約されている状況になりました。そのため、国公法改正以降も処遇改善をめぐりストが行われ、そのストに対して処分が行われ、それを裁判で争うということが昭和20年代から30年代の初めにかけて繰り返されました。

処分を受けての裁判闘争に対して、最高裁の判例は変遷しました。組合の幹部がストを企画しますと、国公法上「煽りそのかし」をしたということになって、それに対して刑事罰が科せられます。解雇されたうえに刑事罰まで科されるということで訴訟になるわけです。最高裁は昭和40年代の全逓東京中郵事件などの有名な判決で合憲限定解釈という立場をとり、労働基本権の制約や刑事罰は最小限度にとどめるべきだと判示しました。委員長が通常のストを企画した場合に、解雇はともかく刑事罰はひどいではないかというもので、刑事罰適用の要件を限定的に解釈するという考え方です。

最高裁の判決が安定したのは、1973年の全農林警職法判決以来です。判決では、勤務条件法定主義と労働基本権制約の代償措置としての人事院制度、すなわち人事院勧告制度と行政措置要求制度があれば労働基本権（基本権）の制約は合憲である、基本権を制約する理由は公務員の地位の特殊性、職務の公共性、市場の抑制力がないことに求められる、争議権の制約も合憲であるとされ、基本権の制約が合憲であるとされました。以後、全農林警職法判決に従って下級審でも判決が出されました。

こういった裁判の流れとは別に、昭和30年代に日本が国際社会に復帰すると、ＩＬＯの基本条約の批准が政治的課題になりました。基本条約であるＩＬＯ八七号条約と九八号条約を批准すべしということで、1965年に国公法が改正され、労働運動が華やかなりし中で使用者側の体制整備として内閣総理大臣が中央人事行政機関の一つとして位置付けられました。当時、労働側の要求は労働基本権の回復だったので、労働基本権問題については公務員制度審議会を設けて更に議論を続けるということになりました。公務員制度審議会は公労使の三者構成の審議会で、一次から三次にわたって議論したのですが、三者の意見が一致することはありませんでした。結局、結論を出すことができないまま休眠状態になりました。それが後に、平成期の公務員制度改革に繋がっていきました。

公務員制度審議会と平成期の公務員制度改革の議論の間、1975年にスト権ストが起こりました。田中角栄総理がロッキード事件で退場し、いわゆる「椎名裁定」で当時クリーンと言われた三木武夫総理が指名された時でした。三木総理は自民党の中では比較的リベラルとされていました。官房長官からも基本権付与に前向きともとられる国会答弁がなされたのです。当時の公労協の富塚三夫代表委員は、昭和23年以来の課題を解決できるかもしれないと、旧国鉄を中心にスト権を回復するための「スト権スト」を企画しました。国鉄を止めて基本権を返してくれるまでストするぞ、という闘争をしました。１週間以上続けて電車を止めましたが、マスコミと世論が非難して、ストは解除になりました。

三木内閣も、このような世論の逆風の中では基本権を返すことは無理だと判断したようです。後に富塚代表委員や総評幹部は、「昭和20年代のゼネストの効果を狙ってスト権ストを打ったけれども、昭和50年当時の輸送の主流は国鉄ではなくて、トラック輸送や私鉄輸送になっており、航空輸送も発達していたので、いくら国鉄を止めても国民生活を人質に取ることができなかった。それがスト権ストの敗因だ」と言っていたようです。むしろ公務員や公共企業体の職員がストを打つことに対する社会的支持が失われていたことが理由ではなかったかと思います。

その後、１９８２年に基本権制約の代償措置である人事院勧告が凍結されました。この時には国、地方を含めて相当数のストが行われて、これが大規模に行われた最後の公務員のストになりました。

第二次臨調で国鉄民営化が行われると、大きな力を誇っていた公労協が解体されることになりました。当時から中曽根康弘内閣による民営化は、総評ブロックと労働運動に対する攻撃ではないか、労働運動を弱体化することが隠れた狙いではないかという論評が見られましたが、最終的には三公社すべてが民営化されました。そうして日本の労働運動の中心であった電電、国鉄の組合が抜けて力を失っていくというのが、戦後の公共部門の労働運動の概略です。

3　平成期の公務員制度改革における議論

平成期の公務員制度改革における労働基本権問題の動きに移ります。前述の公務員制度審議会が村山富市内閣時の休眠審議会の廃止の一環でなくなりました。村山内閣は社会民主党が首班の内閣であり、労働側から見れば自分たちが支持する総理大臣の内閣です。そこで、労働側は総務庁に対して、公務員制度審議会をなくすのなら、代わりに労働基本権を検討する場を設けるよう働きかけます。

そうした経緯で1997年に設けられた公務員制度調査会では、本体とは別に「労使関係の在り方に関するワーキンググループ」が設けられました。労働法の権威の菅野和夫東京大学教授を座長として、労働基本権問題について集中的に議論を始めました。スト権まで回復するのは難しいとしても、せめて労使協議制か、地方公務員並みの書面による協定くらいは獲得したいと労働側は思っていたようです。精力的に議論をしていたのですが、このワーキンググループは最終報告を出さないまま議論を打ち切ることになりました。ワーキンググループが検討を中止して、最後に座長がメモ（座長及び座長代理連名）を出す時に、当時の総務庁人事局長は「まあ、いろいろな事情で申し訳ありません」と謝っていましたけれど、なぜ結論を出せなかったかというと、次の公務員制度改革大綱を作る動きが始まっていたからです。

公務員制度改革大綱の動きは、2000年末の行政改革大綱の時に始まりました。同年に当時の自民党行政改革推進本部の野中広務公務員制度改革小委員長が講演して、公務員にスト権を返すべきだと言ったのです。野中委員長がなぜそんなことを言ったのか、今でも定かではないのですが、野中委員長は戦後、旧国鉄にも勤務していたので労働運動に理解があったということが背景にあったのではないかと思います。そういうこともあって労働側は公務員制度改革大綱の検討において基本権が返ってくるのではないかと期待しました。

公務員制度改革大綱を担当していた事務局も、能力・実績主義をやるからには「労働基本権の在り方との関係も十分検討する」（「公務員制度改革の大枠」2001年3月）ということを何度も言ったので、労働側は期待を高めたのですけれども、最終的に公務員制度改革大綱では労働基本権問題については現状維持という閣議決定がなされました。通商産業省はともかく、当時の農林水産省や建設省、運輸省などの省庁は組合問題を抱えていたので、公務員制度改革大綱を主導していた各省庁の人事当局が反対したことがその背景にあったと思われます。

結局、高まっていた期待が空振りに終わり、労働側が反発してＩＬＯに提訴しました。ＩＬＯからは複数回にわたってよく話し合うようにという勧告が日本政府に出されました。これが公務員制度改革大綱に基づく国公法改正法案が提出されない理由の一つとなりました。

公務員制度改革大綱の法制化が頓挫しますと、小泉純一郎内閣の長勢甚遠官房副長官が、公務員に労働基本権を付与するかどうかについて予断を持たず白紙から議論するとして、行政改革推進本部に「専門調査会」を設けて基本権問題の検討を再スタートさせました。長瀬副長官の念頭には留学していたドイツの官吏制度があったようで、のちに引退する前にこれを提起されましたが合意を得るには至りませんでした。

専門調査会の座長は佐々木毅東京大学学長（政治学）、座長代理は清家篤慶應義塾大学塾長（労働経済学）で、京都大学の西村健一郎教授（労働法）、上智大学の小幡純子教授（行政法）などが委員となって議論を始めました。第一次安倍晋三内閣になって、渡辺喜美行政改革担当大臣が専門調査会に毎回出席して、冒頭の挨拶で「大臣としては一定の範囲でスト権まで返すという方向で検討してほしい」と発言するようになりました。佐々木座長は困ってしまわれたと思います。佐々木座長はマキャベリの研究で有名な政治学者ですが、まず座長名の議論の整理で渡辺大臣の考えに応じるような報告書を出し、更に「一定の非現業職員について、労働協約締結権を新たに付与する」という専門調査会報告書をとりまとめていきました（資料9－1）。報告書をとりまとめる段階で、各委員からは議論の進め方や結論に対し意見書が出され、議事録には載っているのですが、報告書には反映されませんでした。

報告書のとりまとめ段階で、清家座長代理と佐々木座長の間で議論が交わされました。清家座長代理の意見で報告書に入ったことがあります。費用・便益を提示して国民の理解を求めるということです。清家教授は労働経済学者ですから、労働協約締結権の付与についてメリットとデメリットを比較して、メリットの方が大きいなら付与してもよいとされたのです。もう一つは、国民に対して全体像と損得勘定を示して、それで国民がよいというなら返してもよいのではないかということでした。専門調査会報告書には二つの鍵がかかることになりました。

専門調査会報告書は、公務員制度全体を検討していた「公務員制度の総合的な改革に関する懇談会」（制度懇）に報告されました。佐々木座長も制度懇の委員でしたので、基本権問題については専門調査会報告書を尊重するとした制度懇報告書が出され、それをもとに福田康夫内閣で国家公務員制度改革基本法案が作成されました。法案では労働協約締結権について、「付与する」ではなく「付与を検討する」とされました。その後、民主党と自民党・公明党の与野党間の政府原案に対する修正協議が成立した段階で、「自律的労使関係制度を措置する」と方向性のよく判らない修正をしたうえで成立したのが、国家公務員制度改革基本法第12条です。国会審議においても、給与はどうなるのか、協約締結権は付与するのかという議論が行われたのですが、修正提案者の答弁はこの条文を読み上げるもので、その内容は審議においても明らかにされませんでした。

法案成立後、この基本法第12条の検討体制として公務員制度改革推進本部に三者構成の「労使関係制度検討委員会」が設けられ、学習院大学の今野浩一郎教授（経営学）が座長、一橋大学の高橋滋教授（行政法）、早稲田大学の稲継裕昭教授（行政学）、法政大学の諏訪康夫教授（労働法）などを委員として検討を始めました。基本法では3年以内に法的措置を講ずるとされていたため、労使関係制度検討委員会も3年以内に結論を出すべく議論を始めたのですが、麻生太郎内閣で工程表を作る段階で2年に短縮するようにと指示が出されました。

２００９年に政権交代があり、鳩山由紀夫内閣になると、政治主導の実現や普天間問題で忙しく、基本権問題の議論は進みませんでした。仙谷由人公務員制度改革担当大臣が出した法案でも、内閣人事局設置と幹部人事の一元管理がその内容で、基本権問題の処理は先延ばしされていました。労使関係制度検討委員会からは同年12月に報告書が出されたのですが、前政権の設置した委員会だからか、ほとんど配布されませんでした。報告書は三案併記になっていて、しかもこの三案に限らないとしていました。旧国鉄や郵政事業などの国営企業労働関係法（国労法）に近いモデル、民間に近いモデル、国労法方式で協約締結権を付与し勤務条件詳細法定主義も維持するモデルの三案併記です。事実上、検討を中断する形で報告書が出され、3年という基本法の検討期限があと1年に迫る中で内容が決まらない状況になりました。

その後、民主党のマニフェストの人件費2割削減との関係で、２０１０年8月の人事院のマイナス勧告をそのまま実施するかが政治問題になりました。片山善博総務大臣と連合・公務労協が協議して、今回は人事院勧告通りのマイナス改定にするけれども、給与カット法案を検討、提出するとともに、労働協約締結権付与の法案を次期通常国会に提出するという閣議決定が同年11月に行われ、その年の人事院勧告は勧告どおりに実施されました。閣議決定を受けて蓮舫公務員制度改革担当大臣が決まっていなかったスト権の扱いについて懇談会を始め、懇談会ではスト権についても両論併記の報告が出されました。年末にパブリックコメントにかけ、年明けにスト権は付与せずに、労使関係制度検討委員会の報告書で言えば現業モデルを基本に勤務条件詳細法定主義を維持する案で法案要綱が作られようとする時に東日本大震災が起きました。

法案要綱の決定ができないまま震災対応が続いたのですが、更に震災復興財源が足りないという話になり、政府は連合・公務労協と協議して、２０１１年6月、通常国会に震災財源を捻出するなどのための平均7・8％の給与カットを行う特例法案と、労働協約締結権を付与する国家公務員制度改革関連4法案をセットで提出しました。髪を売って簪を買うような話です。同年9月に行われた給与勧告の取扱いをどうするかの議論も加わって、２０１２年2月には与野党協議を経て給与カットの特例法案は成立しましたが、国家公務員制度改革関連4法案は更に継続審議となり、同年11月、解散前日に提出された同旨の地方公務員法の改正案とともに解散により廃案となりました。

最終的に平成期の公務員制度改革に一区切りをつけることとなった２０１４年の国公法改正では基本権については措置されず、衆参の附帯決議で「職員団体と所要の意見交換を行いつつ、合意形成に努めること」とされました。

以上、長々と過去の経緯をお話ししてきましたが、労働基本権問題はある意味で平成期の公務員制度改革の推進力となっていました。少なくとも連合系の職員団体は基本権問題があるから公務員制度改革を受け入れてきたという面があるので、メインイシューが成果主義導入、内閣人事局設置、人件費削減だったとしても、労働基本権問題がオブリガート（対旋律）として議論されてきたと言えます。労働側から見ると、ずっと蒲焼きの匂いをかがされてきたが、最後まで食べることはできなかったということなのかもしれません。

4 国家公務員制度改革関連四法案の概要と論点

平成期の公務員制度改革で国家公務員に労働基本権を付与するために出された唯一の法律案である旧民主党政権の国家公務員制度改革関連4法案（国家公務員の労働関係に関する法律案）の措置内容についても簡潔に触れておきます。

基本は、中央労働委員会（中労委）の仲裁など旧国鉄など国労法の現業公務員の枠組みと同じなのですが、違うのは給与法等を残すとしており、労働協約を結ぶと政府は法改正の義務を負います。国会を通らなければ再交渉するというものです。

論点の一つは、なぜ今、基本権を付与しなくてはいけないのかということでした。提出時の「自律的労使関係制度の措置に伴う便益・費用」を見ると、職員と使用者が（ここでは組合員のことを意図的に職員と言い換えています）、虚心坦懐に話し合うとお互いに効率的な行政運営をするための共通の意識ができてマネジメントが改善し、公務能率が向上するというマネジメント改善論でした。

これはあまり現実感のない論理立てです。基本権付与の理由について十分な整理ができていませんでした。誤魔化して進もうとしたために、説得力のある理由付けができていなかったと言えるでしょう。

もう一つの論点として、勤務条件を決定する場合の重要な各論が詰まっていないということがありました。

第一に、誰が公務員の処遇や給与を決めるのかについて、労使交渉で決めるのか、国会が法律で決めるのか、中労委の仲裁で決めるのか、実質的に決定するのはどこかが曖昧なままでした。この問題については参考となる前例があって、旧国鉄など現業職員については一度として給与水準について交渉が妥結したことはなく、すべて仲裁裁定に移行し国会に付議されていました。使用者側に十分な当事者能力がなかったためです。

第二に、何を交渉で決めるのかについて、交渉で決める事項の範囲も、はっきりしていませんでした。国公法には管理運営事項については交渉できないと書いてありましたが、改正されれば、中労委が、何が交渉事項かの最終判定をすることになっていました。

第三に、誰と交渉するのかについても問題がありました。外務省のように組合のないところもあれば、国土交通省のように組合がたくさんあって、どこと交渉すればいいのか分からないところもあります。複数組合問題も解決していないのです。複数組合の場合、全部の組合と同じ中身で合意しなければならず、一つの組合が仲裁に移行すると協約を結ぶことができなくなってしまいます。

第四に、組合がキャリアや本省職員などを組織化しておらず、全職員の利益を必ずしも代表していないという問題もありました。最後に勤務条件を国会で決めると、全員同じ勤務条件になり、組合員でない職員もフリーライドを許されるのです。

最後に、最も国民生活に影響がある公立学校など地方公務員の現場がどうなるのかを議論する必要がありましたが、地方公務員の問題は十分に議論されていませんでした。

5　労働基本権問題の評価

次に、平成期に行われた労働基本権問題の展開をどう評価するかについてです。

第一に、呉越同舟とも言える状況がありました。労働側は昭和20年代に不当に取り上げられた基本権を回復するという基本スタンスでしたが、共に基本権問題の検討を進めた改革派の考えは、公務員が高い処遇を受けているのは基本権が制約されているからであって、基本権を返して交渉すれば民間企業並みに身分保障をなくしてリストラもできるし、給与カットもできる、基本権制約とその代償措置が公務員の高処遇の原因であるという認識でした。両者において、手段として労働基本権を返すのだということは一致していましたが、返したことによって得ようとする結果は逆方向を向いていました。

第二に、組合幹部は労働基本権を返してもらいたいと思っていましたが、組合員や組合に入っていない一般の職員が本当に基本権を返してもらいたいと思っているかどうかは疑問でした。当時、職員団体が霞が関を歩いている職員に対し実施したアンケート調査の結果では、基本権を返して交渉で決めた方がよいという人が3分の1くらい、今までどおり人事院勧告で決めた方がよいという人が約2割でした。組合が調べても、今の人事院勧告体制の方が良いと思っている職員が結構いたのです。組合幹部の意思と組合員や職員の意識の間には距離があり、組合の幹部は職員や組合員の利益をなおざりにして基本権回復に走っていたという評価もできなくはないと思います。給与を10%カットしてもいいから基本権を返してくれというのは、プリンシパル・エージェント理論で言えばエージェンシースラックが生じていたのではないかと思えます。

労働基本権問題は公務員バッシングと官公労に対する社会的支持が高くない中で、基本権付与の論理がいわば呉越同舟であったことなどから成案に至らなかったものと思われます。この間、職員団体の組織率は更に低下していきました。専門調査会報告に盛り込まれた費用・便益を含む全体像の提示や国民の理解に加えて民間労使関係制度の動向、職員団体の代表性などを踏まえた多角的な検討が求められます。

6 基本権問題が争点化した背景

最後に、なぜ21世紀に入って労働基本権問題が本講で論じたような動きになったかについて考えます。

労働基本権問題が変質してきた理由の一つは冷戦の終結です。ベルリンの壁が崩壊し、労働基本権問題の背景に体制選択という政治的意味合いがなくなりました。いわゆる五五年体制は、労働なきコーポラティズムと言われていました。自民党がずっと長期政権を維持し、労働組合が応援している野党は常に政権の外にあって労働側の影響力は限られる体制だったのです。そうした政治的意味合いがなくなったことが、基本権問題が変質してきた背景の一つになっています。

二つ目は、民営化や独立行政法人化の進展です。独法化などで公務員の数が減ってしまって、実質的に労働基本権を付与された公務員の数が増えています。全農林判決が出た１９７３年時、最も制約を受けていたのは団結権も制約されている刑務官などであり、真ん中は協約締結権とスト権が制約されている非現業、最も制約が軽いのは現業職員でスト権が制約されている人たちというグループ分けだったのですが（図表９－２）、こうした人の数がほぼ半減してしまったのです。３公社５現業のほとんどの職員は民営化されてスト権が与えられましたし、国立学校も国立病院も法人化して基本権が回復したということで、基本権を与えてもその影響が相当小さくなっていると言うことができます。

三つ目は、労働組合運動の弱体化です。組織率が低下し、ストもなかなか打てない状況にあるので、公務員にスト権を与えても、どうせストなんて実施しないだろう、労働協約締結権を与えて交渉しても、最後は給与カットに応じざるをえないだろうと、労働運動がなめられていることも、労働基本権問題が動き出した背景にあったのではないかと思われます。

図表９－２　労働基本権の制約度別一般職公務員の在職者数の推移（全農林最高裁判決時（昭和48年）と令和５年の比較

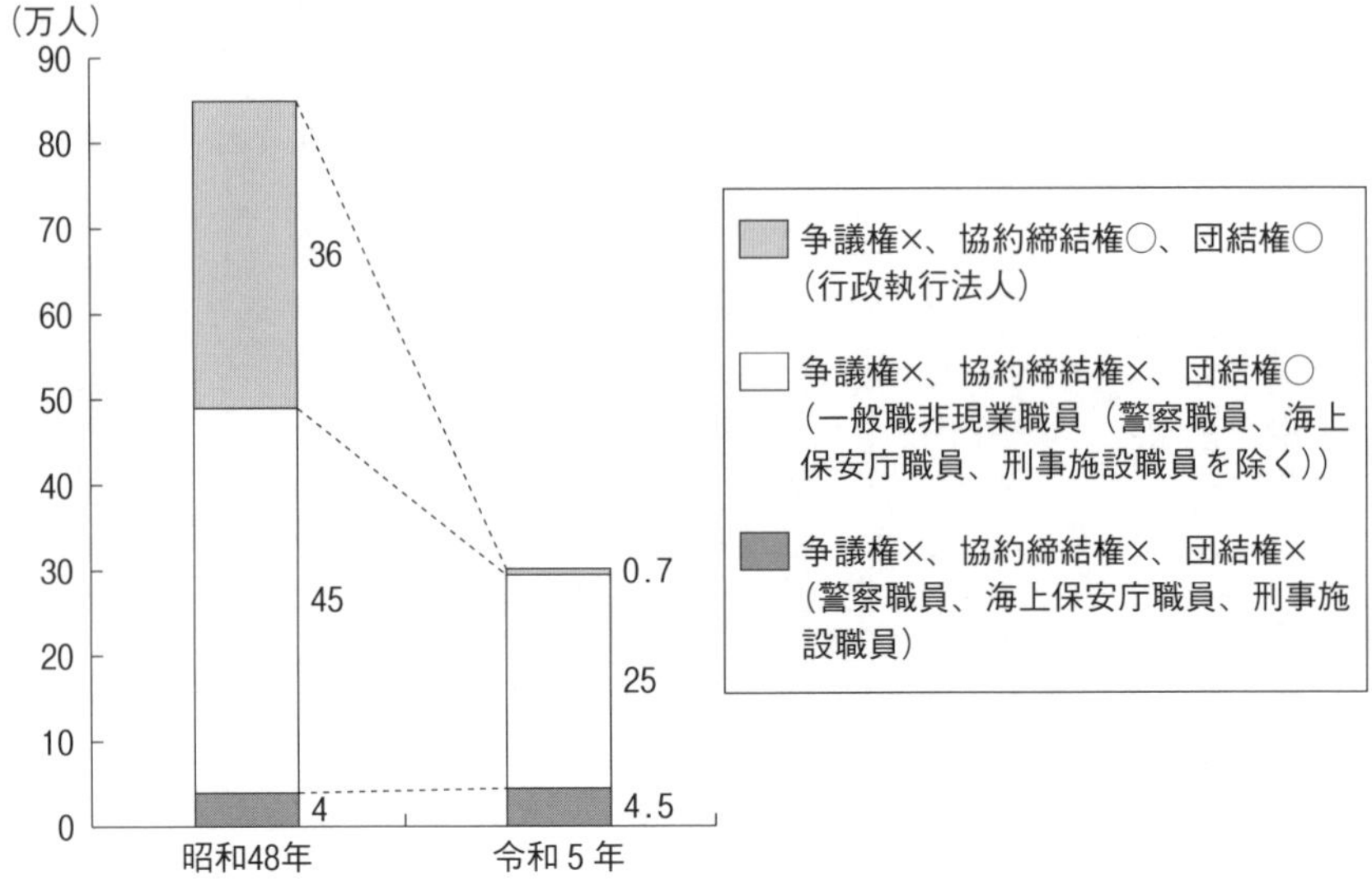

（出所）　著者作成

その裏返しとして、労働側としては、ここで最後の勝負をしたい、乾坤一擲という面もあったのです。ある組合の幹部は「最近はストをしていないのでスト用に貯めてある資金が多額にある。これをこのまま使わずにいてもどうしようもないから、これで基本権回復闘争をやって最後に一花を咲かせたい。ここで何もできないようであれば、労働運動の未来はない」と言っていました。組織率の低下とストが行われなかったことによって、組合幹部は最後の一勝負という思いを強くしたのではないかと思います。

資料９－１　行政改革推進本部専門調査会報告「公務員の労働基本権の在り方について（平成19年10月19日）」（抄）

二　改革の必要性と方向

２　改革の方向性

⑴　労使関係の自律性の確立

責任ある労使関係を構築するためには、透明性の高い労使間の交渉に基づき、労使が自律的に勤務条件を決定するシステムへの変革を行わなければならない。しかし、現行のシステムは、非現業職員について、その協約締結権を制約し、一方で使用者を、基本権制約の代償措置である第三者機関の勧告により拘束する。このように労使双方の権限を制約するシステムでは、労使による自律的な決定は望めない。

よって、一定の非現業職員（三２⑴参照）について、協約締結権を新たに付与するとともに第三者機関の勧告制度を廃止して、労使双方の権限の制約を取り払い、使用者が主体的に組織パフォーマンス向上の観点から勤務条件を考え、職員の意見を聴いて決定できる機動的かつ柔軟なシステムを確立すべきである。

このシステムの転換を契機として、労使双方が責任感を持ってそれぞれの役割を果たし、職員の能力を最大限に活かす勤務条件が決定・運用されることを通じて、公務の能率の向上、コスト意識の徹底、行政の諸課題に対する対応能力の向上といった効果が期待できる。一方で、基本権の付与拡大に伴い、交渉不調の場合の調整も含めた労使交渉に伴う費用の増大や、争議権まで付与する場合（二２⑷イ参照）には、争議行為の発生に伴う国民生活等への影響が予想される。こうしたコストの発生が、付与に伴うメリットに比して過大なものとなれば、改革に対する国民・住民の理解は得られない。また、安易な交渉が行われれば、パフォーマンス向上に対応しない人件費の増加を招くのではないかという指摘もある。そして何よりも、長期にわたる準備が必要である（四参照）。こうした改革に伴うコスト等に十分留意しつつ、慎重に決断する必要がある。

（参考　公務員制度改革基本法）

（労働基本権）

第12条　政府は、協約締結権を付与する職員の範囲の拡大に伴う便益及び費用を含む全体像を国民に提示し、その理解のもとに、国民に開かれた自律的労使関係制度を措置するものとする。

第10講

戦後日本の公務員制度改革

今回のテーマは、戦後日本の公務員制度改革です。

「行政改革」の講学上の定義は「環境の変化に対して行政の組織やマネジメントの在り方を変える」ということであって、必ずしもリストラという意味ではありません。昔の政治学や行政学では、定員を減らしたり、業務を減らしたりする、今使われている意味での行政改革を「行政整理」と言っていました。リストラという言葉も本来は「リストラクチャリング」、すなわち事業再構築であり、人減らしの意味ではないのですが、日本では行政改革とリストラはともに本来の意味を離れて業務縮小や解雇を含意するようになっています。縮み志向なのですね。

公務員制度改革はこの行政改革の一領域ですが、公務員制度はあらゆる行政の基盤となるという意味で特に重要です。

1 終戦直後の改革と国公法の制定

(1) 官吏制度改革

戦前の官吏制度は、天皇からの距離に応じて勅任官、奏任官、判任官と分類され、偉さと給与が決まっていました。官吏制度も戦前、昭和10年代に歴代内閣で改革が議論になったのですが、結局、抜本的な改革が行われることはありませんでした。鵜養幸雄「昭和10年代の公務員制度改革論」(『政策科学』、2010年)によると、例えば、第二次近衛文麿内閣の改革案(1941年)の中身は、「民間人材の活用」「行政事務の簡素化・能率化」「公務員倫理」「人事行政機関の整備」などとどこかで聞いたような内容だったようです(1頁)。

(2) 国公法の制定

戦争に負けて幣原喜重郎内閣が発足すると、1946年4月に率先して官吏制度改革を始めました。戦前問題とされていた複雑な官の制度を3種類（事務官、技官、教官）に統合し、俸給制度を見直しするなどしました。一方、アメリカ軍は日本の占領計画を戦争が始まった瞬間から作り始めていたようですが、その中に官吏制度改革は含まれていませんでした。占領軍には官僚制改革の腹案がなかったのです。初期のGHQの中で官吏制改革はエスマン中尉なる人が個人的にやっていて、東京大学法学部卒が多いことなどを問題視していたそうです。東京大学法学部は官吏養成学校だったのだから当たり前ですが、これが後に人事院の人事官は同一大学同一学部卒であってはならないという国公法の規定に繋がりました。だいぶ後になって、1992年に宮澤喜一内閣で事務系の東京大学卒業者の採用を5割以下にするという議論もありましたが、今昔の感に堪えません。

戦後の公務員制度改革は、日本側からの要請を受けて始まりました。1946年の4月に渋沢栄一氏の孫の渋沢敬三大蔵大臣がGHQに対して、給与制度の専門家の派遣を要請しました。その背景には、ハイパーインフレが起きて、各省が俸給の不足分を勝手に手当として補給してしまうという状況がありました。ガタガタになった給与制度を何とかしたいということで、GHQに給与の専門家の派遣の要請をしたことが国公法制定のきっかけになりました。

この要請に応じる形で1946年11月にアメリカ・カナダ人事委員会連合会会長ブレーン・フーバーを団長とする調査団がやって来て、日本の官僚制を調査することになりました。調査団は翌1947年6月に最終報告を出して、それと一緒に国公法の原案を提示しました。日本側は給与制度をなんとかしてほしいと言ったのに、どういうわけか全面的にアメリカ型の公務員法を作れという案が出てきたのです。英文で書かれているうえに、日本側から見れば法令とは言えないようなものでした。フーバー原案には特別職の冒頭に「天皇」と書いてあったのです。日本側にとっては、驚愕の案だったと言われています。フーバー原案は当時のアメリカの公務員法でもできなかった、理想的な職階制を内容とする法案でした。時の社会党首班の片山哲内閣は官公労の支援を受けていましたが、フーバー原案の中には公務員のストを禁止することも含まれていて、片山内閣は困りました。

フーバー調査団はいったん帰国しましたが、その後、フーバー自身がGHQの公務員課長として戻って来て原案の実現を見張りました。日本側は更に困りましたが、GHQの高官が、片山総理に対して「片山さん、いいことを教えてやる。フーバーは7月に一時帰国するから、その間に公務員法案を手直しして通してしまえばいい」と囁きました。そこで、フーバーがアメリカに一時帰国している間に、スト禁止の規定を除く、政治的行為の規制もやめる、人事院は機能を弱めるといった、日本側にとって都合の悪い点を修正した法案を出し、1947年10月に通してしまいました。鬼のいぬ間の洗濯みたいな形で国公法が制定されました。フーバーは当初、国公法の成立を喜んでいましたが、しばらくしたら原案の骨格が抜けていることに気づき激怒したそうです。

(3) 1948年の国公法改正

当時、労働組合法（労組法）が成立して労働組合ができ、1947年のいわゆる二・一ゼネストでは全官公が中心的な役割を担いました。民間企業は壊滅状態だったので、官公労が労働運動の主力部隊だったのです。井伊弥四郎全官公庁共闘会議議長が二・一ゼネストを実施して日本に革命を起こそうとしたのですが、最後にGHQにやめろと言われました。占領している国で革命を起こそうとされたのですから、当たり前ですよね。井伊弥四郎議長はGHQからストを止められた時に、最後NHKラジオのマイクに向かって「一歩退却、二歩前進、労働者、農民万歳」と涙ながらに叫んでゼネストは中止になりましたが、これはレーニンの言葉に由来するそうです。その後、7月闘争という同じようなゼネストが企画されましたが、さすがにGHQは放っておけず、マッカーサー書簡を発出して官公労のストを全面的に禁止しました。次いで政令二〇一号、いわゆるポツダム政令で労働基本権（基本権）を制約してしまいました。

この問題が決着したのは、1948年7月、フーバー公務員課長と労組法を担当していたキレン労働課長がマッカーサーの前で6時間議論した時と言われています。この議論の結果、マッカーサーはフーバーを支持し、国公法を改正して基本権を制約するという判断を下しました。キレン労働課長は抗議声明を出してアメリカに帰ってしまいました。フーバー・キレン論争は基本権の制約が大きなテーマで、それをめぐって延々と議論したそうです。

GHQの中でフーバーがマッカーサーの支持を得て、1948年12月3日に国公法の第一次改正が行われ、基本権が制約され、臨時人事委員会は人事院に改組されました。勧告制度や規則制定権など人事院の機能を強化する一方で、基本権を制約し、労基法などの適用除外を行うというのが1948年の第一次改正の内容です。

声明などに見るフーバーの思想は、ルーズベルト的な自由主義だったと思われます。日本国憲法や労組法などの戦後改革は、マッカーサーの若い幕僚、リベラルとされるいわゆるニューディーラーの改革と言われますが、国公法に限って言えば、むしろ古い自由主義的な思想に立った改革で、その背景となっているのは公職聖職観、公務員の仕事は民間とは違う尊敬すべき重要な仕事であるという考えのようです。1948年の国公法改正はよく再軍備と同じように冷戦の成立を背景とした逆コースの一環のように言われることもありますが、歴史的経緯を見るとフーバーの当初案に戻した改革だったのです。

(4) 独立後の改革の揺り戻し

日本が独立を果たすと、占領政策の申し子のような人事院に対する反感が高まりました。占領中にGHQの権威を背景にして、各省の課長級以上の全員に五肢択一式の管理職試験、いわゆるS1試験を課して駄目な幹部のクビを切るなどの強権的なことをやったこともあり、人事院に対する反感が政府内に残りました。ある学者は、GHQが人事院をかわいがりすぎたせいだとも言っています。占領終了を目前にした1951年の政令諮問委員会、1953年の行政審議会、1955年の公務員制度調査会等で人事院の在り方が議論され、人事院を改組して内閣に人事局を置く、人事院は小さな人事委員会にして試験と不服審査だけをやらせるという内容の法案が毎年のように国会に上程されました。

先述した幣原内閣の官吏制度改革では、内閣に行政調査部を置いて行政全般の改革を目指しました。行政調査部には部が四つ置かれました。このうち運営部長は初代の人事官、公務員部長は慶應義塾大学の憲法の教授の浅井清初代総裁で、この二つの部は人事院の前身の臨時人事委員会の母体になりました。

残る総務部と機構部については、主計局の移管を巻き込んだ議論の結果、各省それぞれに戦後置かれていた監察委員会を集めてできた中央行政監察委員会を吸収し、行政管理局と行政監察局から成る行政管理庁ができました。その後、行政管理庁が審議会の答申を出したり、国公法の改正案を作ったりしたのは、見方によっては、人事院に行ってしまった公務員部と運営部の機能を取り返して一緒になろうとする動きとも見えます。

１９５２年、１９５４年、１９５６年と国公法の改正案が出ましたが、野党の反対で廃案となりました。当時は、基本権を制約したままで人事院を改組、弱体化することには野党が反対でした。戦後改革の強力な機関として人事院を置いたのに、それを廃止してしまうことは戦後改革を後退させると言って学界も反対したとのことです。

人事院の改組法案が提出され続けていた時期、人事院は何をやっていたかというと、一生懸命、職階制をやろうとしていたのです。職務調査をやったり、１９５２年には職種の定義を発表したり、１９５３年には職階制に適合した給与準則（給与法）の意見の申出をしたりしていました。今となってはむなしい努力をしていたのです。

国公法が予定した公務員制度改革が実現できなかった理由の一つは、本来改革機関として置かれた人事院が政治的な支持を失って占領の終結とともに弱体化したことです。もう一つの理由として、日本の組合も当局も、職階制という昇進と採用を公募で決めるアメリカ型のオープンストラクチャー・モデルを理解できず反対したということがあります。ただ、最も大きな理由は、アメリカ型の職階制を基本とした人事制度が日本の労働市場や職場風土の中でフィージビリティを欠いていたということです（第5講参照）。

職階制が実施できなくなった昭和30年代末の時点で、国公法が本来予定していた科学的人事行政は棚上げされて、キャリアシステムのように戦前の官吏制度下の人事運用に似た人事運用が続けられる状態が生じました。

2 1965年改正と公務員制度の安定

人事院の改組問題について、一応の解決を見たのが1965年の公務員制度改革です。経済的に回復し、国際社会に復帰しなければいけないということで、日本も1951年にILOに加盟しました。ILOでは八七号条約（結社の自由及び団結権の保護）と九八号条約（団体交渉権の保護）が基本条約ですが、1959年に日本が八七号条約を批准しようとして政治課題になりました。1960年から5回、ILO条約に関する法案が出されましたが成立しませんでした。当初、問題になったのは、いわゆる「逆締め付け条項」です。例えば、国鉄の組合が違法ストをして委員長が解雇されてしまうと、委員長は国鉄の職員ではなくなってしまいますが、当時の公労法の制度では労使交渉は国鉄の職員である委員長としかやれないことになっていました。このため、国鉄を解雇された人は国鉄の職員ではないのだから労使交渉の相手にしないということで、交渉拒否ができたのです。これが団結権の侵害に当たるとしてILO条約の批准上問題となったのです。

欧米諸国は企業別組合ではなく、職種横断的な組合になっています。組合の幹部はどこかの会社の人ではなくてプロの労働運動家です。大リーグでイチローがエージェントを雇って交渉してもらうのと同じように、組合員は交渉のプロに頼んで組合の委員長や幹部になってもらい、政府や会社と交渉するのです。

日本では企業別組合が主だからおかしくなかったのですが、国際標準では会社が従業員としか交渉しないということが問題となりました。そこで、交渉を認める一方で、労使交渉の体制整備を図るための法案が出されるのですが、これにそれまで何度も通らなかった人事院の改組問題も載せられてしまいました。ＩＬＯ条約を批准することに伴って、逆締め付け条項をやめるついでに人事院を改組して人事委員会にして政府に人事局を置くという内容ですが、それが野党の反対で通らないということが繰り返されました。

１９６５年には人事院からの機能移管を最小限にすることで野党と妥協し、国公法改正法案が通りました。それまでは大幅に人事院の機能を縮小して、任用制度や職階制などの多くの機能を人事局に移すという案だったのですが、与党側の修正で最後に出た法案では、人事局に移すのは人事院の機能のうち、使用者側の機能にふさわしい能率・厚生・服務に関する事務だけとする、新しくできる人事局には新たに総合調整権を与えるということになりました。当時の佐藤達夫第三代総裁は職員を前にして、「人事院は改組されたけれども傷は浅いぞ」と言ったと伝わっています。基本権問題については、公務員制度審議会を設置して今後検討するということになりました。こうして、１９６５年の国公法の改正で中央人事行政機関として内閣総理大臣が位置付けられ、その補助部局として総理府に人事局が置かれ、人事院と並立することになったのです。

長くくすぶっていた人事院の改組問題が決着し、高度経済成長期に入ると、公務員制度の問題はほとんど議論されなくなりました。高度経済成長期には勧告による給与引上げをどうするかが、引き上げろと言う野党と予算がないからと言う与党の間で政治課題になりましたが、１９７０年に人事院勧告が初めて完全実施されると、その後は安定した時期が続きました。自民党の長期安定政権の下で人事院に与えられた二つの任務のうち、基本権制約の代償機能である勧告の方は機能しましたが、もう一つの公務員人事の公正の確保の機能については人事院がそんな役割を担っていることも忘れられていくという事態が１９８２年まで続くことになりました。

3 第二次臨調と公務員制度の動揺

人事院勧告はもう10年間、完全実施してもらっているから、それが当たり前だと思って1982年に勧告を出したら、鈴木善幸内閣が今年は勧告を実施しないと言って退陣してしまいました。この背景には、第二次オイルショック後赤字国債が累積し、財政非常事態宣言が出されるという情勢がありました。そのため、第二次臨調が置かれて増税なき財政再建の検討が行われ、その一環として人事院勧告制度、代償機能の在り方についても議論されました。

事務局が行政管理庁だったということもあり、懐かしのメロディーではありませんが、人事院の機能を内閣に移して総合管理庁を設置するという構想が打ち出されました。組織定員管理と人事管理を一体化して行政の効率化を図ることを名目にして、級別定数（俸給表の職務の級別に定められた昇格枠）の管理を移管せよと言ったのです。政治的な問題としては人事院勧告の凍結が大きく、特に後藤田正晴総務庁長官が尽力されて3年かけて完全実施に復帰していきました。その間、第二次臨調の中心課題は国鉄など3公社の民営化に絞られていきました。当時は、米、国鉄、健保を合わせて3K赤字と言われており、旧国鉄の赤字を解消するため民営化の話が進みました。

総合管理庁構想は最終的に、総理府人事局と行政管理庁を一体化して総務庁を作り、人事院の機能は移さないということで決着しました。基本権を返さないなら交渉事項である級別定数も移さないという人事院の主張が基本的に支持されたからです。しかも、対等合併ということで、行政管理庁に総理府にあった恩給局と統計局もつけて総務庁ができました。当初予定されていたような、人事管理と組織定員管理のシナジー効果は出ませんでした。

一方、人事院が第二次臨調の時に何をやっていたかというと、公務員制度について改革している姿を見せなければいけないということで、1981年改正で導入された定年制の施行に合わせるとの名目で「人事行政改善の諸施策」を行いました。1985年に採用試験がⅠ種、Ⅱ種、Ⅲ種に切り替わりましたし、8等級制だった俸給制度を11級制に切り替えるなどの制度改正を実施しました。

第二次臨調の改革はその後、第三次臨時行政改革推進審議会（第三次行革審）や行政改革委員会に引き継がれていくのですが、次第に収束していきました。細川護熙内閣が成立すると、選挙制度など政治改革が最大の課題になり、公務員制度改革の議論はいったん中断しました。

4 平成期の公務員制度改革

平成期には幹部公務員の不祥事や住専問題、社会保険庁の年金問題などを契機として公務員バッシングが長く続きました。これを背景として1997年から2004年まで17年にわたって公務員制度改革の議論が行われました。この改革期間は主導権を取ったアクターとメインとなったテーマにより、概ね5期に分けられます（図表10－1）。

(1) 公務員制度調査会・行政改革会議（「制度官庁」の改革：1997～2000年）

公務員制度改革の議論が抱き起こされたのは村山富市内閣の時です。1965年改正の時に基本権問題を議論し、その後、休眠状態に入っていた公務員制度審議会が休眠審議会の廃止の対象となりました。連合・官公労の要請を受け、代わりに公務員制度全般を議論する公務員制度調査会が総務庁に設置されました。公務員制度調査会は、官僚OB、職員団体代表、有識者などいろいろな関係者から構成される旧来型の審議会としてスタートしました。これに対し、もう一つの中央人事行政機関である人事院は、対抗する形で研究会を作って改革提言を行いました。

この時期のメインのテーマは、人事管理システムの見直し、制度・運用の一体改革でした。当時の公務員制度を所管する総務庁人事局や人事院（制度官庁）の問題意識は、早期退職勧奨慣行やキャリアシステムという各府省の人事

図表10－1　公務員制度改革の展開（1997～2014年）

期	主要決定等	公務員倫理 官民交流	天下り	能力・実績 主義	キャリア システム	幹部公務員 一元管理	内閣人事局	労働基本権	政官関係
Ⅰ 公制調 行革会議 1997-1999	・行革会議最終報告（1997） ・公制調基本答申（1999）	↓ 倫理法 官民交流法 任期付職員法	↓ 在職期間長期化 ↓	↓ 昇給・勤勉見直し ↓	↓ 登用指針 ↓	一括採用・一元管理 閣議承認人事 ↓	機能分担見直し ↓	WG ↓ ×	特別職拡大 政府委員廃止 （副大臣・政務官） ↓
Ⅱ 公務員制度 改革大綱 2000-2004	・行革大綱（2000） ・公務員制度改革大綱(2001) ・行革の方針（2004）	↓ 官民交流法改正 ↓	大臣承認制 内閣承認制 ↓	能力等級制 ↓	幹部候補育成課程 ↓	↓	規制緩和 ↓	付与検討 ↓ 現状維持	国家戦略スタッフ ↓ 組織目標 行動規範 ↓
Ⅲ 基本法 2006-2009	・国公法改正（2007） ・基本法(2008) ・改正法案（2009）		斡旋禁止等 ↓	人事評価導入 新人事制度	人事管理の原則 キャリアシステム廃止 総合職試験	任免協議 ↓	内閣人事庁 内閣人事局(小) 内閣人事・行政管理局（大） ↓	専門調査会 労使関係制度検討委員会 ↓	政務専門官 接触禁止 ↓ 情報公開 ↓
Ⅳ 民主党政権下 の改革 2010-2012	・改正法案（2010） ・改正４法案（2011）		センター停止		↓	↓	公務員庁・ 内閣人事局(小) ↓	協約締結権付与 ↓	次官会議廃止 ↓
Ⅴ 第２次 安倍政権 2013・2014	・国公法改正（2014）				幹部候補育成課程	任免協議導入	内閣人事局(大)	附帯決議	閣僚懇談会申し合わせ

（出所）　著者作成

運用は国公法の原則と乖離している、これを法律の原則に合わせるべきというものだったのです。

一方、省庁半減の衆議院選挙公約の実現のため行政改革会議が発足しました。行政改革会議は内閣機能の強化策も検討していて、1997年9月の中間報告で一括採用・一元管理、中央人事行政機関の機能分担、内閣官房における人材確保の三つの課題について、公務員制度調査会に検討を依頼しました。検討の結果、出てきた公務員制度調査会の意見（同年12月）は、各省OBの委員の反対もあって内閣官房における人材確保を除けばゼロ回答に近いもので、公務員制度における最初の内閣主導の試みは実現しませんでした。

公務員制度調査会は1999年に、天下り見直しやノンキャリアの登用など幅広く人事管理・運用の是正を提言する「公務員制度改革の基本方向に関する答申」を出し、閣議報告されましたが、ほとんど実現しませんでした。この基本答申を実施できなかったのは、制度官庁が主導権争いをしたこと、各省が人事管理に問題意識を持っていなかったこともありますが、最大の理由はこれをオーバーライドするような形で次の改革がスタートしたことです。

この時期には、議員立法で国家公務員倫理法（1999年）が制定されたほか、官民交流法（1999年）や任期付職員法（2000年）が制定されるなど幹部公務員の不祥事に対応して特権性や閉鎖性を打破するための法整備が先行して行われました。また、行政改革最終報告の閣議決定に際して戦後続いてきた局長級以上人事の閣議了解が閣議承認に格上げされ、閣議人事検討会議が新設されました。さらに、自自連立に伴い国会審議活性化法が制定されて、政府委員制度が廃止され、副大臣・大臣政務官制が導入されるなど政治主導の取組みも始められました。

(2) 公務員制度改革大綱（「ユーザー官庁」の改革：2000〜2004年）

省庁再編を前に2000年12月、年末恒例だった行政改革大綱に唐突に抜本的な公務員制度改革が盛り込まれました。さらに、自民党行革推進本部の最高顧問だった橋本龍太郎元総理が森喜朗内閣の担当大臣として公務員制度改革を進めることになりました。これを仕掛けたのは、公務員制度調査会等における制度官庁による在職期間の長期化や再就職規制の運用強化に反発した主要省でした。自ら名乗っていたように「ユーザー官庁」の改革の時代と言えます。再就職規制の大臣承認制や採用試験の合格者増、級別定数の廃止などは省庁官僚制（各府省・行政各部、特にその利害を代表する主要府省の本省事務系キャリアのグループ）の強化を目指したものと考えられます。改革のターゲットは査定官庁たる人事院や行政管理局で、橋本元総理はたぶん、これを成果に再登板を果たしたいと考えていたと思います。

メインテーマは、規制緩和と民間並みの信賞必罰の人事制度でした。

ところが田中真紀子ブームが起きた総裁選を経て小泉純一郎内閣となり、２００１年12月に再就職の大臣承認制に代わる内閣承認制や能力等級制度を内容とする「公務員制度改革大綱」が閣議決定されました。しかし、後任の大臣や官邸が公務員制度改革を自分の政策と思っていなかったらしいことや、大臣承認制に対するお手盛り批判、基本権問題の処理に対する累次のＩＬＯ勧告、マスコミや野党などからの透明性を欠く進め方に対する批判などから、２００４年「今後の行政改革の方針」で立法化は事実上断念されました。

その後は、俸給水準を下げて地域手当を積み増しする、査定昇給を導入するなど人事院主導の給与構造改革の取組みが進められました。

この時期には留学費用償還法（２００６年）、官民交流法の改正（２００６年）、自己啓発等休業法（２００７年）など「アーリーハーベスト」と呼ばれた公務員制度改革大綱中の一部について法整備が行われましたが、改革は周辺部分の法整備にとどまりました。この間、国会、マスコミでの議論を経て公務員制度改革は政治的イシューとして広く認識されるようになりました。

公務員制度改革大綱の改革が実現できなかった最大の理由は、小泉内閣の成立です。もう一つの理由は基本権問題を検討すると言っておきながら最後に全否定したため、連合・官公労が反対に回ったということです。人事院の天下り承認をやめて大臣承認制にすれば民間への再就職が自由になるのだと思っていたのが内閣承認制になって、各省からも受け入れられない内容になったということもあります。ただ、それ以上に、政治を隠れ蓑にして省庁官僚制が自由にやりたいという思惑に無理があったものと思われます。

(3) 国家公務員制度改革基本法（「特命担当大臣と脱藩官僚」の改革：2006～2009年）

2006年、小泉内閣の末期に、再就職規制の届出制への転換等を内容とするいわゆる「中馬プラン」が経済財政諮問会議に提出され、これを再スターターとして改革議論が再開されました。これに対し、逆に再就職規制強化を内容とする「民間議員ペーパー」を基本として、第一次安倍晋三内閣下で斡旋禁止を中心とした厳格な再就職規制の導入、人事評価制度の導入等を内容とする国公法の改正案が提出され、会期延長（参議院選挙の日程変更）・中間報告等の異例の手続きを経て改正法が成立しました。これには担当閣僚のブレーンで親元省庁と対立していたいわゆる脱藩官僚が関わっていたとされます。再就職規制強化や人事評価制度導入に加え、その後の制度懇報告における一括採用・一元管理の導入、基本権付与などには反省庁官僚制の性格が現れています。各府省は自民党も巻き込んで反対しましたが、結局、官邸の強いリーダーシップがあって2007年改正法が成立しました。

2007年改正法については読売新聞政治部著『真空国会』（新潮社、2008年）に、安倍総理はのちに「霞が関の抵抗がものすごかったから、渡辺喜美によって改革の雰囲気が盛り上がった時、今じゃなければ出来ない、と考えるようになった」と言ったと書かれています（45頁）。参議院選挙の実施を延期して公務員制度改革法案を通したのですが、自民党は負けてねじれ国会になってしまいました。マスコミ的には公務員制度改革をやれということでしたけれども、公務員制度改革をやったから投票行動が変わるかというと、結局、自分に影響のある税の問題などに比べ、公務員制度改革をやったから与党に投票しようという人は多くはなかったと思われます。

政策研究大学院大学の飯尾潤教授が『政策から政局へ』（NTT出版、2008年）の中で「安倍内閣は、脱官僚を掲げていたが、その代わりに政権入りした政治家が能力を発揮するための組織的基盤を欠いており、官僚を排除した空白を実質的に埋めることができなかった。そのうえ、有権者の歓心を買おうとした公務員制度改革によって、官僚の離反を招き、面従腹背にいらだって、ますます官僚を排除するという悪循環に陥っていた」と書かれています（241頁）。当時、「俺は今まで自民党に票を入れてきたけれど今度だけは入れない」と言った各省当局の人がいましたから、公務員制度改革を考慮して投票した国家公務員はある程度いたのではないかと思います。

法案提出時の閣議決定に基づいて「公務員制度の総合的な改革に関する懇談会」（制度懇）が設置され、堺屋太一委員など起草委員の書いた報告書は、一括採用・一元管理、内閣人事庁（大臣庁）設置など反省庁官僚制の色が濃い過激なものでした。政府は一部穏健化したうえで国家公務員制度改革基本法案を提出しました。改革に乗り気でない官邸に基本権問題を進めたい連合が働きかけ、ねじれ国会でもあり、与野党協議が行われて、小さな内閣人事局への修正や官僚の接触禁止規定除外などフィージビリティを高める修正をして成立しました。その後、基本法の実施を監視するために置かれた顧問会議で制度懇の元委員などを中心に制度懇報告書の内容への揺り戻しが起き、麻生太郎内閣で2009年改正法案（甘利法案）が出されましたが、政権交代を目前に廃案となりました。

この時期のメインのテーマは、脱官僚内閣制、政治主導の確立でした。行政改革担当大臣の強力なリーダーシップと省庁官僚制の利益が対立し、それが自民党内の官僚OB議員と改革派議員の間の議論にも反映しました。与野党が改革による国民の支持を競い、政治状況が流動化する中で、省庁官僚制はヒアリングの機会等に意見を表明し、自省大臣や与党議員を通じて影響力を行使しましたが、もはや改革を止めることはできませんでした。

この時期に成立した国家公務員制度改革基本法は、その後の公務員制度改革の内容と進め方について政府を拘束するプログラム法です。プログラム法とは、法律自身に法規性がないものです。法律は基本的に国民に権利を付与したり義務を課したりするもの（法規）ですので、通常、法律にはどこかに必ず法規性のある条項が置かれます。かつては法規性がないものは閣議決定でよく、法律にはしないと内閣法制局が厳しく審査していました。

最初のプログラム法は中央省庁等改革基本法でした。行政府を1府12省庁に再編した時の法律です。サントリーのCMをひいて当時の事務局長が「何も足さない、何も引かない」と言っていましたが、行政改革会議最終報告書をそのまま条文にしたのが中央省庁等改革基本法でした。実施のためにはもう一度、法律を出し直さなければならないのだから、同法に意味はないのではないかと思っていたのですが、効果がありました。橋本龍太郎総理が参議院選挙後に退陣して小渕恵三総理になりましたが、中央省庁等改革基本法で1府12省庁に移行するスケジュールがピン止めされていたために粛々と法制化が行われて、2001年に省庁再編が実現しました。これがその後、とりあえずのプログラム法がいくつも制定されることに繋がったのです。

(4) 民主党政権下の改革（「民主党と職員団体」の改革：2010〜2012年）

脱官僚・政治主導のマニフェストを掲げて政権交代を果たした民主党政権下、国家公務員制度改革基本法の課題のうち、任免協議を行う小さな内閣人事局の設置などの政治主導に関する改革を先行して実施することを内容とする国公法の改正案が提出されましたが、成立直前で普天間問題による鳩山由紀夫内閣の退陣で廃案となりました。

次いで菅直人内閣では、選挙公約だった総人件費2割削減の取扱いと給与勧告の処理をめぐって党内で議論が続き、震災後には復興財源をどうするかの議論も加わって、職員団体との協議のうえで平均7・8%カットの給与特例法案と、基本法を実施するための労働協約締結権付与、公務員庁の設置等を内容とする国家公務員制度改革関連4法案がセットで国会に提出されました。震災後のねじれ国会の下で与野党協議を経て給与削減は実施されましたが、国家公務員制度改革関連4法案は職員団体の求めに応じ解散前日に提出された同旨の地方公務員法の改正法案とともに解散により廃案となりました。

この時期は、内閣と民主党と連合・公務労協が協議しながら改革を進めた民主党と職員団体の改革の時代です。メインとなったテーマは、自律的労使関係制度の措置と人件費削減の同時処理でした。

改革を主導したのは政権交代を果たした内閣と与党・民主党であり、これを支持する連合・公務労協との協議により検討が進められました。内閣、与党内、与野党間、支持団体の利害は錯綜し、政治的な決着が図られましたが、民主党政権下で担当大臣が延べ８人に上るなど流動化する政治情勢の中で改革は実現しませんでした。独立機関である人事院は国会等でなお必要な見解を表明しましたが、政務三役主導、事前審査制廃止などにより関与の手段を失った省庁官僚制の影響力は失われました。

民主党政権下の公務員制度改革を振り返ってみますと、鳩山政権はまず統治機構の改革、政治主導の実現に着手しました。内閣人事局を作る法案に加えて、事務次官会議の廃止、事前審査制の廃止、政務三役による意思決定の独占などの脱官僚政策を行いました。しかし、政治主導の改革は迷走した果てに、ある意味で頓挫したと言えるかもしれません。

参議院選挙があってねじれ国会になると、マニフェストに書かれた人件費２割削減や震災財源の確保のための給与カットとセットでの基本権付与という問題が起きました。もともと基本権は組合員の処遇を向上させる手段ですが、手段を得るために処遇の切下げを容認するという筋の曲がった構図となってしまい、推進力を維持することができなかったと言えます。少なくとも、そのような構図を払拭できずにいたことが、民主党政権が公務員制度改革についてアウトプットを出せずに終わった一因であったように思います。

(5) 2014年国公法改正（「第二次安倍内閣」の改革：2013・2014年）

再度政権交代して第二次安倍内閣となりました。民主党の政治主導に失望感が広がり、当初、公務員制度改革も仕切り直しという感がありました。公務員制度担当大臣には稲田朋美大臣が就任し、有識者による意見交換会を設けるなどして検討が進められました。稲継裕昭早稲田大学教授や西村美香成蹊大学教授といった公務員制度に明るい行政学者が初めて議論に加わり、冷静な議論が進められました。意見交換会の議論が続いている中で、稲田大臣が２００９年の甘利法案の内容で基本法実施の法案を提出したいと言い出して、２０１３年6月に国家公務員制度改革推進本部決定がなされました。

関係者間で法案についての調整が行われ、国公法改正案がまとまり、2013年11月に国会に提出されました。これまでの法案作成と異なり、政治的対立が持ち込まれず、経済団体出身の事務局長の代わりに官僚が事務局長に就き事務レベルでの調整も進みました。内閣人事局への機能移管についても移管される級別定数の設定・改定に当たっては、人事院の意見を聴取して、十分尊重するなど人事院の代償機能や公正性確保が実質的に維持できるように調整がなされ、長く混迷した内閣人事局の設置も固まりました。国会では激しい議論もなく2014年改正法が成立しました。

この時期は、政権が安定し、17年にわたった公務員制度改革が急速に収束に向かったコーダ（終結部）とも言うべき時期にあたります。ただし、2008年の国家公務員制度改革基本法の掲げた課題のすべては終わっておらず、その後も基本法の実施として定年年齢引上げのための国公法の改正（2021年）や人事評価基準の見直し（2022年）が行われました。

5 平成期の公務員制度改革とは何だったのか

このように平成期の公務員制度改革では、官僚制内部の議論が次第に政治的なイシューとなり、2009年の政権交代時には脱官僚が最大の政治的テーマの一つとなりました。改革のメニューも制度全般に広がり、より大胆な改革案が提起されるようになっていきました。当初改革を主導した制度官庁や省庁官僚制の力は失われ、内閣、与野党を巻き込んだ「政治主導」の議論を経て、最終的には「内閣主導」により決着していきました。その変化は、この間の政策立案過程の変化を象徴的に示しているようにも見えます。

改革により積み重ねられた制度改正は、過去の三度の改革（終戦時、1965年改正、第二次臨調）に比べ、民主的統制と各種規制の強化、政治任用職の拡大、開放性、非エリート主義、凍結されていたジョブ型人事制度の実施、倫理法や再就職の事後規制導入など、弱い官僚制の国であるアメリカ化の方向で日本の公務員制度・官僚制を変質させたと評価できます。かつて日本では政治が駄目でも官僚がうまくやってくれるから大丈夫だとさえ言われていたのですが、すっかり様変わりしてしまいました。

では、なぜ「行政の失敗」や官僚制の機能低下が起きたのでしょうか。よく言われる仮説の一つは、キャッチアップが終わってモデルが喪失したということです。しかし、日本が世界第2位の経済大国だった時にはジャパン・アズ・ナンバーワンだ、官僚と民間企業が日本株式会社として一体となっている、欧米型とはまったく違うモデルであると言っていたことを考えると、必ずしもキャッチアップの終焉が官僚制の機能低下の主たる原因とまでは言えないのではないかと思います。

また、デリバリティブが解らない金融行政と揶揄されたように、行政の対象である社会が複雑化、多様化していく中で、公務員の専門性がついていけなくなったのが「行政の失敗」の原因ではないかという議論もあります。確かに、特にDXや金融行政の領域で専門能力が足りないという現象が見られるのですが、主因はマンパワーの不足、定員削減のやりすぎではないかと思います。1955年に農林省に入られた佐竹五六氏は、『体験的官僚論』（有斐閣、1998年）に、「一九五〇年代を通じて、局長・部長といった幹部の人たちが自室を出て若いキャリア官僚とフランクに議論するという雰囲気が広く残っていた。とくに、勤務時間終了後ともなれば茶わん酒やウィスキーで一杯やりながら、さまざまな経験を語ってくれる方は多かった。それだけの時間的ゆとりもあったのである」と書き残されています（247頁）。また、1957年に入省された大蔵省の内海孚財務官は、自分が入った時には「とにかく君は欧米の金融政策の勉強をしてくれ」と言われて英文の本を地道に読んでいたし、時間的余力はたくさんあったと回顧されています。昔は職場で勉強する余力があったのです。今は1年生や2年生が職場で英文の原典を読んだり、講読会を開いたりすることはとてもできません。行革のやりすぎによって専門性を培う時間的余力、人的余力がなくなってしまったということが言えます。

3番目の仮説として、政治家と官僚の関係の変化、政治家が官僚化し、官僚が政治化したという議論があります。これは、政策を誰が提案するかという問題です。昔の自民党の中には党人派と官僚派がいて、地方議員からのたたき上げの人は党で政治を担う、役人上がりの吉田学校から来たような人が内閣で大臣をやって政策を担うと言われていました。今、国会を見ますと、松下政経塾出身の人、公募に応じて若くして役所を辞めた元官僚、二世議員が増えて、政治家と官僚の役割分担が混乱しているようです。

若手の脱霞が関の人は行政経験が浅いし、どちらかと言うと頭でっかちなので、政策は選挙で選ばれた政治家が担うべきという政治行政二分論に走っているように見えます。我々が政策を決めて官僚はそれを執行すればいいのだと、霞が関の現実や政策ができあがっていく過程から見ると、現実離れした主張がなされています。一方で、官僚の側でも「少なくとも60年代までは国士型官僚がわが国官僚制において支配的であったが、次第にその構成は変質あるいは多様化して、70年代には調整型官僚、そして80年代には吏員型官僚の登場をみるようになった」とし、「行政官の役割を政治によって与えられた課業の遂行」に見出す吏員型官僚も出現したと指摘する研究もあります（真渕勝「官僚制の変容―萎縮する官僚」『リヴァイアサン』34号、2004年、27・28頁）。

40年近い役人経験で思うのは、実質的な権限がどんどん上に吸収されているということです。私が役所に入った頃、OBに「先輩はどの時代が一番やりがいがありましたか」と聞くと、「補佐時代だ。補佐時代は自分の好きなように政策を提案することができた。課長になったら判子を押すことしか仕事がなくなって、つまらなかった」と言っていました。ところが、今は補佐がやっていた仕事を課長がやって、課長がやっていた仕事を局長がやっているという状況になっています。実質的な権限が上に行ってしまったものだから、若くして官僚を辞めて政治家を目指すという現象が起きているのではないかと思います。

政治主導の定着により、官邸主導の重要政策が増加していると言われています。各府省内でも政策立案の実権はより上位のポストに移り、再就職規制の厳格化により昇進も遅れているため、相当期間勤務しても政策立案の内容に実質的に関与することが難しくなっています。また、長く続いた公務員バッシングと改革議論により、官僚の社会的プレステージは低下しました。さらに、定員削減・業務量増加による激務の一方で、公務員住宅や退職手当の削減、共済年金の廃止、給与の特例減額措置なども行われました。これらの結果、官僚の総報酬（仕事の意義ややりがい・社会的評価・処遇）は下がり、少子化が進む中で人材確保の困難や早期退職増加が課題となっているのです。

一連の改革の終息後、働き方改革などによる処遇改善に加えて、官側ではいかなる性格の政策立案を分担するのか、職業公務員は政策立案過程でどのような役割を担うのか、与野党を含む政策調整は誰が行うのかなど、職業公務員が果たすべき具体的役割について検討を行い、コンセンサスを再構築することが求められています。それを前提に職業公務員に求められる専門性とは何か、専門性を確保するための人材の確保・育成・選抜はどうあるべきかを議論し、公務員を高い社会的評価を受ける専門的職業集団として再生させるという課題が残されているのです。

第11講

NPMと日本の公務員制度改革

今回はニュー・パブリック・マネジメント（ＮＰＭ）と日本の公務員制度改革についてお話しします。

1 ＮＰＭとは

ＮＰＭというのは講学上の概念で、「新公共経営」などと訳されています。１９９０年代にイギリスはロンドン大学の教授であったクリストファー・フッドが言い始めたとされていますが、実は明確な定義がありません。カスタマーオリエンテッドや成果主義を包含したマネジャリズム（企業経営的行政）、市場重視や分権化、公務への疑似市場の導入といった新古典派経済学の考え方が背景となって出てきた概念とされています。最も広く定義するならば、政府への民間経営手法の導入と言うことができます。

その類型には、「ウェストミンスター」型と言われているイギリス、オーストラリア、ニュージーランドのような比較的過激なモデルと、「北欧」型といわれる穏健なモデルの二つがあるとされています。前者で有名なのがエージェンシーや市場化テストといったサッチャー改革で、その後の労働党のブレア政権でもサッチャー改革の基本的な枠組みは継続されました。

一時期、話題となったニュージーランドの改革では、省庁管理を担う民間事業者を公募し、民間の経営者の中で一番優れた省庁経営のアイデアを出した人を、大臣がその省の管理者に任じて契約を締結します。大臣はその契約がうまく回っているかを監視するというもので、その後は、効率性だけではなく価値追求の観点からの見直しも行われているようです。

こうした改革の本質は、非政治にあるようです。政治家はもともとマネジメントの専門家ではないので効率的な組織経営はできない、政治は少し下がって本当にマネジメント能力のある人に経営してもらうという考え方です。イギリスで刑務所をエージェンシー化して、経営できる人に任せようとした時には、脱走があった場合に大臣の政治責任はどうなるのかが問題になりました。むしろ政治家は行政機関のマネジメントの任に適さないという合理主義・非政治の考え方が背景にあるようです。

2 企画と執行の分離

日本の行政改革で、最初にNPMが登場したのは橋本行革、省庁再編の時です。企画と執行の分離という考え方でした。これは新古典派経済学から出てくる考え方で、企画部門と執行部門は利益相反関係にあるという前提に立ちます。企画部門は執行部門の現実に引っ張られ、大胆な政策の企画ができず、反対に現場である執行部門は企画部門の利害に囚われて効率化ができないという認識に立って、企画部門と執行部門を分離すべきであるという考え方です。企画と執行が分離すれば、企画部門は現場に囚われない大胆な企画ができるし、執行部門も企画部門を気にせず効率化を進められるというのです。

最初に行政改革会議でこの企画部門と執行部門の分離の話が出た時、各府省はこぞって反対しました。企画部門に現場の情報が入らなければ有効な政策は作れないと言ったのです。

「行政改革会議最終報告」には企画部門と執行部門の分離という考え方が記載されています（資料11－1）。次に、「行政改革大綱」を見ると、公務員制度改革の中に企画部門と執行部門の分離という文言がやや小さく入っています（資料11－2）。その翌年に閣議決定された「公務員制度改革大綱」では、企画部門と執行部門の分離が申し訳程度に触れられています（資料11－3）。これは、企画と執行の分離については各省庁が自分たちで考えて進めていくということを意味していて、結局、企画と執行の分離は実現されませんでした。

これは、日本の組織において企画部門と執行部門が画然と分かれていないことに原因があると思われます。人的にも業務的にも、本省と出先機関の間でも、企画部門と執行部門がほとんど一体となって業務を行っているので、これを切り離そうとすること自体が無理だったのです。日本の組織は、旧国鉄や私鉄もそうですが、幹部候補生であっても、まず切符切りやコピー取りから始めます。欧米のように最初からエリートとしての役職につけるということはありません。そういった現場からの積み上げ、現場のことを肌で知っている人たちが意思決定を担うことが当然であるという現場主義とも言うべき思考が、企画部門と執行部門を切り分けることが日本で支持されなかった理由であろうと思われます。

かつて国民生活審議会で、幹部公務員に国民目線を持たせることが大事だという問題意識のもとで幹部になったら窓口に立たせるべきだという答申が出されました。これを受けて２００９年から指定職（審議官・部長等）に昇任した時は昇任時相談窓口等体験研修を受講させることになっているのも、こうした現場重視の日本的な意識に通ずるものがあります。

3　独立行政法人

公務員制度改革そのものではありませんが、ＮＰＭの考え方を受けた改革の二番手は、これも行政改革会議の時に始まった独立行政法人制度です。「独立行政法人」なる用語は、古い行政法の教科書にも見られ、当時は特殊法人のことを指していました。スウェーデンが特殊法人制度を参考にして北欧で採用され、イギリスがその北欧の制度にならって創ったのがエージェンシーだとも言われていました。もしこれが本当だとすると、エージェンシーは流れ流れて日本に戻ってきたことになりますが、日本では特殊法人は無駄の多いものとしてずっと行革で叩かれていました。

この独立行政法人制度の導入には次のような経緯があります。行政改革会議の検討の際、通常国会が閉会すると大臣は外遊に出るのですが、1997年に武藤嘉文行政改革担当大臣がイギリスに視察に行きました。そこで、サッチャー改革の成果としてエージェンシー制度が良いと聞いたため、外遊から戻って、エージェンシー制度を取り入れようと行革会議の中間報告以降、独立行政法人制度の議論が取り上げられました。

イギリスのエージェンシーと日本の独立行政法人制度には大きな違いがあります。イギリスのエージェンシーには法人格がありません。むしろ日本の文化庁や資源エネルギー庁の方がエージェンシーに該当するのに対して、日本の独立行政法人は国の組織ではなく、法人格を持った別の組織という整理をしています。

独立行政法人制度は、中央省庁等改革基本法第36条に規定が置かれました。同条では独立行政法人が担う事業は、「国民生活及び社会経済の安定等の公共上の見地から確実に実施されることが必要な事務及び事業であって、国が自ら主体となって直接に実施する必要はないが、民間の主体にゆだねた場合には必ずしも実施されないおそれがあるか、又は一の主体に独占して行わせることが必要であるもの」とされ、これを「効率的かつ効果的に行わせるにふさわしい自律性、自発性及び透明性を備えた法人」に行わせるという定義になっています。採算がとれるのであれば現業という枠組みがあったわけですから、儲からないけれど国の事業から独立させた方が効率的、効果的である事業を独立行政法人化すると規定されているのです。

また、同法第40条の規定では、独立行政法人の職員に公務員の地位を与えなくてはいけないような場合には、その独立行政法人を特定独立行政法人として、その職員に国家公務員の地位を与えることになっていました。

第1講でお話ししたように、国から任命を受け、国の事務を行って、国から給与をもらうというのが国家公務員の定義ですので、独立行政法人という国ではない主体が任命し、給与を払っている人は本来、国家公務員たりえません。しかし、以前は国であった組織を独立行政法人にすることについて、職員や職員団体からの反対を避けるために特定独立行政法人という制度が置かれたのです。

独立行政法人制度が作られたものの、独立行政法人化に手を挙げた省庁はありませんでした。そこで、当時の省庁再編本部は、いつもの府省横並び主義で、すべての府省に一律に独立行政法人化を求めました。その結果、２００１年、国立研究所、博物館、美術館等が一斉に独立行政法人に移行することが決まりました（51法人）。一つを除いて、職員は国家公務員のままの特定独立行政法人になりました。

各省は積極的でなかったものの、独立行政法人にしたところ、定員管理が外れ、理事長のほかに理事のポストができたので、最初はやってよかったなという感じがありました。例えば、それまで国立研究所だと所長と次長しかいなかったところ、理事長と理事５人というように上位のポストが増えました。通商産業省にあった貿易保険は課長だけでしたが、独立行政法人になると幹部ポストが増え、それも高い年収だったのです。

その後、政府は特殊法人改革に手をつけました。特殊法人は非効率で給与も高いし民業を圧迫しているのではという議論があって、全廃という動きになりました。しかし、全廃して職員が路頭に迷ってはいけませんので、２００３年以降、廃止、民営化とともに特殊法人を36の独立行政法人に切り替えました。独立行政法人には旧国立研究所などの特定独法と、旧特殊法人の非特定独法が並立することになったのです（最大１１３法人）。

またしばらくしますと、独立行政法人が多いのではないかという整理・合理化が議論になり、２００７年には、今度は独立行政法人の統廃合が取り上げられました。廃止は難しいので基本は合併させたのです。都市基盤整備公団と地域振興整備公団が合併して都市再生機構ができるなど、数は減ったけれども実質的に事務・事業は継続しました。この時には、特定独立行政法人の独立行政法人（非公務員）化も進められました。

次に、独立行政法人の役員には、公務員制度改革大綱で退職手当が通算されることになって現職での役員出向が２００３年から始められていたのですが、これも含めて役員に国家公務員出身者が多く、天下り指定席になっているという批判がありました。これに対応すべく、民主党政権になった２００９年に閣議決定が行われ、公務員ＯＢの就任を規制するため、公務員ＯＢの就いていた独立行政法人の役員等は原則公募ということになりました。しかし、独立行政法人の役員を公募にして優秀な民間人材が就いたかというと疑問です。独立行政法人の役員の報酬が本省の局長を超えないよう指導を受けていることから、民間企業の役員と比べて水準が相当低いのです。大手民間企業の経営者から見れば魅力的な水準ではありません。また、民間の経営者はそれなりに自由がききますが、独立行政法人の役員は所管省庁があるうえに国会にも呼びつけられ、裁量もあまりなく仕事として魅力もないのです。さらに、何より日本にはもともと本当の経営者が少ないということがあります。民間の経営者はほとんどが従業員からの叩き上げですから、経営マインドのあるような人は限られています。松下幸之助や本田宗一郎のような本当の経営者は鉦や太鼓で探さなければいけないところ、独立行政法人の長を公募しても、有能な経営者が応募するとは限りません。むしろ、民間企業で役員としてあまり有能でないからそろそろお引き取りを願ってというような人が応募してくるということになりかねません。

役員の公募により、4割いた官庁からの再就職の理事は1割、2割に減ったかもしれませんが、単に出身が置き換わっただけですから人件費削減にもなっていません。そもそもこれが天下りと言えるかどうかという議論もあるのですが、今となって冷静に考えれば、やみくもに天下りは悪と決めつけるのではなく、独立行政法人の役員などでは行政組織の運営に関する知識、経験を持った公務員ＯＢの能力を安く活用した方が法人経営のためにも、社会全体のためにもなるのではと思えます。２０１０年の退職管理基本方針で役員出向の場合は公募によらなくてもよいこととなりました。

その後、２０１2年に旧民主党が出した独立行政法人制度改革案では、上手に経営して資産をつくっていても、独立行政法人が持っている不要財産を国庫に返納させると書かれていて、歳出削減、無駄撲滅のために独立行政法人の「独立」を取って「中期目標行政法人」と「行政執行法人」に変えてしまう案になっていました。もともと国が細かく執行部門に口を出すのではなく、経営者に5年の経営計画を出させて、責任を持って効率化を実行させるという「独立」の文字に意味があったのに、法人から経営の成果も名前も取り上げてしまうことになっていました。その後、独立行政法人制度は２０１５年の法改正により中期目標管理法人、国立研究開発法人と、行政執行法人（旧特定独立行政法人）に再編され、長や監事については公募の活用に努めるとされています。

このような独立行政法人制度の沿革については、執行部門を切り離してその裁量で責任を持って効率的に運営させるという当初の趣旨から外れて、政治による見直し、介入が繰り返され、結果として公務員の削減と、行政サービスの供給や基礎研究等で果たしていた国の役割の縮小をもたらしたように思えます。唯一、消防研究所だけが途中で引き返しました。

4　その後の改革

17年間にわたる平成期の公務員制度改革の議論ではＮＰＭという言葉自体ほとんど聞かれませんでしたし、話題に上ることもありませんでした。その影響もほとんどなかったと言うことができます。地方公務員、地方自治体についてはＮＰＭの影響を受けた改革が結構取り入れられているのですが、国家公務員制度改革ではＮＰＭの考え方はほとんど採られなかったといえます。

なぜ平成期の公務員制度改革においてＮＰＭが影響力を持たなかったかと言うと、一つの理由はＮＰＭを研究している学者がほとんど改革議論に参加しなかったことです。もう一つの理由は、ＮＰＭ自体の理論倒れです。企画と執行の分離が典型ですが、日本の行政の現場に合わないということがあります。さらに、政治主導の議論がＮＰＭと調和しなかったとも言えるように思います。このところの政策評価やＥＢＰＭ（Evidence-based Policy Making）の取組みも、論理で政策立案過程の政治性、不合理性を克服しようとするところがあり、政策科学の取組みは政治主導や、反知性主義の国際潮流とも相性が良くないようです。

ただし、ＮＰＭの最も広い定義である民間の経営手法の導入という点で言えば、公務員制度改革でこれが取り組まれなかったのかと言うと、そうではありません。公務員制度改革大綱では民間並みの信賞必罰の人事制度として能力等級制度が設計されるなどしましたし、人事院は給与構造改革を行って査定昇給制度を導入するなどして、民間企業で取り組まれていた成果主義の導入に取り組んでいます。最後は、２００７年法改正で新しい評価制度と評価結果を反映させた任用・給与制度が整備され、民間企業の成果主義にならうという意味での公務員制度改革が実現しています。

資料11－１　「行政改革会議最終報告（平成９年12月３日）（抄）」

Ⅲ　新たな中央省庁の在り方

１　基本的な考え方

⑵　政策の企画立案機能と実施機能の分離

①　新たな中央省庁には、政策の企画立案機能の高度化と、公正・中立・透明な行政の確保、国民のニーズに即した効率的な行政サービスの提供が求められる。政策立案機能と実施の機能とは、一面において密接な関係をもつものであるが、両者にはそれぞれ異なる機能的な特性があり、両者が渾然一体として行われていることは、かえって本来それらが発揮すべき特性を失わせ、機能不全と結果としての行政の肥大化を招いている。新しい行政組織の編成に当たっては、政策立案機能と実施機能の分離を基本とし、それぞれの機能の高度化を図ることとすべきである。

②　具体的には、政策立案機能と実施機能の組織的分離によって、次のような改革を進める必要がある。

ア　異なる機能特性に応じた組織の編成、管理

それぞれの機能特性に応じ、最適な組織編成を行う。

イ　政策立案部門と実施部門の責任分担の明確化

渾然一体となっている政策立案機能と実施機能を組織的に分離し、それぞれの部門の役割と責任の分担関係を明確化する。

ウ　高い視点と広い視野からの政策立案機能の確立

○　政策立案部門の実施上の責任の負担を軽減し、政策立案に専念できるようにする。

○　政策立案部門が実施部門との距離を保ち、実施部門の利害にとらわれない高い視点と広い視野からの企画立案ができるようにする。

エ　公正、中立、透明な行政執行と効率的で国民のニーズへの即応を重視した行政サービスの提供を確保できる実施機能の確立

○　実施に関する明確な権限付与により、責任の明確化を図る。

○　ルール、政策実施基準等の明確化を図る。

○　実施事務の性格に応じた行政サービスの質の向上を目指す。

③　以上の考え方の下に、新しい中央省庁にあっては、政策の企画立案機能は主として本省に、実施機能については可能な限り外局、独立行政法人等の組織に分離することとする。

⑶　政策立案部門と実施部門の連携と政策評価

①　政策の企画立案部門と実施部門は、もとより緊密な連携関係の下におかれなければならない。政策立案過程への実施段階の情報の提供や問題点の反映が不可欠であり、一方、実施部門においては、政策の企画立案過程における意図と目的が十分に伝えられ、的確な行政の実施が図られなければならない。

このため、両者の責任関係の明確化の上に立って、両部門間の十分な意思疎通を確保するとともに、必要な人事交流が図られるべきである。
② 同時に、政策は、その効果が常に点検され、不断の見直しや改善が加えられていくことが重要である。実施過程における効果の検証も欠かせない。政策の評価体制を確立し、合理的で的確な評価を進め、その結果を迅速かつ適切に反映させていく仕組みと体制が重要である。もとより、これに当たって、情報の公開が不可欠であることは言うまでもない。

資料11－2 「行政改革大綱（平成12年12月1日閣議決定）（抄）」

Ⅰ 行政の組織・制度の抜本改革
2 国家公務員、地方公務員制度の抜本的改革
⑹ 法令・予算の企画立案と執行の分離
ⅰ）「中央省庁等改革基本法（平成10年法律第103号）の趣旨に沿い、組織・人事管理面での裁量の余地の拡大を前提に、各主任大臣は権限と責任を明確にしつつ、組織としての能力を最大化するための最適な組織にするため、自主的に人事面、業務面、組織面における企画立案と執行の分離を進める。
ⅱ）執行事務については独立行政法人化を進め、公務員でなければ取り扱えない事務以外は外部委託等を活用する。

資料11－3 「公務員制度改革大綱（平成13年12月25日閣議決定）（抄）」

4 組織のパフォーマンスの向上
政府全体としての組織のパフォーマンスの最大化を図り、時代の要請に応じた総合的・戦略的な政策立案、国民のニーズにこたえた効率的な業務執行を実現するためには、企画立案と執行それぞれの特性を十分踏まえつつ、その時々の行政課題に応じた最適な組織を編成することができるようにする一方で、国政全体を見渡した総合的な政策判断と機動的な意思決定を行い得る行政システムを構築することが必要である。

このため、行政運営の責任を有する各府省がその判断と責任において機動的・弾力的に組織・定員管理を行い得るようにするとともに、内閣なかんずく内閣総理大臣の政策立案を補佐する機能の充実を図る。

また、組織のパフォーマンスを向上させるためには各組織内における勤務環境を良好なものとすることが不可欠であるため、超過勤務の縮減等勤務環境の改善に向けた取組を積極的に推進する。

なお、各府省は、主体的な組織・定員管理を行うことなどにより企画立案と執行それぞれの機能強化を図ることを通じて、引き続き自主的に企画立案と執行の分離を進める。

第12講

官僚主導論の系譜

今回は官僚主導論の系譜というお話をします。

かつて外交交渉でなかなか話がまとまらない時に、世論重視のアメリカの代表団は「その案では世論が許さない」という言い訳を使い、イギリスの代表団は「その案では議会が通らない」と言い訳するのに対し、日本の代表団は「その案では関係省庁の了解が取れない」と言うとのジョークがありました。このジョークは日本の政策過程では各省間調整が一番難しいということを皮肉ったものでした。

1 政治と行政

政治と行政、政と官の問題は長く議論されてきました。政と官は立法府と行政府という意味で使われることもありますが、それなら行政府に置かれる大臣は政なのか官なのかというと、通常、大臣は政に分類されています。それでは、学者や民間から起用された大臣はどちらなのだろうという議論もありますから、必ずしも選挙で選ばれているから政というわけでもありません。ここで政と官という場合、「政」は執政部門、政治家など行政組織の上に立って意思決定する人たちと定義したいと思います。「官」は職業公務員です。基本的に試験を受けて行政府に入ってきて生涯、政権の在り方に関わらず専門能力を使って仕事をする人たちを官と定義して、政官の問題を議論していきたいと思います。

一般的に政が決定して官が実行するとか、政は変革のエネルギーであって官は均衡・保守・継続、政は理念であって官は現実であるというようなイメージで捉えられています。昔の公民の教科書には、政治が政策決定して行政はその決定を執行するという政治行政二分論が載っていました。政治学では政治行政融合論が通説で、行政国家現象が進む中で政策は必ずしも政がすべて決定できるわけではなく、政策は行政の現場から形成されてきて、政によって決定されたあとも細部は執行される中で固まっていくと考えられています。これは行政立法の政令や省令だけを念頭に置いているわけではなく、いろいろな法律を執行する現場の警察官や税務署の職員なども一定の裁量権を持っているという認識に基づいています。政治と行政を政策決定と執行で明確に二分できるものでは必ずしもないのです。

2 官僚主導論の系譜

次に、戦後の政官関係についての議論の展開をたどってみます。

① 戦後学説の推移――辻清明

戦後、最初に官僚制の議論をしたのは東京大学の行政学の辻清明教授です。辻先生は、「日本官僚制に内在する顕著な性格を、主として統治構造における割拠性と支配形態における特権性という二つの点に求め」て（ⅲ頁）、「官僚の特権的地位」は市民革命を経ず官尊民卑など「旧い封建的身分支配の原理を払拭しえなかった」ことに由来するとしています（194頁）。新憲法下、能率的官僚制を確立するとともに、戦前から連続するこのような家産的官僚制の性格を「民主的な公務員制に転化」する必要があるとしました（『新版　日本官僚制の研究』東京大学出版会、1969年）。

② 戦後学説の推移――村松岐夫

1981年に京都大学の村松岐夫教授が『戦後日本の官僚制』（東洋経済新報社、1981年）という本を出しました。村松先生はアメリカに留学して行動論主義を研究されていましたので、高級官僚等に対する面接調査を実施しました。調査結果に基づいて、「『国の政策を決める場合』というコンテクストにおいて権力者が誰であるかたずねた結果」「政治家によっても官僚集団によっても、政党、官僚というフォーマルな公職保有者が影響力者とみられている」

と分析しています（29頁）。戦後の官僚制は、戦前の官僚制とは断絶して、政党の権力を認めているとしました。

③　戦後学説の推移―リビジョニスト

次に、高度経済成長した日本に注目した欧米の研究者が次々と日本の官僚制研究の本を出しました。例えば、チャルマーズ・ジョンソンというアメリカの学者が『通産省と日本の奇跡』（矢野俊比古訳、ＴＢＳブリタニカ、１９８２年）という本を書いたり、エズラ・ヴォーゲルという社会学者が『ジャパン・アズ・ナンバーワン』（広中和歌子・木本彰子訳、ＴＢＳブリタニカ、１９７９年）という本を書いたり、カレン・ヴァン・ウォルフレンという政治学者が日本の発展の原因を研究したりしました。そういう人たちを当時まとめて「リビジョニスト」と呼んでいました。日本は官僚主導国家で、産業政策を行って企業と役所が一体の日本株式会社になって輸出を行っている、天下りによって官と産業界が人的に深く結びついていて輸出を行っているというものがリビジョニストの典型的認識でした。決して日本を手放しで評価していたわけではなく、日本はアメリカやヨーロッパと違う特殊な国なのだという褒め殺しとも言うべき議論をしたのです。

④　戦後学説の推移―猪口孝・岩井奉信

１９８７年に東京大学の猪口孝教授と日本大学の岩井奉信教授が『「族議員」の研究』（日本経済新聞社、１９８７年）という本を出しました。この中で官僚優位が、政治の優位に変わってきているのだということを実証的に研究しています。ジョンソンは「通産省役人の過去の業績についての誇張された「自慢話」を聞き過ぎた」と書いています（5頁）。実際の政策形成過程を見ると、「特定の政策分野について、自民党政務調査会を主要な舞台として、フォーマル、インフォーマルにかかわらず、強力な影響力を持つ「族議員」」によって、日本の政治体制は、「政策決定がそれまでの「官僚主導」に代わって、「政治家主導」あるいは「自民党主導」に移行してきたと」としています（20頁）。

⑤　戦後の学説の推移―西尾勝

１９９３年に東京大学の西尾勝教授が『行政学』（有斐閣、１９９３年）という教科書の中で、政と官の関係には三つの規範を考察する必要があると整理しました。一つ目は「統制の規範（優越・従属の政治・行政関係）」、法律による行政などで、政が官を監督していく規範です。二つ目は情実任用の排除など「分離の規範（政治・行政の相互不介入関係）」です。三つ目が「協働の規範（指導・補佐の政治・行政関係）」で、政と官が政策の企画立案の局面でそれぞれの役割を果たしていく必要があるとしました（191頁）。

⑥　戦後学説の推移―後藤田正晴

1994年に後藤田正晴元官房長官が『政と官』（講談社、1994年）という本を出しました。「行政府は我が国唯一のシンクタンクである」ので「政策立案に必要な資料を揃え、その資料を分析し、政策案を策定する。そして内閣は、それらの政策案の中から、与党と相談しながら、どの政策を採用するかを最終的に決定する」「一つしか政策案を出さないで、あくまでそれに固執するのは行政官の権限を越えている」として、官僚は政治に対して複数の政策の選択肢を提供するのが役割だと書いています（23頁）。それを聞いた後輩の当時の幹部が「役人は選択肢をいくつも出して皆同じですということはないだろう。どれが一番お勧めかは言うだろう」と言ったのを覚えています。

⑦　戦後の学説の推移―野口悠紀雄

1995年に一橋大学の野口悠紀雄教授の『1940年体制　さらば「戦時経済」』（東洋経済新報社、1995年）が出版されました。野口先生はその中で、「1930年代の中頃から、多くの業界に関して「事業法」が作られ、事業活動に対する介入が強まった」こと、「第二次近衛内閣の「新経済体制」の下で、より強い統制が求められるに至り、「重要産業団体令」をもとに「統制会」という業界団体がつくられた」こと、「営団、金庫など、今日の公社、公庫の前身も、この時代に作られた」ことや当時の「革新官僚」に見られる思想から、それ以前と異なる戦時中の体制がつくられ（9頁）、官僚機構が戦後継続することによって「戦時型の体制がほぼそのままの形で継承された」としました（76頁）。

⑧　戦後の学説の推移―佐竹五六

１９９８年に元水産庁長官の佐竹五六氏が『体験的官僚論』（有斐閣、１９９８年）という本を出しました。自らの経験に基づいて「昭和20年代から30年代を通じて、もちろん例外がないわけではないが、国政の基本的方向づけとその執行を官僚固有の使命とする強烈な自負心と使命感をもった」（９頁）理念型の「国士型官僚」が主流で戦後諸改革を遂行したが、１９６０年代後半からの「政策決定過程と政策課題の変質」により、１９７０年代以降は「極力既往の制度の論理に即した形で利害関係団体の受容し得る試案をまとめ、円滑に処理手続きのクリアーを図るという方法」を採る調整型の「リアリスト官僚」が主流となったとしています（97頁）。

⑨　戦後の学説の推移―飯尾潤

さらに、政策研究大学院大学の飯尾潤教授が『日本の統治構造　官僚内閣制から議院内閣制へ』（中央公論新社、２００７年）を出しました。渡辺喜美行政改革担当大臣が前述の野口教授の本とともに事務方にご推薦なさったと聞きます。飯尾先生は、「官僚内閣制」と書いているのですが、それは政治になり代わって官僚が権力を行使するような一枚岩の体制のことではないようです。戦前の内閣制を引きずり分担管理原則により「政党政治家を内閣の主体として考えず、省庁の代表者が集まって内閣を構成するという認識が、戦後日本の独特な議院内閣制を生み出し」、官僚の代理人が集まる内閣という意味で「官僚内閣制」と呼んでいるようです。この「日本独特の内閣制を、普遍的な議院内閣制に転換することで」「責任者への権力集中と、一般有権者による民主的統制」を両立させ、「効率的で民主的な政府」を実現すべきだと主張しています。政治主導でないという意味で「「国家」の絶対・無謬をかかげてかたちづくられた省庁主導の官僚内閣制」としたのは、法政大学の松下圭一教授です（松下圭一『政治・行政の考え方』岩波書店、１９９８年、88頁）。

3 官僚主導国家は真実か

ここまで長々と学説の展開をお話ししてきたのですが、次に官僚主導国家論というのは事実かどうかを考えてみます。

図表12－1は、国家公務員制度改革基本法を作った時の参考人質疑の資料です。構想日本の加藤秀樹さんという大蔵官僚だった人が提出した、民主党の脱官僚理論にも影響を与えた「弱い内閣と強い内閣」という図です。下側の強い内閣はイギリスタイプの、役人は内閣に仕え、内閣の指示を受けて行政を執行する、与党が内閣に人を配置して内閣を形成するという典型的な議院内閣制です。上側の弱い内閣では、内閣と役人は上下の関係にあるものの、役人は内閣を経由せずに与党のところに行ってご説明や根回しを行います。自民党から民主党に政権交代する前のイメージです。

1955年に保守合同して長期安定政権が作られましたが、そこで自民党と官僚は上側の図にあるようにもたれ合って融合していたと評価されています。よく戦後の官僚が政策を主導していた例として、大平正芳内閣の時に久保田円次防衛庁長官が国会審議で「この案件は重要なので局長に答えさせます」と言ったことがあげられます。ただし、これは野党の議員が細かい防衛費の数字を聞いたので、数字を間違えてしまうといけないから防衛局長に正しい数字を言えと言ったのであって、政治家よりも官僚に決定権があることを示す例ではないようですが、誤解されて使われてしまったのです。

こういった体制が崩れたのが細川護熙内閣の時です。自民党長期政権から初めての政権交代後、連立内閣は、官僚は自民党に行くなという指示を出しました。正確に言うと、課長までしか行くなと言ったのです。それまで自民党は、自民党本部で朝からずっと部会や勉強会をやって、そこに官僚を呼んで箱弁やカレーを食べて議論していまし

図表12－1　強い内閣と弱い内閣

〈弱い内閣〉

党幹部の多くは入閣せず政策は与党議員と官僚が主に決定。
その過程で不透明な調整（陳情や根回し）が行われ責任もあいまい。

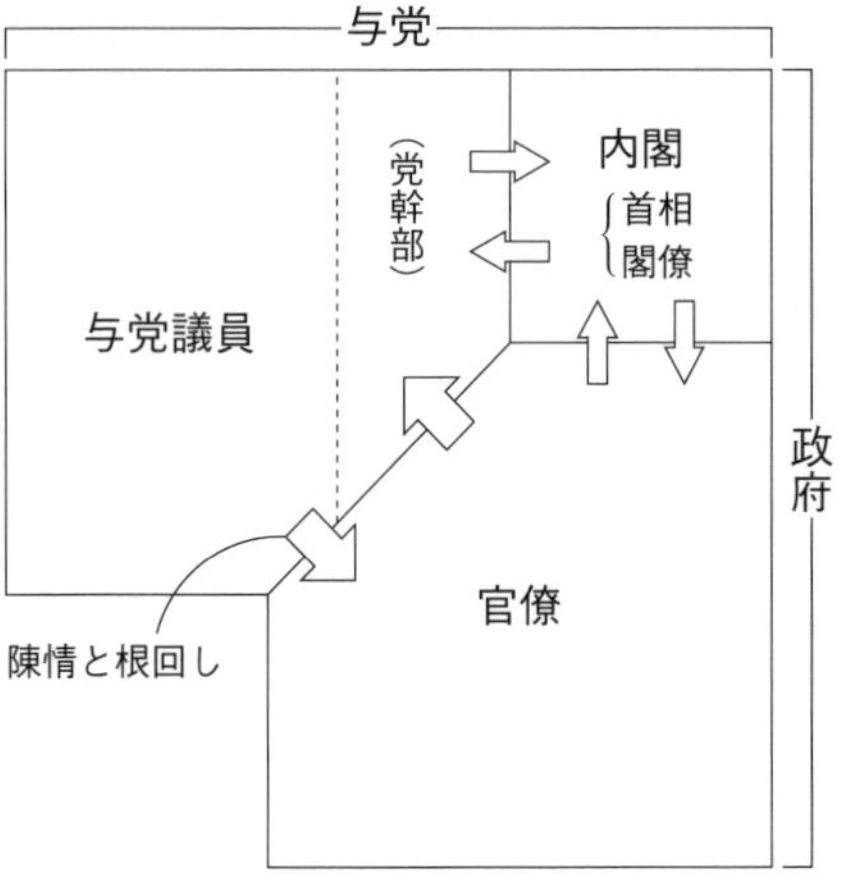

〈強い内閣〉

党の幹部が内閣を構成し、与党と官僚を掌握して主要な政策を決定。
その責任は内閣が負う。

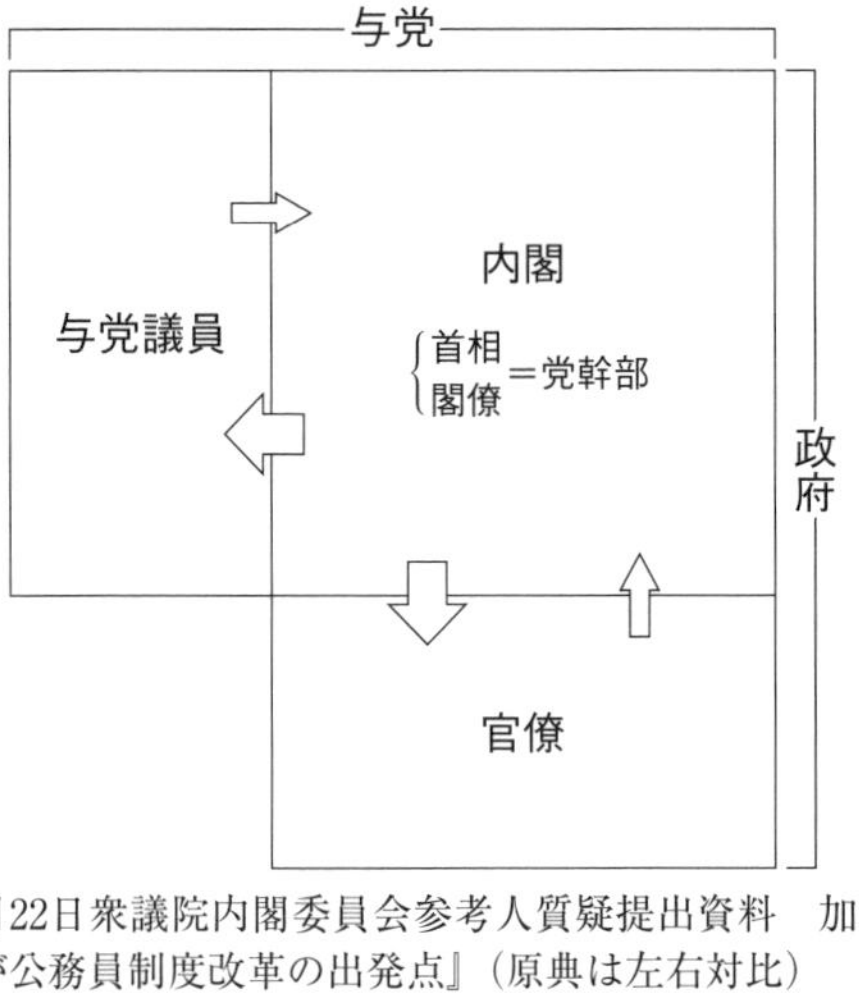

（出所）　平成20年５月22日衆議院内閣委員会参考人質疑提出資料　加藤秀樹氏『「政」「官」の関係正常化が公務員制度改革の出発点』（原典は左右対比）

た。そういう形で大臣等を挟まないで政策や法律の説明をさせ、議論していたのですが、その場に課長までしか行かせなかったのです。しかも、重要な資料もほとんど自民党には示さなくなってしまいました。

自民党本部に閑古鳥が鳴くような状況になり、初めて自民党は、官僚は時の政権の部下であって自民党のパートナーではなかったのだと気づきました。それまで親しい仲間内だと思っていた霞が関の官僚が、自分たちのところには内閣や大臣の部下として来ているのであって親密なパートナーというわけではなかったと気づいて、すきま風が吹き始めたのです。その後、自民党は政権に戻って人事で報復したのですが、政権交代がそれまでの政官スクラム体制とも呼ばれる関係が変わり始めるきっかけになったようです。

自民党の議員は、当選回数の年功序列で大臣になります。大臣が終わったら部会長等として党の実力者になります。当時の政策立案過程では、官僚は、あらかじめ大臣の了解を取った後、有力者である部会長がこの案では駄目だと言うと、こう直したいのですけれどどうですかと言って再び大臣のところへ戻っていました。大臣は形式的には決定権を持っていたのですが、大臣よりも当選回数が多く、先輩の元大臣が族議員として部会にいて、政策決定を取り仕切っていたのです。官僚も有力な議員や部会長の了解を取らなければ法律が通りませんから、走り回って調整していたのです。

自民党の中での出世ルートが固まると、官僚ＯＢは偉くなれなくなりました。戦後すぐ若くして退官して政界入りした人たちは早くして大臣になって有力者になれたのですが、政界が年功序列になると当選5回にならないと大臣になれないのですから、局長や次官で辞めて政治家になると、大臣になる前に亡くなってしまいます。最後に次官を辞めて大臣になられたのは中川雅治環境大臣です。

幹部になってから政界転出すると間に合わないので、今の野心ある官僚は係長や補佐くらいで公募に応じるなどして政治家に転身しています。そうした人たちは政策決定がどうなされているかを実際に経験していません。このため、官僚主導論に染まった若い官僚出身の政治家が多くなっています。これも政と官の一体感がなくなった背景のようです。局長や次官を経験した人は、官僚主導と言っても実は政治が決めていたこと、少なくとも事前審査制という与党の決定に従っていたことをよく承知していたのです。

経済学者の中には、日本は混合経済であるとか、唯一成功した社会主義計画経済であると、言う人もいましたが、かつての通商産業省は計画経済をしたのではなくて、市場経済の枠内で産業政策をやっていたという見方が通説です。しかも、その産業政策も石炭、アルミ、繊維などの衰退産業を円滑に退出させることには成功したけれども、新産業の創設には貢献していないという評価が有力です。少なくとも行政のいろいろな領域において政官の関係は同じではありません。日中国交回復の過程を見ても、外交や安全保障は内閣や大臣、政治家が主導していました。

霞が関の官僚は大臣だけではなく、自民党の有力者や部会長、関係団体の意向を忖度しながら、政策の落としどころを見つけるために走り回っていたのです。活動量が多く目立っていましたが、官僚が自分で決めていたわけではなく、実質的な決定権を持っていたのは内閣や大臣であったり、部会長であったり、医師会の会長であったりしました。ナローパスを通すため、結果として相手が「いやぁ、仕方ないなぁ」と言うまで調整しますから、調整された側から見ると「あっちにはああ言い、こっちにはこう言い、何か騙されちゃったなぁ」「そんな話ではなかったのだが役人に言われてウンと言ってしまったよ」というようなことが起きていたようです。

民主党政権は官僚主導の象徴として事務次官会議を廃止しました。閣議ではいろいろな決裁が廻ってきた時に、昔は花押を書き、今はサインをするので、閣議をサイン会と言う人もいますが、そう言うならば事務次官会議は昼飯会でした。火曜と金曜の閣議の前日、月曜と木曜のお昼に官邸に次官たちが集まって箱弁を食べていたのです。事務次官は結構なお年ですが、あっという間に弁当を食べていたそうです。下々は、早飯で大食いでないと偉くなれないなどと噂していました。どうして飯を食っているだけかと言うと、それ以前に話がついているからです。閣議と一緒で、そこに行くまでに関係者がさんざん議論して調整し、話がついたものだけが事務次官会議、閣議に上がっていたのです。だから、事務次官会議をなくしても調整過程自体がなくなるわけではなかったのです。

また、日本で議員立法が少なく、ほとんど閣法であることを官僚主導の証左と言う人もいますが、法律は与党の部会・政調会・総務会の3段階で了承を得なければ出せませんでした。旧民主党政権はこれを嫌い、当初、党の部会をやめてしまったのですが、300人の議員のうち200人のバックベンチャーたちから意見反映の場が与えられないと不満が続出して再開しました。議院内閣制の本家であるイギリスでは全部閣法で、内閣に入れない人はバックベンチャーということで政治的影響力を行使できません。議員立法はないようです。そういう意味でも、閣法が多いのが官僚主導の現れだというのは正しい認識でないと言うことができます。

もっとも、事前審査制の政策決定過程に問題がないと言うことではありません。政党は私的な組織で、役所のように法律に基づいて設置されているわけではありませんし、パーティーという名前でも判るように部分利益の代表です。政党内での議論には、贈収賄罪の適用や、透明性確保、アカウンタビリティの保障もないのです。政策立案過程としてこのシステムが本当に良いかどうかは議論のあるところですが、官僚主導だから良くないというのはポイントがずれているのではないかと思います。

4 今後の政官関係

それでは政官関係をこれからどうすべきかについてですが、政官の役割分担を再整理して、コンセンサスを再構築していく必要があります。関係者間を走り回って調整を行うことだけが官僚の仕事ではなく、官僚の本来の仕事はテクノクラート、政策の専門家としてまずは大臣や内閣をお支えすることではないかということです。

民主党も政権を取る前は政党との調整を官僚ではなく政治家がやると言っていたのですが、政権を取ったら、野党の先生に頭を下げて質問を聞くなんてことは役人がやれと言いました。政官の役割分担を明らかにして、官僚は所管行政の専門家として政策の企画立案について高い専門性を持って政治を補佐し、中立公正、効率的に法律や予算を執行すべきであると口で言うのは簡単ですが、実現するのは難しい課題です。

第13講

官邸主導の確立
――幹部人事の一元管理と公務員人事の公正の確保

今回は公務員人事の公正の確保の意義について考えるため、能力・実績主義、天下り問題などと並んで、平成期の公務員制度改革のもう一つの大きな争点だった一括採用・一元管理の問題を取り上げたいと思います。

1 一元管理問題の経緯

一括採用・一元管理問題というのは、国公法で言うと第55条の任命権の問題です。内閣人事局設置など中央人事行政機関間の機能分担の問題とは別の、各省大臣と内閣の間の人事配置権限の分配の問題、言い換えると、各省各庁の長として大臣に大きな人事の裁量権が与えられる中で、これに内閣がどのように関わっていくかという問題です。

任命権の沿革を少し遡りますと、戦前、官吏の任命権は天皇大権の一つでした。勅任官・奏任官については天皇が任命し、判任官は各省大臣が委任を受けて任命するという仕組みであり、今で言うと幹部は一元管理でした。戦前においてもセクショナリズムは大きな問題であるとされていたため、セクショナリズムの原因は少なくとも任命権だけの問題ではないということが言えます。

戦後、1947年に国公法が制定された際、勅任官相当は内閣が、奏任官相当は内閣総理大臣が、判任官相当は各省大臣が任命するという横串の任命権体系が作られましたが、1948年の改正で、各省各庁の長に任命権を付与するという今の形になりました。業務の指揮命令権と人事権・服務統督権の所在を一致させることによって、その省庁のトップがマネジメントの責任を果たしていけるようなアメリカ型の仕組みとしたと理解することができます。

1949年からは全閣僚が知る機会を得るために、局長以上の幹部人事は閣議に報告・了解されるという運用が続けられてきました。一括採用や一元管理の問題は、政治主導の問題というよりも、セクショナリズムの問題として学界やマスコミで議論されていました。第二次臨調や第三次行革審でも、セクショナリズム対策として一括採用ができないのかという議論がされ、第三次行革審で少数職種の共同採用が提起されましたが、実現することはありませんでした。

今般の幹部人事一元管理の議論のスタートは行政改革会議でした。1997年夏の中間報告で、京都大学の佐藤幸治教授が中心となってとりまとめていた内閣機能強化策の一環として、公務員制度調査会に一括採用・一元管理の可否についての検討が依頼されて、年末に同調査会の意見が出されました。

公務員制度調査会の委員には石原信雄元官房副長官、岡部晃三元労働省次官、元通商産業省の坂本春生さんなどの省庁OB・OGがいたこともあり、同調査会から一括採用や一元管理については共同採用の一部導入が適当であるという意見が行革会議に返されました。行革会議最終報告では、一括採用・一元管理の問題について、当面、公務員制度調査会の意見に従うとされましたが、その前に「省庁の再編成は、新たな人材の一括管理システムの導入に向けて踏み出す機会とすべきである」というコメントが付されました。

こうして行革会議では一括採用・一元管理は実現しませんでした。しかし、最終報告の閣議決定の際に、局長級以上の閣議了解人事（昭和24年2月8日閣議決定）を閣議承認人事とする閣議決定が行われました（平成12年12月19日閣議決定）。その経緯は承知していませんが、梶山静六官房長官の指示だったという話があるようです。

局長級以上が閣議承認人事になるとともに、閣議人事検討会議が置かれました。のちに古川貞二郎元官房副長官に聞いたところによると、「各省心配していろいろ言ってきたけれども、きちんと基準を作って説明して、例えば懲戒処分があるとか、何か悪いことをしているとかでなければ、基本的には了解すると言うと安心して帰っていった」そうです。事務の副長官が基準を作り、さばいていたということで、閣議承認人事になった時点では人事上の変化は見られなかったようです。

一括採用・一元管理が再び提起されたのは国家公務員制度改革基本法の時です。2007年の国公法改正の時に公務員制度改革の全体像を示さないで再就職規制だけ強化するのは「つまみ食い」ではないかというような議論があり、法案提出時の閣議決定で「公務員制度の総合的な改革に関する懇談会」（制度懇）が置かれることになりました。制度懇では、採用試験や研修の在り方を順次検討していましたが、最終段階で報告書を起草する委員会ができ、堺屋太一委員などが起草した最終報告には一括採用や幹部人事の一元管理が盛り込まれることになりました。

幹部公務員の任命権者は内閣とするという報告書を踏まえて渡辺喜美行政改革担当大臣が国家公務員制度改革基本法案を作りましたが、福田康夫内閣に代わって、「一括採用を行ったうえで幹部人事は内閣が行う」という部分は「一括採用を行ったうえで幹部職員は内閣人事庁と各府省両方に所属し、総理大臣が任免を承認する」と変えて国会に提出されました。当時はねじれ国会であったため、与野党協議を行った結果、一括採用は行わないとしたうえで、幹部職員は内閣と各省の両属であるという部分については、「適格性審査を行ったうえで、名簿の中から大臣が総理・官房長官と協議のうえで任命する」という現行の任免協議の仕組みになりました。その後のいくつもの法案においても基本法どおり、すなわち、適格性審査後名簿を作り、登載者の中から大臣が案を作り、総理・官房長官と協議して任命するという仕組みとされ、2014年改正で実施されました。

現在、内閣人事局の設置によって各省行政の運営に影響が出ているのではないか（忖度行政）という議論がマスコミを中心に行われています。2014年改正で内閣人事局が設置され、審議官級まで官邸の関与が拡大したのも一つの理由と考えますが、行革会議の最終報告の時点で局長以上の閣議了解人事が閣議承認人事とされ、閣議人事検討会議の枠組みが作られているので、内閣人事局の設置だけを忖度行政の原因とするのはやや過大な評価ではないかと思います。

閣議人事検討会議の事務を預かっているのは内閣総務官室ですが、内閣人事局発足後、数年して総務官室と内閣人事局は併任となり、閣議人事検討会議と内閣人事局の関係が整理されたと承知しています。

かつて日本の政策決定は官僚主導と言われていましたが、与党の部会長など有力政治家が事実上の拒否権を持っていたので、官僚は大臣の了解の下、関係議員やステークホルダー間を調整して、なんとか政策や法案を結実させるのが仕事でした。その際には有力者の意思を忖度することが不可避でした。しかも、当時は内閣、大臣、有力政治家、利益団体の有力者、例えば医師会の会長というように忖度すべき相手がたくさんいて、その中を縫うようにして調整を行っていたのが官僚主導の実態であったと思われます。ある官邸勤めの長い幹部は「忖度、忖度と言うけれど役人は忖度しなくちゃ仕事なんかできないだろう。いろいろな人のことを忖度しながら調整して政策を前に進めていくのが役人の仕事である」と言っていました。忖度できる官僚が評価されて出世していたということです。政治改革により、多元的な政治体制が変化して、官邸主導が確立して忖度すべき相手が限定されたのが忖度行政と言われるようになった要因の一つではないかと思います。

また、退職後の生活保証がなくなったということもあります。ある最高幹部は「昔の局長や次官は重要な案件であれば、身を挺して大臣や内閣に諫言していた。それでクビになったらそれでもよいという覚悟で正しい政策を提言すべきなのだ」と言っていました。今の幹部公務員は根性がないと言っている人もいます。この点に関しては、村山富市内閣の時に、通商産業省から出向していた科学技術庁幹部が大臣に対し、特殊法人改革を各省並びでやるのはよいけれども科技庁だけが特出するのは公器としての組織の役割に反するとの趣旨を直言して、ご不興をかったことがあります。その幹部は、当時の橋本龍太郎通産大臣が「俺が拾うから」と言って、通商産業省に戻り、外局長官まで勤め上げられた後は再就職もされたようです。かつては、大臣とぶつかってもそれなりに処遇され、仮に退官したとしても省が面倒を見るし、一定の退職金や年金があったため、路頭に迷うことはなかったということです。政治とぶつかった官僚を組織として面倒を見るのが難しく、辞めたら年金も再就職先もないという状況で、後顧の憂いなく直言するということが難しい状況になったのではないかと思います。

2 幹部人事の実際の運用

戦後の長い期間、自民党政権が続きましたが、その時期に各省幹部職員の人事管理はどのように行われてきたかというと、当時の通商産業省、大蔵省、建設省などの主要省では、上級甲種試験やI種試験から、キャリアと言われる人を20人前後採用し、勤務状況を見て同期の中から選抜していくというやり方をしていました。

人事院が行った調査でも、勤務評定結果も使うけれども、ほとんどがその仕事ぶり、「普段の心証」で選抜をしているということでした。昇任は各省でほぼ横並びでしたが、昇任した際には責任の重いポスト、法案を抱えているポストに優秀な者がつけられていくという人事が組まれていました。そのうちに、省内でもこの期の事務次官候補はこの人だという評価が固まってきます。

筆頭課長より上になってくると選抜がかかるので、指定職（審議官級）になる時期はばらばらで、あまり成績優秀でない職員は指定職になって給与体系が変わって退職手当の支給額が上がった段階で退職勧奨の対象となりました。同期がどんどん絞り込まれていき、次官になる時には同期はほかに誰もいないという、いわゆる「アップ・オア・アウト」の人事が行われていました。遅く指定職に昇進した者ほど次官にたどりつく可能性が高い「後発優位の原則」ということも言われていました。

こうしたやり方は、次官候補を早期に絞ってしまい、また、主計局長から次官、産業政策局長から次官、食糧庁長官から次官というように昇進ルートが固定されていたので、何代か後の次官まで公知の事実、ほとんどこういう順に上がるだろうということが明らかにされていたということです。早い時期からラベリングをし、絞り込んでいくことで、政治による幹部人事への介入の余地を極小化していたという学者もいます。

私が行政改革事務局にいた時に、橋本龍太郎行政改革担当大臣は「自分が若い頃初めて大臣になった時に、自民党の先輩に呼ばれて、役所から上がってきた人事については文句を言わないようにとアドバイスされた」と話しており、自民党政権では、大臣は事務方が上げてくる人事案を尊重する慣行があったようです。ご本人は守っていなかったと言う人もいますけれども、自民党と霞が関の政官スクラム体制の下での幹部公務員人事では原案尊重が伝統だったようです。

逆に、各省が予定した人事を大臣が差し替えると、大臣が任命権者であるにも関わらず、大きなニュースになるという事例が自民党長期政権下で見られました。

有名なものとしては、城山三郎の『官僚たちの夏』（新潮社、1980年）という何度かテレビドラマにもなった小説があります。某大臣など、これを読んで霞が関の役人になろうと思ったという人も見かけます。1963年に通商産業省の次官待ちポストとされていた佐橋滋企業局長が次官になろうという段階で、「生意気だから次官にしない」という大臣の意向で特許庁長官へと回されてしまいます。その代わりに今井善衛特許庁長官が次官になりました。そして、大臣が替わったら、佐橋特許庁長官が次官になったというのが、『官僚たちの夏』の下敷きとなった事案です。

また、1974年に橋口収主計局長が国土庁の事務次官に回されて、高木文雄主税局長が大蔵次官になった時にも政治の介入があったのではないかと言われています。これについて、藤井裕久元財務大臣は、田中角栄総理が「暗に高木を推した。福田は自分の縄張りである大蔵省の人事には「不干渉」の一筆を田中からとっておきながら、土壇場で田中に譲った」と最終的には福田赳夫大蔵大臣の意向だったと書き残しています（藤井裕久著、菊池正史編『政治改革の熱狂と崩壊』ＫＡＤＯＫＡＷＡ、2014年）。

さらに、1983年、時の農林水産大臣は水産族だったのですが、「いつも食糧庁長官が次官になるのはよくない。水産庁長官をぜひとも次官にして水産族の顔を立てるべきである」ということで大臣の任命権を行使しようとしたところ、農林族の人たちが反対して、「大臣の横暴はよくない。食糧庁長官を次官にすべきである」として、大臣と農林族が対立することになりました。結果として大臣が折れ、食糧庁長官を次官にし、次は水産庁長官を次官にという覚書を交わしたのですが、大臣が退任すると水産庁長官も辞めてしまい、約束は反故になってしまったということがありました。

1989年には西岡武夫文部大臣がリクルート事件に絡んで事務次官、官房長、生涯学習局長の3幹部を一度に更迭しました。

1993年、細川護熙内閣の時、内藤正久産業政策局長が大臣から「君は省内を暗くしたからクビだ」と言われ、更迭されるという事件がありました。当時、経済産業省内の派閥争いではないかなど、様々な憶測の雑誌報道があり、企画官年次ではない補佐級職員を選挙に出るため「企画官」とする箔付け人事をしたという理由で退任を迫られたという話も出ましたが、はっきりとした理由が大臣から示されたわけではなかったようです。ところが、この大臣自身も選挙に出る際、「室長」の名前を付けてもらったという笑えない話もありました。経済産業省の若い職員が血判状だと言って皆で書状を作るなどの騒ぎとなって、最後は局長が身を退く形でお辞めになりました。辞めた後アメリカに渡って静養していたのですが、国会に参考人招致されたため空港に車で向かっていた途中で吐血されて参議院の参考人招致が流れてしまうというなんだかよく分からないようなことも起きて、真相不明のまま終わってしまいました。

当時、商工族の大物だった中尾栄一衆議院議員が、人事院を事務所に呼び、「内藤君のような立派な人物をクビにするなんてとんでもない。あいつはピカイチで次の次官も約束されていたのに大臣は何だ」と公開質問状を出されて、その対応に苦慮したのを覚えています。霞が関が自民党に近くならないよう、政治の力を見せつけるために有力官僚を更迭することに意味があったのではないかという人もいますが、はっきりしません。

1995年、細川内閣の時に国民福祉税構想を推進したという理由で、自社さ政権になったあと、斉藤次郎大蔵事務次官が任期(?)半ばにして退官するということがありました。当時の武村正義大蔵大臣の証言では、これについて自民党の幹部が中心となって斉藤次官に退官を迫ったとしていますが、これも本当かどうかははっきりしません。

それでは実際に、大臣は幹部職員の人事権を行使していたのでしょうか。国家公務員制度改革基本法の議論の時、自民党の何人かの有力な大臣経験のある議員は、自分が大臣の時は幹部人事を自分の意に沿う形で行っていたと発言しています。また、元経済企画庁長官で公務員制度改革に深く関わってきた堺屋太一氏は、自分が長官の時には民間のエコノミストを2人、局長級として連れて来たけれども、自分が大臣を辞めたら元に戻ってしまったと言っています。

幹部人事について大臣の決裁を取って発令していることは確実なのですが、自民党時代の政治家は部会長を経験後、大臣をやったりして族議員化していきますので、関係する省庁の優秀な官僚の人物評価を官僚集団と共有するようになります。その結果、各省の官僚制の中でピアレビューとして行われている評価と大臣や部会長の人物評価が一致して、適材適所の配置について大臣の意向と省庁の意向が概ね同じになるということが起きていたのではないかと思います。いわば衆目一致の人事だったのです。

近時、幹部人事の運用に変化が生じていると言われています。事務の官房副長官が果たしていた役割も何度かの交替で縮小していったようです。第一次安倍内閣では防衛事務次官人事をめぐって大臣と官邸の間で意見の相違があらわになる事態も起きました。

近時の人事運用の変化をもたらした原因の一つは、閣議承認人事や任免協議により各省大臣に加えて総理・官房長官の意向が反映されるようになったこととともに、与党の影響力が下がってしまったことではないかと思われます。またかつてのように大臣が主体的に人事権を行使しようとして、党側で駄目だということがなくなっているのです。また、2007年改正法で再就職規制ができ、在職期間がどんどん長期化していく中で、かつての絞り込み人事、次官になる前にほとんどの同期を退官させることができなくなっているということもあります。

さらに、第二次安倍政権がかつてない長期政権であったということも理由の一つではないかと思います。県知事が4年、8年、長ければ20年在任したような自治体では、知事が気に入った職員はどんどん昇進していきますが、知事に嫌われると冷遇されてしまうという事例が報じられています。人事権を握っている知事が長期間在職すると、職員の名前、業務内容、どのような性格とかいうことが判ってしまうため、知事の裁量で多くの人事が行われることもあるようです。

現状は、抑制的行使という運用によって維持されていた幹部公務員人事のオートノミーが低下し、衆目と必ずしも一致していないと受け止められるような人事が見られるようになったことではないかと考えられます。

こういった官僚人事のオートノミーと政治による人事権を通じた統制の確保の問題は、官僚制の政治への応答性と職業公務員集団の専門性確保の調和の問題と言えるかもしれません。自民党政権では人事権の抑制的行使が定着していたため、長く応答性と専門性の確保のトレードオフが深刻な問題として顕在化することはありませんでした。

このように国では政治が一般の公務員人事に深く介入する状況はこれまであまり見られませんでしたが、地方自治体、例えば南西諸島では町長選挙をめぐって職員の中でも旧町長派と現町長派が対立し、反対派の町長が就くとそれまで総務課長だった人が運転手にされてしまう、返り咲くと総務課長に戻るということが行われているという報道もあります。政治は公務員人事を支持調達の手段とする誘惑に駆られる可能性が常にあります。公務員人事を使って支持者の利益を誘導することによって票を稼いでいくというアメリカ型のスポイルズの危険が、日本でもまったくないわけではありません。

3 人事院の中立公正確保の機能

次に、人事院の中立・公正確保の機能についてお話しします。

人事院のメリットシステム保護委員会としての機能について、制定時の国公法が予定していたのは、例えば局長のポストが空いたら、新たな局長を採用するための公募（競争試験）を実施するのが原則であり、国公法旧第37条では昇任のための部内競争試験すら例外でした。基本的には欠員ポストを公募で埋めるという仕組みであり、試験成績上位5人を任命権者（大臣）に提示し、任命権者はその5人の中から選ぶというように、ショートリストの提示によって公正確保と任命権者の裁量とを調整する仕組みが予定されていました。その枠組みは一度として実施されることなく2007年法改正で廃止となりました。

職階制が実施されないことが固まる中で、人事院は人事院規則8－12で指定日（職階制の実施される日）前の暫定制度として、課長級以上の審査・選考を行っていました。規則の経過規定を根拠に、本省課長級以上の官職に就けるには、人事院が審査・選考を行って能力の実証を経なければいけないとされ、個別に承認していました。選考基準の人事院指令8－6は経歴評定でした。例えば、官房長に就くには人事課長の経験が何年という基準が掲げられていたということです。しかし、たまたまそういう基準を満たしていない人を官房長等に就けようとする場合も、内部登用であれば実際上は承認されていたというのが、課長級以上の審査・選考の実態でした。

この課長級以上の審査・選考については、公務員制度改革の中で、各省から「事務の手間に比してあまり意味がない」「第三者機関は基準設定に専念し個別人事に関わるべきでない」という意見が出され、1998年に任命権者を選考機関とし、基準を示して各省に任されました。現在は「特定官職への任命等」として課長級への新規採用者については人事院への事前協議、内部昇任等は事後報告とされています。長期政権下において役所側の人事構想が一定の尊重を受け、官僚制集団における人事のオートノミーが確立していく中で、係員クラスの採用試験を除いた人事院のメリットシステムの番人としての機能は次第に形骸化していき、21世紀初頭にほぼ失われた状態になったのです。

その後、2007年法改正では職階制が廃止され、新たな評価制度の導入によって全職員を対象に人事院規則で一定水準以上の評価結果を求める昇任資格が作られ、最低限の公務員人事の公正の確保のための制度的措置が整備されました。しかし、任命権者が制度的に大きな裁量を持つことは維持されています。

さらに、2014年の国公法改正で幹部人事の一元管理が導入されたことにより、幹部職員（会計検査院や人事院を除く審議官級以上）については、適格性審査が行われていますが、その実施方法、手続き等を定める政令の制定に当たっては人事院の意見を聴くこととされ、適格性審査の基準も人事院の意見を聴いて官房長官が定めることとなり、部内昇任について過去3年の能力評価の総合評価の結果を使うなどの基準が定められました。

4 公務員人事の公正確保のための方策

最後に公務員人事の公正を確保するためにはどういったことが考えられるのかについて考えます。

幹部職員人事の公正を確保する制度的な保障措置をどう設計するかは難しい課題です。一つは、人事への政治の関与に一定のルールを設けるということが考えられます。古川元官房副長官がやっていたように、任免協議の承認基準を明確にするということです。大臣や内閣が人事権の行使という伝家の宝刀を必要な時に抜くとしても、通常は長期間の執務状況を見て固まった能力や人物の評価を尊重する形で政治は抑制的に人事権を行使することをルール化することは考えられなくはありません。

二つ目はインカメラで、幹部職員人事のプロセスについてウォッチする機能を入れていくという方法があります。幹部職員に公務外から新たに採用しようとする場合の適格性審査の手続きでは、公正な判断が担保されるよう有識者（人事官等）の意見を聴く手続きが課されています。抑止の効果はありますが、能力本位の人事かどうかを第三者が判断するのは難しいことです。

幹部職員人事の公正について、説明責任を課すなど門番の役割を事務の副長官に付与するという方法も考えられます。ただし、その事務の副長官がどれくらいの識見や影響力を持つかによって実効性が左右されかねません。

公務員人事の公正の確保について、人事院はいろいろな経緯を経て、今は基本的には係員クラスの採用試験と、各府省に大きな裁量権を留保したうえで幹部職員以外の職員について最低限の資格基準の設定等を担うことになっています。長い歴史の中で撤収と言うか、失われてきた機能ですが、幹部人事であろうが、課長級以下の人事であろうが、能力本位、勤務成績に基づいて人事が行われることを保障するのは、国公法がかつて独立機関としての人事院に期待していた機能だったのです。

第14講

公務員制度におけるセクショナリズム対策

戦後、行政学の大家であった東京大学の辻清明教授は日本の公務員制度の問題点として特権性と非能率性に加えて割拠性、すなわちセクショナリズムの問題を提起しました。セクショナリズムは戦前から続く日本の官僚制の逆機能の一つです。

本来、セクショナリズムは意思決定の問題です。マックス・ウェーバーの言うように行政組織は階統制ですので、基本的には組織がピラミッド型に編成されていて、下の方で意見対立した場合は上位者が裁定するのが原則です。かつてフランスの公務員省に行って、「フランスではセクショナリズムはないのですか」と聞いたら、「何を言っているのだ。1週間もめたら話を上に上げてしまうからいつかは必ず決着する」と言われてしまいました。

日本ではなぜこれができないかというと、上位者が裁定をしても関係者が収まらないからです。階統制の外に拒否権を持つ者が存在するということが、いろいろなことが決められない原因となっています。制度上は内閣や内閣総理大臣が最終決定権を持っていますが、党にいる有力者がそれを許さないことや、コンセンサス重視でいろいろなステークホルダーが持っている拒否権を無視することができないということがセクショナリズムの背景になっています。

ただし、日本でも中曽根康弘内閣や小泉純一郎内閣のように、後藤田正晴官房長官を使って調整をやらせたり、党の意向を押し切ったりして、内閣総理大臣がリーダーシップを発揮できたケースがあります。このことは、この問題が必ずしも公務員制度だけの問題ではなくて、内閣総理大臣や内閣のリーダーシップの問題であるということを裏付けています。公務員制度改革でセクショナリズムの問題に対応することには限界があるのですが、これまで行われたいくつかの公務員制度上の対策を見てみます。

1　省庁間交流と長期合同初任研修

まず、省庁間交流の促進です。出向してよその省庁の経験を積み、交流して相手の立場を経験すれば、分かり合えてセクショナリズムがなくなるのではないかという考えです。１９９４年に課長級になるまでに2回、他省庁に行ってくるようにという閣議決定が行われました。必ずしも他省庁に限らず国際機関でも大学でもどこでもよく、とにかく2回は外のメシを食ってこいということになりました。これは残念ながら、省庁再編でなし崩しになってしまいました。例えば技官については、交流しやすい運輸省と建設省が一つになってしまったので、省庁間交流としてカウントできなくなってしまったのです。省庁間交流をやっていた頃も、相手先の省庁に行って出身省庁の立場で仕事をするような人はいませんでしたし、確かに知り合いにはなれますけれども、だからと言って運輸省に知り合いが多いから俺は建設省に戻っても運輸省の味方をするという人もいませんでした。これがセクショナリズムに非常に効果があったかというと、どうもその効果は疑わしかったように思います。一方、幅広い視野を得るという人材育成効果は大きかったと思います。

次に、長期合同初任研修です。これは同じ釜の飯を食えばお互いに分かり合ってセクショナリズムはなくなるだろうという考えで、第二次臨調の時の一括採用・一元管理の議論に対し、人事院が研究会を作って、１９９７年からⅠ種試験からの新規採用者全員に対し公務員研修所で当初9週間の初任行政研修を始めました。当時、これが一括採用の代わりになるものかと思ったのですが、あに図らんやパソコンや携帯電話が普及してメアドの交換ができるようになったので、簡単に人的ネットワークが続くようになって思った以上の効果がありました。研修期間は次第に短くなり、3年目のフォローアップ研修と2回に分かれましたが、今も続けられています。

2 政治任用職の拡大

次に、公務員人事における官邸のリーダーシップの確立です。政治主導とは、選挙で選ばれた個々の閣外の政治家が行政を主導したり、与党が行政を主導したりすることではなく、内閣・官邸のリーダーシップを確立する内閣主導が本来の政治主導であるという理解が今は一般的となっています。

この公務員人事における官邸のリーダーシップの確立については、概ね三つくらいのメニューが議論されてきました。一つ目は政治任用職の拡大、二つ目が前講の幹部人事の一元管理（一括採用・一元管理）、三つ目が内閣人事局の設置です。

最初に政治任用職の拡大、国公法で言えば特別職の範囲の拡大についてです。

戦前の官吏制度における政治任用は、政官の攻防の中で拡大と縮小を繰り返していました。戦前の政治任用職は政党員が就けるポストかどうかで、戦後の特別職と一般職の区切りとは違っていました。大隈重信内閣の自由任用の拡大に対して1899年に山縣有朋内閣が政治任用職を縮小する形で文官任用令を改正して、歯止めをかけたのですけれども、その後の大正時代の政権交代が行われていた時には、参政官などの政治任用職が各省に設けられ、自由任用の範囲は拡大と縮小を繰り返しました。政党による猟官が広く見られ、その影響は一般の官吏にも及び、政権交代があると休職にされたり地方に飛ばされたりしたこともあって、行政が混乱したそうです。このような官僚人事の一端は、猪瀬直樹のノンフィクション『ペルソナ—三島由紀夫伝』（文藝春秋、1999年）にも三島の祖父や父の話として触れられています。

戦後になり国公法が制定されました。フーバー原案はアメリカ以上に特別職を制限するものだったのですが、制定時の国公法では次官は特別職でした。1948年の国公法の第一次改正で事務次官が一般職とされ、それ以降、特別職の範囲は安定的に推移してきました。

官邸周りの特別職の拡大が初めて行われたのは1996年の内閣総理大臣補佐官の新設です。この総理補佐官は細川護熙内閣の時に当時の田中秀征議員が総理補佐官として事実上官邸に勤務したことに始まりますが、これを特別職の内閣総理大臣補佐官として正式に位置づけました。省庁再編後、安倍晋三内閣はこの5人の総理補佐官の枠をフルに使い、各省ラインと総理補佐官の関係がギクシャクしたことがありました。鳩山由紀夫内閣では順次、側近の議員を総理補佐官に就けていくという運用がされました。今は必要に応じて多様な出身の補佐官が就いているようです。

次の特別職の拡大は、2001年の省庁再編時の内閣5室長の特別職化です。省庁を大括りすることによって省庁再編もセクショナリズム対策の一つとなるといった議論もありましたが、橋本行革では官邸機能強化の手段として官邸周りの特別職を拡大しました。それまで官邸には内政審議室長、外政審議室長、内閣広報官など事務次官クラスの一般職のポストが置かれていました。これを特別職として身分保障のない、ただし内閣総理大臣補佐官とは違って政治家の就けないポストとしました。このうち新たに整備された官房副長官補については、それまでと同じように内政担当の副長官補には財務省の国税庁長官OBなどが就きますし、外政担当の副長官補には外務省の事務次官クラスの人が回ってくるということで、以前と人事運用は変わらず、その役割も新制度導入の時点では大きくは変化しませんでした。なお、同時に国公法に「3人以内」と限定されていた条文が削られ内閣総理大臣秘書官の増員（5人以内）も行われています。

以上が省庁再編時の特別職の拡大ですけれども、その直前に副大臣、大臣政務官が導入されています。小渕恵三内閣が自由党と連立した際に、連立の条件として、自由党が戦後できて盲腸などとも言われていた政務次官を廃してイギリス型の副大臣、大臣政務官を作り、多くの政治家を省庁に送り込むことを主張し、法改正が行われました。省庁再編がたまたま同時期に行われ、省庁の数が減ったことによって、国会議員から行政府に入ってくる政治家の数は実際には大きく増えませんでした。これが旧民主党政権では、各省庁の意思決定は大臣、副大臣、大臣政務官の政務三役が行うということで活性化されました。鳩山内閣では大臣の推薦で副大臣、大臣政務官に就けたので、有望な若手の民主党の議員は各大臣の間で取り合いになったということもあったようです。菅直人内閣以降は大臣が推薦するのではなく、内閣が副大臣、大臣政務官を任命する旧来の運用に戻りましたので、政務三役がチームとして機能するということも少なくなったようです。

２００８年の国家公務員制度改革基本法では、国家戦略スタッフ、政務スタッフという特別職を置くことが規定されました。国家戦略スタッフ、政務スタッフは、２００９年の国公法改正案で措置するとされていましたが、政権交代後の民主党が出した２０１０年の法案には入っていませんでした。国家戦略スタッフ、政務スタッフの新設は、内閣に入る議員の数を増員する法案とともに別途、政治主導確立法案として国会に提出されましたが、復興大臣を作る際の与野党協議の時に取下げになりました。旧民主党政権では、イギリス型に国会議員が就けるポストを70～１００くらいに拡大するという課題も、党政調職員が就けるポストを非常勤のポストとして置くという形に変質していきました。

２０１４年の国公法改正で、政務スタッフについては、相当する措置として政治家も就き得る特別職の大臣補佐官として新設され、国家戦略スタッフについては内閣総理大臣補佐官の役割を法改正して変更することで措置されました。

こうした特別職拡大の経過を見ると、拡大するにしても、その特別職がどのような役割を果たすのか、ラインとどのような関係になるのか、どういう人材をどこから連れて来て、どういう処遇をするのか、その後はどこに行くのかなどの議論を詰めておかないと、混乱を招いたり、結果として従前の人事運用と変わらなかったりすることになると思います。一方、こういった政治任用のモデルとなっているイギリスでは、特別顧問という形で政治家以外の政治的野心を持った一般の人を大臣周りで任用していたのですが、最近はそういった人たちがスタンドプレーに走るということで、特別顧問の弊害も指摘されているようです。

3 内閣人事局の設置

セクショナリズム対策としての政治の公務員人事に対するリーダーシップの確立の問題で最後に取り上げるのは、人事局の設置です。

戦前の官吏制度では、公務員制度を担当している官庁は内閣法制局と枢密院であり、更に俸給関係等では大蔵省が制度を管理していて、統一的に公務員制度を所管している行政機関はありませんでした。戦後、フーバー顧問団の診断によりますと日本の官僚制の欠陥の一つが統一的人事行政機関の欠如であるとして、人事院が発足しました。

その後、1965年に国公法が改正され、中央人事行政機関たる内閣総理大臣の補助部局として、総理府人事局が発足しました。総理府人事局には、人事院から移管した能率・厚生・服務に関する事務（勤務評定、人事統計、厚生経費）などに加えて、総合調整権が与えられました。各省任命権者の人事管理の方針について、その統一保持上、必要な調整を行えるという権限です。具体的には毎年、人事管理官会議が開かれ、「人事管理運営方針」を策定しました。この他に、大蔵省から特別職の給与や退職手当の事務なども移管されました。共済組合の事務も移されるはずでしたが、最終段階で移管されないまま、現在も主計局が所掌しています。

これを推進した当時の自民党労調の大御所である森山欽司議員は「国の労務部として、組合関係の問題に対応するための機関として期待するぞ」と言っていたそうで、総理府人事局は権限が少なくとも参謀本部として活躍すればよいという考えだったようです。各省からいずれ次官になるような優秀な課長や課長補佐が集められ、総勢40人ほどで人事局が総理府本府ビルに置かれることになりました。発足時は、参謀本部なので次長と参事官は一つの部屋に配置され、一緒に戦略を練り、補佐以下の実行部隊は大部屋でした。この形の執務室は平成の初め頃まで続きました。

内閣の人事管理機能の強化を期待して設けられ、総合調整権が与えられた総理府人事局でしたが、期待されたほど機能したとは言えません。それは「人事院からの機能移管が十分ではなかった」からではありません。人事局発足時には、いずれ次官になるような各省のエース級の出向者が集められ、その後もそれぞれの省庁からの出向者が参事官ポストを分け合い、代々出向者を出すことになりました。しかし、各省庁は官邸が各省庁の人事を束ねたり、個別人事に関与したりすることを望みませんでしたので、結果として人事局は当初期待されたほどの機能を果たせなかったのです。

次いで第二次臨調で総合管理庁構想が提起されました。これは、人事院の級別定数の管理等の機能を移管し、組織・定員管理の機能と合体して有効に各省統制をやっていこうという議論でした（第10講参照）。その結果、総理府人事局を含む総理府の大部分の局と行政管理庁が対等合併して総務庁が発足しました。当時、「内閣総理大臣の補助部局である総理府人事局が内閣総理大臣の事務をやるのはよいが、総務庁には総務庁長官という大臣がいるではないか。内閣総理大臣と総務庁長官との関係はどうなるのか」という議論がありました。この点は、大総理府の中で、内閣総理大臣の事務を総務庁が分掌すると整理されることによって、実質的に総理になり代わって総務庁長官が所管するという整理になりました。

１９９７年の行政改革会議でも中央人事行政機関の機能分担の見直しが議論されましたが、代償機能の維持などの理由で実現しませんでした。行政改革会議の省庁再編で霞が関全体が右往左往した後、総務庁は総務省として自治省及び郵政省と統合され、しかも1省1局削減で恩給局が削減され、人事局は人事・恩給局となりました。総務庁は行政改革会議の最終段階で内閣官房や新設の内閣府に移行できないかと動いたようですが、人事管理や組織定員管理は通常業務で戦略の場（内閣官房）にも知恵の場（内閣府）にもふさわしくないと判断されたと聞こえてきています。総務省の事務は独立した分担管理事務ですので、再び中央人事行政機関たる内閣総理大臣の事務をどのように位置付けるかが問題となりました。この時は、いったん内閣府の官房企画調整課に中央人事行政機関としての内閣総理大臣の補佐事務が分掌されて、補佐事務の更に補佐事務を分担管理事務として総務大臣が持っているというアクロバティックな整理がなされたようです。

１９６５年に、内閣総理大臣の人事管理機能を強化すべく中央人事行政機関の一つとして位置付けたうえで総理府に補助部局たる人事局が置かれたのですが、当初の目的は次第に忘れ去られて、時とともに総務庁となって官邸から「少し遠く」なり、総務省発足で「更に遠く」に行ってしまったのです。

平成に入ると「公務員制度の総合的な改革に関する懇談会」（制度懇）報告で、人事院から任用・研修・級別定数などの事務を移管して、大きな内閣人事庁（大臣庁）を設置する案が報告され、与野党協議により国家公務員制度改革基本法では幹部人事の一元管理に関する機能を中心とする小さな内閣人事局を設置することとされました（第10講参照）。その後、基本法の実施を監視する顧問会議の議論を経て提出された２００９年国公法改正案では、人事院の機能に加えて総務省行政管理局の機能をも移管して内閣人事局（当初案の名称は「内閣人事・行政管理局」）とすることになりましたが、同法案は成立しませんでした。次いで、民主党政権では、幹部人事の一元管理のみを担う内閣人事局の設置（２０１０年改正法案）、労働協約締結権付与を前提とした公務員庁、内閣人事局等の設置（２０１１年改正法案）の法案が提出されましたが、共に成立しませんでした。再政権交代後の２０１４年の国公法改正で、２００９年国公法改正案を基本として人事院からの機能移管を行い、総務省人事・恩給局に加えて行政管理局の査定部門の機能を併せて移管した内閣人事局が新設されました。

このような右往左往の議論の結果、平成期の公務員制度改革前と比べると、内閣人事局に加え国家公務員倫理審査会、再就職等監視委員会、官民人材交流センターが設置され、フーバー勧告により統一された人事行政機構は再び分散化しました。

いく度もの変遷を経て、最終的には幹部人事の任免協議の事務、採用試験、研修などの事務に加え、組織・定員・級別定数の管理機能をも併せ持った、各府省に対し強い統制権限を持つ内閣人事局が内閣官房に設置されました。現在、公務員制度における内閣人事局の存在は大きくなっていますが、他方で、人事院の担ってきた給与勧告などの代償機能や公務員人事の公正確保の機能も実質的に維持されています。内閣人事局が制度官庁、査定官庁というだけでなく、幹部人事への関与の機能を持つことによってセクショナリズムを克服できるかは、旧総理府人事局の変遷を見ても、今後の運用にかかっているように思います。これまでのところ、他の改革の効果も合わさって総理、官房長官のリーダーシップが強化され、官邸に置かれた各種会議を通じた政策決定も行われて、昭和期のようなセクショナリズム、各府省の強い独立性は見られなくなっているようです。

第15講

人事院勧告
——勧告制度の意義と歴史的展開

今回は、人事院勧告についてです。

このところ官製春闘とも言われ、政府が連合や経団連に賃上げを要請することが続いています。賃金は本来、労使が対等な交渉で決めるのが原則ですが、長いデフレと国内需要の低迷から脱するため、政府は企業がもっと賃上げをすべきと考えているのです。一方、政府自身は使用者として国家公務員の労働組合と労使交渉を行って自ら賃上げすることはできません。国会が予算や法律で関与するだけでなく、労働基本権を制約していることの代償措置である人事院勧告に基づいて、民間の賃上げにならって給与水準を決めることになっているからです。

かつて、高度成長期には経済成長の果実を国内に均霑させる賃上げ波及の社会的システムが機能していました。その中核をなす制度の一つが人事院勧告でした。

1 勧告と日本経済の歴史

最初に、人事院の給与勧告と日本経済のお話しをします（図表15－1）。

昭和20年代にはインフレの中で、人事院勧告の取扱いが労働運動の争点として政治問題化しました。人事院が給与の引上げを勧告しても政府に実施してもらえませんでした。この時期には人事院は組織として孤立していて、政府側から見ればアメリカ占領行政の落とし子のようなものでした。政府は何度も人事院改組の法案を出しましたが野党の反対で通らないし、人事院は予算がない中で公務員の立場になって給与の引上げを勧告する面倒な存在でした。一方、労働側から見ても、人事院は、本来、公務員が持つべき労働基本権を制約する代わりに作られたけしからぬ存在であり、人事院勧告の実施よりも労働基本権を返せということで、労働側の支持もなかったようです。

その転機となったのが、１９５５年の春闘の開始です。経済成長が始まり、総評の太田薫議長が春闘を提唱しまし

図表15－1　給与勧告の実施状況等

年	勧告					国会決定		備考	
	勧告月日	較差		実施時期（月例給）	期末・勤勉手当支給月数	内容	実施時期（月例給）		
昭和		%	円		月				
23	12.10(金)	6,307円水準		—	—	6,307円水準	12.1		
24	12. 4(日)	7,877　〃		—		実施見送り	—		
25	8. 9(水)	8,058　〃		—	(0.5) ※年末手当	7,981円水準	26.1.1		
26	8.20(月)	11,263　〃		8.1	(0.8) ※年末手当	10,062　〃	10.1		
27	8. 1(金)	13,515　〃		5.1	1.5 手当新設	12,820　〃	11.1		
28	7.18(土)	15,480　〃		—	(1.5)	15,483　〃	29.1.1		
29	7.19(月)	報告のみで勧告なし		—	2.0	—	—		
30	7.16(土)	期末、勤勉手当の増額		—	2.25	原則として勧告どおり	12.14		
31	7.16(月)	俸給制度の抜本改正		—	2.4	一部修正実施	32.4.1		
32	7.16(火)	期末手当の増額、通勤手当の新設		—	2.55	勧告どおり	11.18		
33	7.16(水)	俸給表改定（初任給改善）		—	2.65	〃	34.4.1		
34	7.16(木)	俸給表改定（中級職員給与改善）		—	2.8	〃	35.4.1		
35	8. 8(月)	12.4	2,682	5.1	3.0	勧告どおり	10.1		
36	8. 8(火)	7.3	1,859	〃	3.4	〃	〃		
37	8.10(金)	9.3	2,496	〃	3.7	〃	〃		
38	8.10(土)	7.5	2,206	〃	3.9	〃	〃		
39	8.12(水)	8.5	2,792	〃	4.2	〃	9.1	39.4	池田・太田会談（公労委企業規模100人以上民間給与準拠）
40	8.13(金)	7.2	2,651	〃	4.3	〃	〃	40.5	ILO87号条約批准、国公法改正、人事局設置
41	8.12(金)	6.9	2,820	〃	(4.3)	〃	〃		
42	8.15(火)	7.9	3,520	〃	4.4	〃	8.1		
43	8.16(金)	8.0	3,973	〃	(4.4)	〃	7.1		

年	勧告					国会決定		備考	
	勧告月日	較差			期末・勤勉手当支給月数	内容			
				実施時期（月例給）			実施時期（月例給）		
44	8.15(金)	10.2	5,660	〃	4.5	〃	6.1		
45	8.14(金)	12.67	8,022	〃	4.7	〃	勧告どおり		
46	8.13(金)	11.74	8,578	〃	4.8	〃	〃		
47	8.15(火)	10.68	8,907	4.1	(4.8)	〃	〃		
48	8. 9(木)	15.39	14,493	〃	(4.8)	〃	〃	48.4	全農林事件最高裁判決
49	7.26(金)	29.64	31,144	〃	5.2	〃	〃		
50	8.13(水)	10.85	15,177	〃	(5.2)	〃	〃		
51	8.10(火)	6.94	11,014	〃	5.0	〃	〃		
52	8. 9(火)	6.92	12,005	〃	(5.0)	〃	〃		
53	8.11(金)	3.84	7,269	〃	4.9	〃	〃		
54	8.10(金)	3.70	7,373	〃	(4.9)	〃	〃（ただし、指定職は10.1実施）		
55	8. 8(金)	4.61	9,621	〃	(4.9)	〃	〃（〃）		
56	8. 7(金)	5.23	11,528	〃	(4.9)	管理職員等・調整手当改定年度内繰り延べ期末・勤勉手当旧ベース算定	〃		
57	8. 6(金)	4.58	10,715	〃	(4.9)	実施見送り	—	57.7	臨時行政調査会第三次答申
58	8. 5(金)	6.47	15,230	〃	(4.9)	2.03%	勧告どおり	58.3	臨時行政調査会最終答申
59	8.10(金)	6.44	15,541	〃	(4.9)	3.37%	〃	59.7	総務庁新設
60	8. 7(水)	5.74	14,312	〃	(4.9)	勧告どおり	7.1	60.7	11級制へ移行
61	8.12(火)	2.31	6,096	〃	(4.9)	〃	勧告どおり		
62	8. 6(木)	1.47	3,985	〃	(4.9)	〃	〃		
63	8. 4(木)	2.35	6,470	〃	(4.9)	〃	〃		
平成元	8. 4(金)	3.11	8,777	〃	5.1	〃	〃		
2	8. 7(火)	3.67	10,728	〃	5.35	〃	〃		

3	8. 7(水)	3.71	11,244	〃	5.45	〃	〃		
4	8. 7(金)	2.87	9,072	〃	(5.45)	〃	〃	4.5	完全週休2日制
5	8. 3(火)	1.92	6,286	〃	5.30	〃	〃		
6	8. 2(火)	1.18	3,975	〃	5.20	〃	〃	6.9	勤務時間法施行
7	8. 1(火)	0.90	3,097	〃	(5.20)	〃	〃		
8	8. 1(木)	0.95	3,336	〃	(5.20)	〃	〃		
9	8. 4(月)	1.02	3,632	〃	5.25	〃	〃(ただし、指定職は10.4.1実施)	9.6	任期付研究員法施行
10	8.12(水)	0.76	2,785	〃	(5.25)	〃	〃		
11	8.11(水)	0.28	1,054(改定1,034円)	〃	4.95	〃	〃	11.3	公務員制度調査会基本答申
12	8.15(火)	0.12	447(改定434円)	〃	4.75	〃	〃	12.11	任期付職員法施行
13	8. 8(水)	0.08	313	〃	4.70	〃	〃	13.1	中央省庁等再編
14	8. 8(木)	△2.03	△7,770	(注2)	4.65	〃	〃(12.1)		
15	8. 8(金)	△1.07	△4,054	〃	4.40	〃	〃(11.1)		
16	8. 6(金)	水準改定の勧告なし		—	(4.40)	—	—		
17	8.15(月)	△0.36	△1,389	(注2)	4.45	勧告どおり	勧告どおり(12.1)		
18	8. 8(火)	水準改定の勧告なし		—	(4.45)	—	—	18.4	給与構造改革の実施(平成18年度~平成22年度)
19	8. 8(水)	0.35	1,352	4.1	4.50	勧告どおり(ただし、指定職は実施見送り)	勧告どおり	19.7	国家公務員法改正(能力・実績主義の人事管理の徹底等)
20	8.11(月)	水準改定の勧告なし		—	(4.50)	—	—	20.6	国家公務員制度改革基本法成立
21	8.11(火)	△0.22	△863	(注2)	4.15	勧告どおり	勧告どおり(12.1)		
22	8.10(火)	△0.19	△757	〃	3.95	〃	〃(12.1)		
23	9.30(金)	△0.23	△899	〃	(3.95)	俸給による水準改定は勧告どおり	〃(24.3.1)		

24	8. 8(水)	水準改定の勧告なし		—	(3.95)	—	—	24.4	給与減額支給措置実施（～平成26年3月）
25	8. 8(木)	水準改定の勧告なし		—	(3.95)	—	—		
26	8. 7(木)	0.27	1,090	4.1	4.10	勧告どおり	勧告どおり	26.5	内閣人事局の設置
27	8. 6(木)	0.36	1,469	〃	4.20	〃	〃	27.1	給与制度の総合的見直し（平成27年1月～平成30年4月）
28	8. 8(月)	0.17	708	〃	4.30	〃	〃		
29	8. 8(火)	0.15	631	〃	4.40	〃	〃		
30	8.10(金)	0.16	655	〃	4.45	〃	〃		
令和元	8. 7(水)	0.09	387	〃	4.50	〃	〃		
2	10. 7(水) 10.28(水)	水準改定の勧告なし		—	4.45	〃	—		
3	8.10(火)	水準改定の勧告なし		—	4.30	〃	—		
4	8. 8(月)	0.23	921	4.1	4.40	〃	勧告どおり		
5	8. 7(月)	0.96	3,869	〃	4.50	〃	〃	5.4	定年年齢の引上げ（～令和13年3月）

（注） 1 期末・勤勉手当支給月数の「(　)」は、勧告を行っていない（前年と同月数）。

2 勧告を実施するための法律の公布日の属する月の翌月の初日（公布日が月の初日であるときは、その日）。
（4月から実施日の前日までの期間に係る較差相当分を解消するため、12月期の期末手当で減額調整）

3 水準改定の勧告を行わなかった年の官民較差は、平成16年が0.01％、平成18年が0.00％、平成20年が0.04％、平成24年が△0.07％、平成25年が0.02％、令和2年が△0.04％、令和3年が0.00％。

4 平成23年は、内閣が人事院勧告を実施するための法案は提出しないとの決定をしたが、議員立法（給与改定・臨時特例法）により勧告を実施。
（年間調整の時期のほか、水準改定以外の勧告の実施方法については、一部勧告内容を修正）

また、同法では、勧告とは別に東日本大震災への対処等のため、24～25年度について臨時特例の給与減額支給措置を実施。

5 令和2年は、10月7日に期末・勤勉手当の改定を先行して勧告。月例給については、10月28日に改定しないことを報告。

6 令和3年度の期末手当引下げ相当額は、令和4年6月期の期末手当で減額調整。

（出所） 人事院月報（人事院勧告特集号）より著者作成

た。その後、春闘で民間労働組合が春に一斉に賃上げ交渉を使用者側と行い、民間の大手企業や景気の良い企業が賃上げを回答すると、それが中小企業の賃上げ交渉に波及し、民間の調査を踏まえて人事院が夏に勧告を出します。勧告は都道府県等の人事委員会勧告を通じて地方公務員に、更に私立学校や私立病院にも波及していくという形で、経済成長の成果が日本の雇用者全体に均霑していく社会システムができあがっていきました。

１９６４年には有名な政労会談（池田・太田会談）が行われ、郵政事業など現業国家公務員の比較対象企業規模が50人以上から１００人以上に引き上げられ、非現業の人事院勧告もこれにならうことになりました。ただし、比較対象企業規模は、その後、国会審議などで公務員給与批判が高まる中で、２００６年には元の企業規模50人以上に戻されてしまいました。

労働側も、冷戦構造や国会情勢の中で労働基本権回復が実現しそうもない状況で、とりあえず民間で10％以上も賃金が上がっているのだから公務員給与だって上げないわけにはいかない、給与勧告を実施してほしいと勧告の実施を求めるようになりました。勧告を実施するかどうかが争点に変わっていったのです。それでも人事院勧告はなかなか勧告通りに実施してもらえませんでした。先ず、１９６０年に勧告どおりの引上げ率となりました。当時、人事院は5月に遡及して引き上げてほしいと言っていたのですが、10月実施、9月実施など遡及して改定する時期を値切られて実施されました。実施時期を早めていくということが昭和40年代の争点でした。官民の給与比較の時点である4月遡及実施として本当の意味で完全実施となったのは１９７２年です。それ以後は高度経済成長もあって勧告どおりの完全実施が定着しました。

昭和50年代は勧告の完全実施が定着した時期でした。この時期の人事院勧告は、公務員給与の改定だけではなく、引上げ率が米価改定率の参考とされたり、恩給や年金の支給額の引上げ率にも使われたりしました。波及の対象は人事院が国会で答弁している私立学校・私立病院等６００万人どころか米農家や年金受給者などにも広がり、その取扱いは政治的に関心の高い問題でした。こうして自民党労調や労働省労政局は仲裁裁定の実施や人事院勧告の取扱いを通じて、ある意味、一定の所得政策を実施できていたのです。

その頃、野党は労働組合の支持を受けていますから、勧告の早期完全実施を求めました。与党は本音では実施してもよいと考えていても、とりあえず保留して、野党の反対する他の対決法案の取引材料として勧告の実施や給与法の改正を使いました。国対政治の取引材料だったのです。

人事院勧告の処理が国会の取引材料であれば、いずれは実施されるはずと関係者は思っていたのですが、第二次オイルショックで赤字国債が累増し、１９８２年に鈴木善幸内閣は財政非常事態宣言を出すとともに、人事院勧告を凍結してしまいました。完全実施は定着したと思っていた人事院や職員団体などの関係者にとっては寝耳に水で、勧告制度の動揺が始まりました。

勧告凍結の後、「増税なき財政再建」を掲げる第二次臨調の間、政府では中曽根康弘内閣の後藤田正晴総務庁長官が、不完全実施はよくない、公務員の士気に影響を及ぼさないようにと回復に尽力しました。3年間かけて凍結した引上げ率を3分の1ずつ解消し、最後は月遅れ実施で回復しました。当時は、総理府本府の地下で総理府人事局職員が改定後の俸給表を作っていたとされています。この経験を経て、勧告を凍結すると公務員のストが起こるし、いったん止めてしまうと元に戻すのが難しいということが関係者のコンセンサスになり、１９８６年以降は再び完全実施が定着していきました。この間に年金や米価の改定も人事院勧告から離れて、勧告は身軽になりました。

政府から人事院に公務員給与改善の要請があったことがバブル期に一度だけありました。１９９１年、吹田愰自治大臣が「霞が関の公務員はかわいそうだ。こんなに働いているのに安い給与しか払っていない。もっと給与を上げてやれ」という趣旨の発言を閣僚懇談会でされました。これを受けて、当時の佐々木満総務庁長官が人事院総裁に給与改善要請に来ました。この頃、バブル経済の最後の時期で、財政状況も改善していました。この時に、後に本府省手当となった本省課長補佐に対する管理職手当８％の新設、管理職の休日出勤手当の新設、1号上位昇格制度導入などの本省職員を中心とした給与改善措置が行われました。

バブルが崩壊すると経済状況が悪化して春闘における民間の賃上げ率が下がり、春闘の隔年実施も言われるようになりました。これに伴って民間準拠の人事院勧告の改定率も段々と下がっていきました。完全実施復帰後、改定率1％の時はそれでも3000円増もあるのでといって勧告していたのですが、春闘による民間の賃金改定率が更に下がって定期昇給率をも下回るようになると、やがて勧告見送りになり、遂にはマイナス勧告になってしまいました。2002年以降は連年のマイナスベアで、正負が逆の鏡の中の世界に入ったようでした。大手企業の春闘を起点に日本全体に賃上げ効果を波及させていく社会システムは、春闘の賃金改定率の低下とともに平成の半ばまでに次第に機能を停止していきました。

2 勧告の法的根拠

給与勧告制度について復習しておきます。国公法第28条の情勢適応の原則が給与勧告の直接の根拠で、同条第1項には「この法律及び他の法律に基づいて定められる職員の給与、勤務時間その他勤務条件に関する基礎事項は、国会により社会一般の情勢に適応するように、随時これを変更することができる。その変更に関しては、人事院においてこれを勧告することを怠ってはならない」と規定されています。勤務条件法定主義、すなわち国会で勤務条件を決めるのだということと情勢適応原則、また、人事院は国会・内閣が給与法を変えることについてしっかりとアシストしなさいというのが第28条の考え方です。

同条第2項では俸給表の改定について「国会及び内閣」に勧告、報告しなければならないとされています。行政機関は基本的に内閣の下にありますので、内閣や内閣総理大臣に勧告する機関は結構あるのですが、国会に報告、勧告できるのは人事院だけです。国公法制定時は内閣総理大臣に対して勧告することになっていたのですが、内閣が第一回の臨時人事委員会のベースアップ勧告について、「政府、与党は勧告の公表を中止させることによつて、事実上勧告を握りつぶしてしまおうとしたのである。またそれは可能でもあつた。しかしもし同時に国会にも勧告が提出されるものとなつていたならば、政府、与党は、もはやこれを中止させることも、握りつぶすことはできない。国会というガラス張りの場で国民注視の中で、この勧告を処理しなければならないのである。このにがい経験が、昭和二三年の国家公務員法改正で、「国会及び内閣に同時に」勧告するという制度を生み出したのである」と初代浅井清総裁が書き残しています（浅井清『新版　国家公務員法精義』学陽書房、1970年、121頁）。

条文上、人事院に義務付けられているのは毎年一回、俸給表が適当であるかどうかを報告することで、俸給表を5％以上、上下させる必要があると義務的に勧告をしなくてはならないという規定になっています。5％というのが一つの区切りなのですが、これを下回っても公務員の給与改善の唯一の機会だからということで勧告してきました。

公務員給与は官民の給与を精緻に比較して民間準拠で勧告率を決めるのですが、国公法には民間準拠の原則は書かれていません。俸給表の定め方を規定した第64条第2項に「俸給表は、生計費、民間における賃金その他人事院の決定する適当な事情を考慮して定められ」なければならないとありますが、勧告の根拠である第28条には民間賃金と均衡させるとは書いてありません。先述の情勢適応原則を具体化したものが民間準拠の原則という考え方なのです。

公務員の給与の水準をどう決めるかはなかなか難しくて、戦前の官吏は天皇の官吏としてふさわしい生活をするという体面給の考え方でした。しかし、天皇の官吏としてふさわしい生活水準が具体的に判らなかったので、戦前の官吏の給与は全部で2回ぐらいしか改定されませんでした。むしろ俸給の引下げや目減りがあったようです。

民間準拠以外に納得性のある公務員の勤務条件の決め方として、唯一考えられるのはモデルエンプロイヤーという考え方です。例えば、民間に週休二日を普及させるために、「まず隗より始めよ」と公務員から週休二日にするという考え方です。ただし、今回の定年年齢の引上げ時の議論の経緯を振り返っても、ボランティア休暇やドナー休暇などのフリンジベネフィットならばともかく、公務員だけ民間と大きく異なる勤務条件にすることについて国民の理解を得ることは難しいようです。民間準拠以外に国民の納得を得られるような基準は見当たらないというのが今の考え方です。

3 公務員給与制度の概要

国家公務員の給与制度では、行政官や運転手、医師などの職種に応じて11種17表の俸給表が定められており、これによって俸給月額（基本給額）が定まります。俸給表には職務の級と、級ごとに多くは100以上にものぼる号俸が定められています（図表15－2）。公務員は係員なら1級、本省課長ならば9級というように職務の級に格付けされ、初任給から始まって1年間成績優秀で勤務すると基本は4号俸ずつ昇給していきます。地方公務員もほぼ同様の仕組みです。

この俸給表における職務の級と役職の対応関係を定めたものが級別標準職務表です（図表15－3）。これ以外に初任給の金額を定める初任給基準表があり、昇格に必要とされる原則的な必要経験年数と最低在級年数が通達に定められています。必要経験年数等は以前は級別資格基準表とされていましたが、今は通達に定められています。

基本給以外に各種の手当が支給されます。子等を扶養する場合の扶養手当、東京など民間賃金が高い地域に勤務する職員に支給される地域手当、通勤手当、アパート代などを補填する住居手当などが主なものですが、特別調整額（管理職手当）や刑務官が死刑を執行した場合などに払われる特殊勤務手当など多くの手当が設けられており、平均で本俸の2割ほどとなります。民間のボーナスに相当するものとして、期末手当（一律支給部分）、勤勉手当（成績査定部分）も6月と12月に支給されます。

人事院は、民間の4月分の月例給と公務員の4月分の本俸・諸手当の総額をラスパイレス比較（役職段階、勤務地

図表15－2　行政職俸給表（一）

職員の区分	職務の級	1級	2級	3級	4級	5級	6級	7級	8級	9級	10級
	号俸	俸給月額	俸給月額	俸給月額	俸給月額	俸給月額	俸給月額	俸給月額	俸給月額	俸給月額	俸給月額
定年前再任用短時間勤務職員以外の職員		円	円	円	円	円	円	円	円	円	円
	1	162,100	208,000	240,900	271,600	295,400	323,100	365,500	410,300	459,900	523,100
	2	163,200	209,700	242,400	273,200	297,500	325,300	368,100	412,700	463,000	526,000
	3	164,400	211,400	243,800	274,700	299,500	327,500	370,500	415,200	466,000	529,100
	4	165,500	212,900	245,200	276,300	301,400	329,500	372,900	417,600	469,000	532,200
	5	166,600	214,400	246,400	277,800	303,200	331,500	374,800	419,500	472,000	535,300
	6	167,700	216,200	248,000	279,500	305,000	333,500	377,300	421,600	475,000	537,600
	7	168,800	217,900	249,500	281,300	306,600	335,400	379,600	423,700	478,000	540,100
	8	169,900	219,600	250,900	283,100	308,200	337,300	382,100	425,900	481,100	542,500
	9	170,900	221,100	252,000	284,800	309,800	339,200	384,500	427,800	483,800	544,900
	10	172,300	222,600	253,400	286,700	312,000	341,200	387,100	429,900	486,900	546,700
	11	173,600	224,100	254,900	288,500	314,200	343,200	389,700	432,000	489,900	548,500
	12	174,900	225,600	256,200	290,300	316,200	345,200	392,300	433,900	493,000	550,400
	113		301,800	351,000							
	114		302,000								
	115		302,300								
	116		302,700								
	117		302,900								
	118		303,100								
	119		303,400								
	120		303,700								
	121		304,100								
	122		304,300								
	123		304,600								
	124		304,900								
	125		305,200								
定年前再任用短時間勤務職員		基準俸給月額	基準俸給月額	基準俸給月額	基準俸給月額	基準俸給月額	基準俸給月額	基準俸給月額	基準俸給月額	基準俸給月額	基準俸給月額
		円	円	円	円	円	円	円	円	円	円
		188,700	216,200	256,200	275,600	290,700	316,200	358,000	391,200	442,400	522,800

備考（一）　この表は、他の俸給表の適用を受けない全ての職員に適用する。ただし、第二十二条及び附則第三項に規定する職員を除く。

（二）　2級の1号俸を受ける職員のうち、新たにこの表の適用を受けることとなった職員で人事院規則で定めるものの俸給月額は、この表の額にかかわらず、200,700円とする。

（出所）　一般職の職員の給与に関する法律　別表第一　行政職俸給表（第六条関係）イ

図表15－３　行政職俸給表（一）級別標準職務表

職務の級	標準的な職務
１級	定型的な業務を行う職務
２級	１　主任の職務 ２　特に高度の知識又は経験を必要とする業務を行う職務
３級	１　本省、管区機関又は府県単位機関の係長又は困難な業務を処理する主任の職務 ２　地方出先機関の相当困難な業務を分掌する係の長又は困難な業務を処理する主任の職務 ３　特定の分野についての特に高度の専門的な知識又は経験を必要とする業務を独立して行う専門官の職務
４級	１　本省の困難な業務を分掌する係の長の職務 ２　管区機関の課長補佐又は困難な業務を分掌する係の長の職務 ３　府県単位機関の特に困難な業務を分掌する係の長の職務 ４　地方出先機関の課長の職務
５級	１　本省の課長補佐の職務 ２　管区機関の困難な業務を処理する課長補佐の職務 ３　府県単位機関の課長の職務 ４　地方出先機関の長又は地方出先機関の困難な業務を所掌する課の長の職務
６級	１　本省の困難な業務を処理する課長補佐の職務 ２　管区機関の課長の職務 ３　府県単位機関の困難な業務を所掌する課の長の職務 ４　困難な業務を所掌する地方出先機関の長の職務
７級	１　本省の室長の職務 ２　管区機関の特に困難な業務を所掌する課の長の職務 ３　府県単位機関の長の職務
８級	１　本省の困難な業務を所掌する室の長の職務 ２　管区機関の重要な業務を所掌する部の長の職務 ３　困難な業務を所掌する府県単位機関の長の職務
９級	１　本省の重要な業務を所掌する課の長の職務 ２　管区機関の長又は管区機関の特に重要な業務を所掌する部の長の職務

10級	1　本省の特に重要な業務を所掌する課の長の職務 2　重要な業務を所掌する管区機関の長の職務
備考 1　この表において「本省」とは、府、省又は外局として置かれる庁の内部部局をいう。 2　この表において「管区機関」とは、数府県の地域を管轄区域とする相当の規模を有する地方支分部局をいう。 3　この表において「府県単位機関」とは、1府県の地域を管轄区域とする相当の規模を有する機関をいう。 4　この表において「地方出先機関」とは、1府県の一部の地域を管轄区域とする相当の規模を有する機関をいう。 5　この表において「室」とは、課に置かれる相当の規模を有する室をいう。	

（出所）　人事院規則九－八（初任給、昇格、昇給等の基準）別表第一　標準職務表（第三条関係）イ

域、学歴、年齢階層別の国家公務員の平均給与と、これと条件を同じくする民間の平均給与のそれぞれに国家公務員数を乗じた総額を算出し、両者の水準を比較）し、差があればその分について俸給表の金額を変えたり、手当の支給額を変えたりして平均額で同じとなるようにしています。ボーナスについても民間の前年冬と勧告年の夏の支給月数を調べ、期末手当・勤勉手当の支給月数が見合うように勧告しています。

4　人事院勧告制度の社会的評価

最後に、給与勧告制度の社会的評価について考えます。

諸外国では官民共に労働争議が見られますが、だいたいどこの国も民間よりも公務の方が争議行為による労働損失日数は多くなっています。これは公務の方が民間より賃金決定基準が曖昧で、予算や議会が関わってくるために紛争が起きやすいからです。日本では1982年の勧告凍結以来、大規模なストは起きていませんから、公務の労働損失日数が諸外国に比べて低くなっています。人事院勧告は労働争議という社会的コストを抑えつつ、先述したように、かつては経済成長に応じて賃金を改定する社会システムの一つとして

有効な機能を果たしてきたと言うことができます。

また、人事院勧告に伴って公務員の給与制度の見直しが適時に行われてきたという評価もあります。俸給表を8等級制としたり、11級制としたり、高齢者の給与を抑制したり、初任給を引き上げたりと、水準改定に併せて毎年のように情勢の変化に合わせて何らかの給与制度の見直しが行われてきました。これが地方公務員に波及することを通じて、水準だけでなく適切な制度改正も広がっていくシステムでした。

現在、働き方改革として医師や教員の残業規制が議論されています。21世紀に入って国立大学や国立病院等の法人化が進む以前は、国立大学付属病院や国立病院等に勤務する医療従事者と、極めて職員数は少なかったのですが国立大学の付属の学校に勤務する教職員に適用される人事・給与制度は人事院勧告によって定められていました。この国立学校の制度が公立の学校の教職員にも適用されていたのです。議論されている国公立の教職員に支払われる超過勤務手当に代わる4％の教職調整額も、人事院の勧告に基づいて制度化されたものです。

公共部門の比率の高い教育、医療の現場の人事・給与制度は、かつては人事行政の専門機関である人事院が中心となって所管の文部科学省や厚生労働省と相談し、職員団体と議論して随時、改定していました。看護師給与の特別改善を行う場合なども国立のモデルが公立に、更に私立へと広がり、デファクトの制度となっていく社会システムだったのです。法人化で国立学校に勤務していた教職員や国立病院等の医療従事者が勧告対象から外れて以降、定期的な制度見直しの機会が失われただけでなく、行司役がいなくなって、今では教職員や医療従事者の人事・給与制度を、必ずしも人事制度や労使交渉の知見が豊かとは限らない各省の所管部局が、直接、労働組合と意見交換して制度改正するプロセスへと変わったことが、働き方改革の合意形成が難しく、議論の進まない一因となっているのかもしれません。

給与勧告が長い歴史の中で変化しつつも果たしてきたいろいろな役割も踏まえて、その評価を行う必要があります。

第16講

地域給の変遷
——地方と都市の経済格差はなぜ拡大したのか

コロナ禍後、回復してきている海外からのインバウンド客は、高層ビルの建設ラッシュの続く東京の様子に「日本の失われた30年はどこにあるのか」と驚くと言います。それは東京以外の地方都市のシャッター街にあるのです。大都市圏以外は次第に経済的・社会的な困難が増し、この10年間、地方創生、地域振興が重要な政策課題となっています。自治体や地域住民の取組みの成功事例も報じられていますが、未だ事態は解決してはいません。Iターン政策や子育て支援、ふるさと納税など多くの自治体の努力は、他の自治体との間でゼロサムゲームになっていないでしょうか。今回は、この問題について公務員の地域給を題材として考えてみたいと思います。

1　地域経済はなぜ相対的に衰退したのか

国家公務員制度は基本的に全国一律に適用されますが、地域によって異なる制度もいくつかあります。都市部の在勤者に出される地域手当、北海道などの在勤者に支給される寒冷地手当、特地勤務手当（へき地手当）などで、これらは「地域給」と総称されています。地域経済がなぜ衰退していったのかを二つの手当の改正経緯をたどることで考えてみます。

(1)　地域手当

地域手当（給与法第11条の3～第11条の7）は、民間賃金の高い地域に勤務している国家公務員に支給される手当です。制定時の国公法第65条には給与準則に定めるべき事項として、既に俸給表と並んで「特別地域勤務に対する手当」（現行法は「地域の事情を考慮して支給する給与」）を置くと定められていました。これを受けて給与法で地域手当を支給するとしていて、「当該地域における民間の賃金水準を基礎とし、当該地域における物価等を考慮して人事院規則で定める地域に在勤する職員に支給する」ことになっています。

具体的には20％から3％までの7段階で、東京都区部では本俸の20％ 横浜・大阪では本俸の16％が支給され、県庁所在地の多くでは本俸の3％の手当が支給されています。支給地域格付けは、厚生労働省の賃金構造基本統計調査を基に集計した市町村別民間賃金データ（過去10年分）をもとに、10年ごとに見直されています。この支給地域格付けは、国家公務員の手当にとどまらず、国の予算における保育・教育などへの補助金、交付金等の積算根拠にも使われていますので、地域経済に与える影響は大きいものがあります。

ちなみに、このような手当は全国展開する民間企業にもある程度は見られますが、地方に転勤させて給与を下げるのが忍びないところもあって、勤務地限定社員制度や子会社への出向方式を採る企業も見られます。国家公務員の場合、転勤が多いこともあって手当額の低い地域に転勤した場合は一定期間、転勤前の地域における手当の支給率で払われる異動保障という制度が1961年に作られました。支給期間は1961年の6月間から始まって一時期は転勤サイクルの3年間まで伸びましたが、制度の趣旨である「生活馴致」と言うには長すぎるという国会での議論もあって、2004年から2年間を上限に漸減することになっています。

(2) 地域手当の沿革

地域手当の歴史を遡ってみます。日本が戦争で負けるとハイパーインフレになりました。戦後すぐの頃は配給経済でしたが、大都市に闇市があって物品をヤミで流していました。タケノコ生活の中で、物価や生活費の高い都市部に勤務する国家公務員に手当を支給することになりました。1946年に臨時給与法の前身となる臨時手当給与令ができた時、6大都市での手当（臨時手当）は本俸の100％以内とされていました。本俸相当まで手当を出せたということになります。経済がやや落ち着いてきて臨時手当は1948年には勤務地手当と改称され、東京や大阪などの大都市が30％で、段階的に20％、10％と下がる3段階でした。

この勤務地手当はその後何度か改正され上限が20％となっていましたが、物価・生計費の実勢と乖離しているとの議論があって、１９５７年に国会修正により、凍結・定額化されて暫定手当となりました。暫定手当は逐次整理して本俸に繰り入れるという方針の下で、１９５７年から１９６５年まで累次に給与勧告を実施する際に暫定手当の本俸繰り入れが続けられました。

１９６７年に暫定手当は、２段階を残し、東京、大阪で５％弱相当額まで下がっていました。都市部の賃金が上がってきている中でこれ以上は下げられないということで人事院は暫定的な手当という性格をなくし、賃金・物価・生計費の高い地域で支給する恒久的な「都市手当」とするという勧告をしたのですが、国会での議論の結果、６％、３％の２段階で無味乾燥な「調整手当」と改称され実施されました。この時には国会で差し当たり支給地域区分を変更しないようにとの附帯決議もなされています。

ちょうどこの時期から高度経済成長が始まりました。都市部の経済が急速に発展し、賃金が上昇し民間との人材確保競争も激しくなってきました。東京、大阪等の支給率を１９７０年には６％から８％に、１９８２年には９％に、１９８５年には10％に引き上げました。さらに、１９９３年には東京都区部だけを12％に引き上げました。昭和40年代半ば以降、高度経済成長期には一転、地域差拡大に転じたのです。

ここまでは支給率のお話しをしてきたのですが、支給地域の見直しは政治的により難しい課題でした。戦後作られた暫定手当の支給地域は、１９８９年まで30年以上にわたってフリーズされていました。調整手当の額が補助金、交付金などに影響していたからです。

１９９０年に初めて支給地域を見直す直前の状況を見ますと、東京、大阪等が10％で、二番手だった福岡・北九州等が６％、その他の地域が３％だったのですが、３％地域には舞鶴や田川など大都市とは言えない旧軍港、旧産炭地がずいぶん残っていました。戦後すぐの頃は炭鉱町の景気が良かったり、旧軍港が復員で賑わったりして物価や生計費が高かったのですが、本俸に繰り入れることで支給率が低いところから外れていった結果、こうした過去に高い支給率だった地域が氷山の頂のように残っていたのです。

旧軍港や旧産炭地にだけ調整手当が出るのはいくらなんでもバランスを欠くので、１９９０年に支給率と段階はそのまま賃金構造基本統計調査のデータを使って、全国的に支給地域指定の見直しが行われました。支給地域の見直しについて自分の地域の格付けに注文をつける人はいましたけれども、まったく見直すなということを言う人はいなくなりました。時が経ってやっとほどけたと言うことができると思います。

次いで、査定昇給の導入などが行われた２００５年の勧告で給与構造改革の一環として支給率、支給地域の全面的な見直しが行われ、この時に民間賃金差を基本とし物価等を考慮する「地域手当」と改められました（２００６年実施）。公務員賃金の地域差は、戦後の生活給の考え方による物価、生活費の地域差から、民間賃金の地域差を基本とすることが明確にされました。

民間賃金の方は昭和40年頃を底にして、都市部と地方の賃金差が段々に広がってきました。一方、安定した公務員賃金に対する批判が大きくなっていきました。東京について言えば国家公務員給与は民間より高いという批判は少ないのですが、賃金構造基本統計調査によると賃金水準は一番低い県と比べて、東京都の賃金は１・４倍から１・５倍になります。公務員の平均的な給与に最大12％しか地域差がないとすると、地方勤務者の給与が地場賃金より高く感じられるのです。東京が低い分、地方では高く感じられる。そこで、２００５年の給与構造改革の際の見直しでは、ブロック別に比較した賃金格差を根拠にして共通する基本給（俸給）を約４・８％下げ、その分を地域手当に上積みして東京都区部を18％に引き上げて地域差を拡大すれば、都市部で人材確保が図れ、地方で公務員給与が高いという批判にも応えられるという考え方で、手当の見直しが行われました。

その後、基本的に同じ手法で、２０１５年に給与制度の総合的見直しの中で平均２％の俸給水準の引下げと東京都区部の地域手当の支給率の20％への引上げ等の変更が行われました。

２００５年の地域手当の見直しは、結果としてのものではありますが、その背景に政治的な推進力が働いていました。この見直しの頃、国では歳出削減の取組みが進められていました。社会保障費用の抑制などとともに総人件費の削減も議論されており、経済財政諮問会議などを舞台に議論が進められました。地域手当を見直しても国家公務員給与全体の財源はほぼ変わりませんが、国家公務員準拠の地方公務員給与では俸給水準が下がるほどには手当がつけられない自治体の方が多く、更に補助金・交付金なども削減されて総人件費の削減に繋がったのです。

こうして公務員給与の地域差の問題は一応の決着を見たということにはなってはいるのですが、ブロック別に比較して合わせたということは、根本的に解決したわけではないのです。地場賃金水準に単純に合わせると東京で40～50％に積増しを行い、地方に行った時には給与を3分の2の額にするということになります。国家公務員には転勤の問題がありますから、地域差にそのまま合わせることは難しいのです。公務員賃金の地域差をどの程度とするべきかという議論は完全には解決しないまま課題として残されています。

(3) 寒冷地手当

次に、もう一つの地域給、寒冷地手当についてお話しします。

寒冷地手当は、寒冷地に勤務する職員の灯油代などの寒冷生計増嵩費を補填するため、毎年11月から3月までに支給される手当で、北海道で13万1９００～4万3０００円（年額）、青森・秋田・盛岡・山形・長野が8万9０００～3万6８００円（年額）などとなっています。北海道の企業では相当数、同種手当を支給する企業が見られるようですが、全国的にはあまり知られていない手当です。

この手当は、１９４7年の北海道での石炭手当の新設に始まり、１９４9年の北海道から東北、北陸、山陰で寒冷地手当と石炭手当を支給する「国家公務員に対する寒冷地手当及び石炭手当の支給に関する法律」の制定、１９５６年の暖房に薪を使っていた東北での薪炭手当の追加を経て、１９６4年に三つの手当を統合した「寒冷地手当法」に基づいて支給されています。

北海道などでは、石炭価格の安い夏に石炭を買って庭に積み上げていたため、かつては8月31日に年1回支給されており、その頃の寒冷地勤務の公務員は年度末（3月）の期末手当と併せて、ほぼ3ヶ月毎に年4回一時金が支給されていました。

また、福井県などを襲った三八豪雪（1963年）によって付け加えられた豪雪加給（2500円の一時金。後に7500円）という制度もありましたが、より積雪の多かった五六豪雪（1981年）でも発動されることなく2004年の改正で廃止されました。私は福井市の生まれ育ちなので、この二度の豪雪を体験していますが、積雪は五六豪雪の方が多く、福井城址にそびえたつ県庁の庁舎よりもお堀に捨てた除雪の雪山の方が高かったのをよく覚えています。ただし、高速道路網の整備などで物資輸送は止まらず、物価も三八豪雪時のようには上がらなかったとのことです。

寒冷地手当は戦後すぐ「寒くて亡くなることはあっても暑さでは亡くならない」と主張する地元議員によって議員立法で作られたのですが、1968年、1980年には、灯油代等による生計費の増加は役職に関わらず一律的との考え方で基準額（旧寒冷地手当相当）の一部定額化が、1973年のオイルショックでは灯油価格上昇により加算額（旧石炭手当相当）の増額が行われました。

平成に入る直前の1988年には逆に灯油価格の低迷による加算額（旧石炭手当相当額）引下げも行われました。私はこの頃にこの手当の担当だったのですが、反対する労働組合から署名の書かれた古い灯油缶やスパイクタイヤを職場に送っていただいたり、関係者が組織していた寒冷地対策協議会からの陳情を受けたりしました。こうしたいわゆる圧力団体はこの頃を最後に実質、活動を停止してしまったようです。

さらに、平成に入ると1997年には基準額の全額定額化と平均18・2%引下げ、2004年には民間準拠の考え方に基づいて民間の同種手当の支給状況を踏まえ北海道と本州の一部に支給地域を限定することになりました。2015年には本州の支給地域が更に限定され、今や本州でのこの手当の受給者は絶滅危惧種となっています。

2 二つの手当の改定経緯から見える日本社会の変化

この二つの手当の沿革に見るように、戦後から昭和40年頃までの公務員給与は、地方が相対的に優遇されていました。公務員給与における都市部と地方の給与差は縮小していきました。その後、高度経済成長で経済格差や民間企業の地域間賃金格差は拡大しましたが、公務員給与にはすぐには及ばなかったことから、地方では公務員が安定した就職先と見られるようになりました。平成に入ると両手当共に全国的見直しが進められるようになり、一転、公務員給与における地域間格差は拡大に向かいました。

地域給の変化が起こった基本的な要因は、高度経済成長期の大都市圏への集中、その後の安定成長期の東京一極集中により大企業の本社が集中していた都市部で民間賃金が上がったため、都市部における人材確保の困難が拡大したことです。これが平成に入り閾値を超えたとも言えます。また、平成に入り、納税者意識の高まりや財政健全化の議論、公務員バッシングを受けて、公務員給与を批判する政党が支持を集めるなど、公務員給与に対するマスコミ・世論の関心が高まったこともあげられます。

政治改革による国会の変化も大きかったと言えます。一箇二分一政党制とも言われた五五年体制下、戦後労働運動の主体は総評・官公労で、自治労・日教組を主体とする官公労は地方を重視していました。その支持を受けた野党は、国会での地域給の法律改正を阻止できるくらいの力は維持していました。しかし、１９７０年代にいわゆる革新自治体の高給与が市民から批判を浴び、官公労の力は次第に衰退していきました。国家公務員給与とのラスパイレス比較が始まって地方公務員給与について国公準拠が求められるようになります。二度にわたる政権交代を経て、野党も次第にプロレイバーの性格を失い、むしろ一部の政党は自民党以上に新自由主義、小さな政府志向を持つに至っています。

この間、利益誘導政治に対する批判も高まりました。かつて予算編成は毎年の税収増、予算増を背景とした「ぶんどり合戦」と言われていました。当時の政治家の行動パターンは、典型的には田中角栄総理の日本改造論のように、地元へ事業や予算をもたらすことでしたし（「我田引鉄」とも言われました）、1962年からはいわゆる全総（全国総合開発計画）が立てられ、「国土の均衡ある発展」が政治の目標とされていました。ところが、金権政治批判以後、五五年体制下の政治は予算で票を買うような利益誘導政治だという批判が高まって、政治家は表立って利益誘導行動がとりにくくなったのです。

さらに、平成の初めに進められた選挙制度改革で定数是正が図られたため、地方の代表は国会でその比率を下げていき、声も小さくなっていきました。世襲議員が増え、選挙区育ちでない議員が増えていく一方で、都市部の無党派層の取込みが政党の選挙における重要課題となって、農協や全特（全国郵便局長会）など伝統的圧力団体も存在感をなくしていきました。

これらの政治状況の変化によって、平成期に進められた地域給見直しでは、引下げ地域の議員からの個別の陳情・反対は依然として見られましたが、党として国会で見直し自体を批判するような拒否権行使は行われなくなったのです。

転機を画したのは、2000年の自民党総裁選で小泉純一郎候補が橋本龍太郎元総理に勝ったことです。「自民党をぶっこわす」と旧来の地方重視、公共事業拡充、官僚とスクラムを組んだ旧田中派的政治から、歳出削減、反官僚・政治主導への転換が起きたとされます。

1988年の寒冷地手当の改正で触れた、戦後できた寒冷地対策協議会は典型的な圧力団体でしたが、平成に入ると解散してしまいました。逆に、メリルリンチ出身で改革派首長として影響力のあった岩国哲人出雲市長が市の職員の寒冷地手当を謎の手当として新聞に投稿し、引下げ改定のきっかけとなりました。

先に公務員の高給与批判への対応を目的とした手当の見直しの結果として、地方への予算配分が減少したというお話をしました。もともと都市部に比べて民間企業の少ない地方では公共部門の雇用や事業が経済に占める割合が高いうえに、公務員準拠の病院・私学の給与減少、補助金の減少もこれを加速させました。

平成期に進められた諸改革でも、改革の論理は別にあったのですが結果として地方への予算配分が減少したというものが多く見られます。例えば、三位一体の地方分権改革（２００６〜２０１４年）では三割自治を見直すという理念の下で、交付税の自主財源化、義務教育の人件費の補助金化が行われ、国の再配分機能が弱体化し、地方の自治体の予算が減少しました。一部自治体では、歳出削減のため、指定管理者、地方独法、非正規公務員を活用し、正規の公務員数は減少していきました。

また、食管会計廃止（２００４年）以前は、国が米を全量買い上げて、人事院勧告並びで米価を改定していた時代もありました。いわば米本位制を通じ、日本経済の成長の成果は農家にも届いていたのです。米の消費量減退、減反政策、対米コメ開放などで米価が自由化された結果、地方への予算配分は減少しました。

公務員制度の周辺領域でも、官官接待禁止で地方の老舗料亭が廃業したとか、定員削減の結果、地方勤務者が減少したとか、地方に立地することの多い国立大学、国立病院等の法人化に伴い運営交付金の削減で予算が減少したとか、地方勤務者に受給者の多かった自宅の住居手当の廃止とか、実現すべき政策目的は別にあったのですが結果として地方への予算配分の減少を招いた政策は数多いのです。長く続けられた歳出削減、予算配分の減少は所得減少、消費減退を通じて地域経済を疲弊させていきました。

3 地方を再生するにはどうすればよいのか

平成期にはそれぞれの改革の論理は正しくても、それらが複合して国の歳出削減による地域経済の衰退という意図せざる結果を招いたのです。単独では合理的な多数の政策の積み重ねが全体として地域経済の困難を生みました。

それでは、地域振興を図るにはどうすればよいのでしょうか。

① ディーセントな職を公共部門で率先して提供する

私が就職活動した頃も、地元に帰るなら、地方公務員、銀行、電力会社などが良い職場とされていました。正規の公務員は定員削減、指定管理者制度などで減少し、処遇引下げ、非正規化が行われ、銀行や公企業も金融ビッグバンや規制緩和で魅力を下げました。公務員の処遇を下げて溜飲を下げるより、高い処遇でなくてもまじめに働けばそれなりに家庭を持って地域で暮らしていけるディーセントな職を、率先して公共部門で提供していくことが求められるのではないでしょうか。皆がスタートアップを起業したり、ＩＴ専門職になれたりするわけではないのです。公務員や公務員給与を叩いて溜飲を下げるより、自分の子どもがそうした職に就くかもしれない、その人がお客さんになるかもしれないと考えるほうが健全です。これは地道な少子化対策でもあります。人をうらやんで足を引っ張り合ってはいけません。官民連携や民活やＮＰＯが、必要な人件費を払わないための言い訳にされていないでしょうか。

一方、少子・高齢化の中では地域の公共サービスの需要は拡大していきます。典型的には介護士が資格を得て年金を受け取るまで勤め上げられないと、介護サービスの供給は成り立たないのです。特に教員、保育士、司書、ＳＥ、カウンセラーなどの資格専門職では、女性が苦労して資格を取っても、志望者が多く非正規職員として買い叩かれるようです。増田寛也元総務大臣が言っていたように、若い女性が地元に帰りたくても帰れないのです。志望者が多いからといって非正規雇用で対応すべきではないと思います。

行革をやって多少人件費を浮かせても、若い人が定着せず、結婚して子どもも産めない、地域内の消費も増えないではサステナブルな地域社会ではないのです。自治体の首長はそこを考えて、まず公共部門でディーセントな職を増やす政策を採る必要があります。

日本の雇用者全体に占める公務員比率は６％にすぎず、ＯＥＣＤの国々の３分の１です。国も自治体もマンパワー的には、かつかつでなんとかやっているのです（第1講参照）。

② 国の再配分機能の発揮

そうは言っても自治体には予算がないではないかという反論があります。経済活動が弱ければ税収があがらないからです。一方で、都市部では大企業も多く税収があがる。分権改革の副作用なのです。いつまでもこうした状況では地方は浮かばれません。地域エゴではなく、国土防災や高齢者サービス、人材育成・供給などで地方は相対的に割を食っています。地方への配分を増やして国の予算で日本国内での適正な地域間再配分を実現することで、地域社会をサステナブルにしなければなりません。

③ 公共の役割の再定義と充実

再配分といっても国も膨大な財政赤字で予算がないではないかという反論もあります。経済規模の大きい都市部では経済に占める公共部門の割合は小さく、地方では逆です。小泉内閣以降の歳出削減が地域経済に与えた影響は相対的に大きいのです。旧民主党政権が行った「無駄」な公共事業削減の影響も、都市部より地方での方が大きかったようです。小さな政府のままではいつまでも地方は救われません。

日本でも、2000年頃まではアメリカ流の小福祉・小負担、北欧流の高福祉・高負担でもなく、中福祉・中負担でいくべきではという議論も見られましたが、新自由主義と自己責任論、公務員叩き、改革の嵐の中で忘れられていったと記憶しています。国民負担を増やして国による再配分機能を拡充することは地方や経済弱者にとってメリットがあるはずなのに、弱者ほど増税に抵抗しているように見えます。払った税金以上の公共サービスを返してもらえばいいのです。

地方の公共部門でポストを整備して、必要な行政サービスを提供し、地域で子どもを産んだり、消費したりしてもらうために、ある程度皆で負担すべきだと思います。けちんぼうが世を滅ぼすのです。

（補注）２０２４年8月の人事院勧告では、地域手当について基本を都道府県単位の指定、４％刻み5段階（最大20％）とし、異動保障を3年間に延長すること、寒冷地手当について民間の同種手当の支給額を踏まえて支給額を引き上げ、新たな気象データに基づいて支給地域を改定することが勧告されている。

第17講

外国人の就官能力と官製ワーキングプア
——大公務員制が残した二つの課題

今回は、１９４７年に制定された国公法が、公法上の官吏と私法上の契約である雇・庸人を分けた大陸型の公務員制から、これを分けない英米型の大公務員制を採ったことによって今に残された公務員制度上の二つの課題、外国人の就官能力と官製ワーキングプアについて考えます。

1　外国人の就官能力

(1)　明治憲法下の外国人の就官能力

神奈川県横浜市金沢区の金沢文庫にある称名寺の参道の先、平潟湾沿いに「明治憲法草創の碑」が立っています。近くの野島には伊藤博文の別荘もあります。ここにはかつて東屋という旅館があって、そこは金子堅太郎や井上毅らが諸外国の憲法を研究して明治憲法の草案を作った所とされています。この時、井上毅は諸外国の憲法を参考に明治憲法に「公権を享有するためには、日本国民でなければならない」、例外措置として日本政府に「任用された外国人は、原則として、使用の間、帰化の国民とする」という規定を置くことを考えていたようですが（『自治研究』第50巻第4号45頁）、明治政府の大きな政治課題であった条約改正交渉、治外法権の撤廃のための外国人法官（裁判官）制の導入などを考慮した伊藤博文が「弾力的な適用の妙を発揮できる」「沈黙の方式を適当と判断したと推認」され（同第51巻第2号56頁）、その結果、規定は置かれなかったという研究があります（菊井康郎「外国人の公務員就任能力」（その一）～（その十四）『自治研究』第50巻4号～第51巻4号）。

結局、外国人法官制度は導入されなかったのですが、こうした経緯もあって明治憲法下では官吏の国籍要件に関する明文の規定は置かれませんでした。その代わりに外国人を官吏に就けることについては次のように考えられていました。

「わが国の法令について見るに、日本人でなければ官吏に任用せられない旨の明文の規定は存しなかつたが、これを以て直ちに日本政府の官吏となるには日本の国籍を必要としなかつたと解すべきではなく、むしろ、これを必要とすることを当然とする立場から、特に明文の規定を置かなかつたものと解すべきである。国籍法第24条第2項及び恩給法第9条第1項の規定は普通かかる解釈の法律上の根拠を与えるものとされている」（昭和24年5月7日法務庁調意二発第27号　連絡調整中央事務局第三部長あて調査意見第二局長回答）

旧国籍法第24条第2項

2　現ニ文武ノ官職ヲ帯フル者ハ前八条ノ規定ニ拘ハラス其官職ヲ失ヒタル後ニ非サレハ日本ノ国籍ヲ失ハス

旧恩給法第9条

年金タル恩給ヲ受クルノ権利ヲ有スル者左ノ各号ノ一ニ該当スルトキハ其ノ権利消滅ス

一　（略）

二　（略）

三　国籍ヲ失ヒタルトキ

「旧憲法下においては、一般に、わが国の官吏となるには日本の国籍を必要とするものと解せられていたが、これはわが国内法における特定の法条をその直接の根拠とするものではなく、旧憲法下において支配的であつたと認められる法理念から必然的に導き出される当然の結論であるとされていたのである」

「お尋ねの旧日本国軍人については、武官とされていた将校及び下士官（昭和13年勅令第380号「陸軍武官官等表ノ件」参照）の場合はもちろん、武官とされていなかつた兵の場合にも、その、国に対する関係は、単に経済的労力の給付義務を負うにとどまらず、一身を捧げて勤務するという忠順誠実の倫理的義務を負うこと一般の官吏に優るものがあると観念されていたことを考えるならば、その資格として日本の国籍を必要としたと解すべきことは、旧憲法下における法理上当然といわなければならない」（昭和25年3月14日法務府法意一発第29号　外務事務次官あて法制意見長官回答）

これらは、今ではすっかり廃れてしまいましたが、関係機関からの照会回答記録を公開することで公的な法解釈を世の中に明らかにする行政事例と言われる行政手法です。昭和の終わり頃まではよく見られました。中でも行政府内の法の番人たる内閣法制局の法制意見は特に権威あるものとして扱われていました。

こうした経緯の結果、明治憲法下では文武官には外国人は一貫して任用されませんでしたが、私法上の契約である雇用人についてはは相当数が任用されていたようです。なお、明治3年2月にはお雇い外国人のために「外国人雇入方心得書」（外務省１６３）が布告されています。

(2)　国家公務員法の制定

国公法は占領時、フーバー顧問団の勧告に基づいてアメリカの公務員法をモデルに制定されましたが、日本国憲法にも新しい国家公務員法にも外国人が公務員に就くことができるかを定める条文は置かれませんでした。これにはアメリカの市民権による制度や占領下という状況も影響したのかもしれません。

国公法制定後しばらくして現行法制度の前提となる次の「当然の法理」を明らかにする内閣法制局の法制意見が出されました。国立国会図書館の佐藤達夫資料などには法制局内で検討が行われた様子がうかがわれ、人事院に残された資料からも、国公法制定後にＧＨＱを含む関係機関間で協議が行われたことが推定されます。

「一般にわが国籍の保有がわが国の公務員の就任に必要とされる能力要件である旨の法の明文の規定が存在するわ

けではないが、公務員に関する当然の法理として、公権力の行使又は国家意思の形成への参画にたずさわる公務員となるためには日本国籍を必要とするものと解すべきであり、他方においてそれ以外の公務員となるためには日本国籍を必要としないものと解せられる」（昭和28年3月25日法制局一発第29号）

この「当然の法理」を前提に1948年の国公法改正で外国人契約制度（国公法第2条第7項）が設けられました。国立大学の法人化まではこの個人的基礎に基づく契約により、一般職でも特別職でもない公務員として国立大学の語学教師等が雇用されました（国立学校設置法施行規則第30条の3）。ちなみに、外務公務員には、戦前の外務省内規を法律にした外務公務員法第7条で国籍要件が課されており、特異な立法例として配偶者が日本国籍を取得しない場合には本人が失職するという制度も設けられました（配偶者の国籍要件は現在廃止）。

当然の法理については更に昭和40年頃まで、いくつもの行政事例が積み重ねられました。警察官、本省庁課長以上等については外国人の就任が否定され、臨時職員、看護婦、貨幣印刷工、アセチレン溶接工等は就任が可能とされました。実際にも医療職や非常勤職員に外国人が任用される例が見られました。

また、質問主意書等によると、公務員試験の受験資格については、係員の官職のすべてが公権力の行使や自治体の意思の形成への参画にあたる職という解釈ではなく、いずれそのような官職に就くことが将来予想される職員について、将来における昇任、転任等の人事管理の運用に支障をきたさないよう受験資格に国籍要件を定めているとの見解が出されています（昭和48年自治公一発第28号等）。

これを戦前の状況と比較すると、外国籍の有無ではなく日本国籍の有無を問題としていること、明文規定はなく法理として日本国籍を必要としていること、戦前は官吏以外、戦後は公権力の行使または国家意思の形成に携わる者以外は任用可能としていることといった点で極めて似た構造となっています。ただし、戦前は官吏かどうかが任官の有無で画一的に判断できたところ、新しい公務員法の下では官吏とそれ以外の区分はなくなりましたので、線引きを行政事例等で個別判定することとなりました。江戸時代の開国以来の歴史的経緯があって、見ようによっては法の欠缺を解釈で補う状況に至ったと言えるかもしれません。

(3) その後の法整備

やがて日本の国際化が進むにつれて昭和の終わりになって「当然の法理」を前提とした二つの特別の法律が制定され、外国人が一定の範囲の公務員になる道が開かれました。

一つは、国立又は公立の大学における外国人教員の任用等に関する特別措置法（昭和57年法律第89号）で、国公立大学の教授、助教授、講師に外国人が就きうることとしました。この法律は、法制局審査のある政府提案がはばかれたのか議員立法で出されました。その趣旨は同法の提案理由として次のように述べられています。

「急激に進展する国際化の時代にあって、わが国が、今後国際社会の一員として、諸外国と協力・協調しつつ国際社会に対して貢献していくためには、教育、学術、文化の国際交流を一層活発化することが、現下の重要な課題といわなければなりません。特に大学における研究教育に関しては、国際化の必要性は、きわめて大きいものがあります。

しかしながら、現在の国立または公立の大学の教授等の任用の制度について見ると、わが国では、従来より公務員に関しては、公権力の行使または公の意思の形成への参画に携わる公務員となるためには日本国籍を必要とするものと解すべきとの解釈がとられてきているため、今日まで、これらの職に外国人がつくことは認められなかったのであります。

このような現状については、第一に、大学における研究教育は、真理の探求を旨とし、世界に通ずる普遍的なもので、国際的に開かれたものであるべきであるにもかかわらず、教授等の任用についてこのような閉鎖的な姿勢をとることは、大学の本質から見ても問題があることと考えます。

第二に、いわゆる欧米先進諸国の状況を見ても、すでに早くから外国人に対して、正規の教授等として任用する道を開いており、わが国のような閉鎖的な制度をとっている国は皆無といってよいのであります。

以上、申し述べたようなことから、国立または公立の大学においても、できるだけ有能な外国人を教授等として積極的に採用できる道を開くべきであると考えたものであります。そして、こうした措置を講ずることは、研究・教育面での国際交流の活発化を促進するのみならず、学問研究の上で、よい意味での国際的な競争関係をつくり出し、学問研究の向上に役立つことと考えたのであります」（昭和57年4月23日衆議院文教委員会）

この法律と「当然の法理」との関係については、松下正美衆議院法制局参事により次のような国会答弁が行われています。

「従来からの法理というものを考えてみますと、これは自国の主権の維持と他国の主権の尊重という理念から導かれる法規範という性質を持つものだ、このように考えられるわけでございます。

それで、こういう考え方に立って大学教授というものの性格を考えてみますと、大学というものは学術の中心として深く真理を探求することをその本質とすることにかんがみまして学問の自由というものが保障されているわけでございます。そして、この学問の自由を保障するために大学の自治が認められている、このように考えられるわけでございます。そこで、大学におきまする教授会の諸権限、これは大学の自治のもとにおきまして認められておるわけでございまして、外国人がこういう性格を持つ教授会の審議それから議決に加わるといたしましても、いま申し上げました国家主権の維持に対する影響というものはきわめて弱いものであること、こういうように考えられるわけでございます。

一方、大学は本質的に国際的性格を持つ学術の研究、教授を目的とするものでございますから、外国人を教授等に任用いたしますことは、大学におきまする教育、研究の進展それから学術の国際交流の推進のために強く要請されるところであるというふうに考えられるわけでございます。

以上申し上げましたように、国公立大学の教授等に外国人を任用することにつきましては、そこに特別の合理的理由があるというふうに認められますので、こういうような場合には国民の意思の発現でありますところの立法によりますならば、公務員の就任能力に関する法理、すなわち「公権力の行使又は公の意思の形成」に参画する官職については外国人を任用することができないという公務員の就任能力に関する法理について、その特例を設けることは可能である、このように考えて立案をいたした次第でございます」（昭和57年7月7日衆議院文教委員会）

さらに、1986年には、研究交流促進法（昭和61年法律第57号）が制定され、国立大学同様に研究機関の長、副所長等を除いた部長以下の職についても公権力の行使の程度が低いことが大学教員と同様かそれ以下だとして、外国人を国立試験研究機関の研究公務員に任用できることとされました。この法律の規定は現在も科学技術・イノベーション創出の活性化に関する法律（平成20年法律第63号）に引き継がれています。

昭和の中頃から進んだグローバル化がこうした特別法に繋がったと考えられます。これらの機関は民間にも同様な組織がある機関であり、平成期に進められた法人化や民営化の対象となったため、現在では国立大学の教員については法律の適用者はいないことになりました。

定住外国人も増え、「当然の法理」に抵触しないような条件を付けつつも、地方公務員では行政職の公務員にも外国人を採用する自治体が見られるようになっています。

2 非常勤職員問題

(1) 非正規雇用の問題

次に社会問題化している非正規公務員、いわゆる官製ワーキングプアの問題を考えます。

非正規雇用の問題について少し広く見てみますと、民間を含めて非正規の従業員の割合は次第に高まってきています。現在、労働者の3分の1を超える人たちが非正規の雇用となっています。

民間企業の非正規雇用拡大のエポックとなったのが1995年です。経済四団体のうち財界労務部と言われた日経連が出した『新時代の日本的経営』という報告書があります。この中で日経連は雇用のポートフォリオという考え方を示しました。当時、長期の正規雇用が主軸だった日本の企業について、専門的な職種は3分の1、長期で定年まで雇うような基幹的な従業員が3分の1、残りの3分の1はパートやアルバイトの非正規にするべきとして、非正規を不況時のバッファとして扱うという考え方でした。それまで雇用を特別に扱っていた日本企業の中で、財務部門的な発想で雇用も取り扱うべきという考え方が提起されたのです。それを支えるような形で、労働者派遣事業法を改正していろいろな職種に対象を広げ、雇用のビッグバンといわれる制度改正も進められました。こうして、その後、非正規労働者の比率が日本の雇用の中で高まってきたと言われています。バブル経済崩壊後間もないその頃には、非正規雇用がここまで拡大するとは思いませんでした。

もっとも、従来から主婦パートや学生アルバイトなど非正規の従業員が相当数いましたし、むしろ事務委託という形になっていた人たちが非正規に切り替えられたり、銀行などの一般職の人たちが派遣社員になったりしただけで、それほど非正規化が目に見えて進んだのではないと言う人もいます。しかし、仮にそうだとしても、少なくとも不安定雇用が増えたということは事実です。また、それまで高卒の職場だったブルーカラーの職場が中国やインドネシアに移って減少し、実数として大卒の職場は増えたものの、大学入学定員の増加などによる大卒者の増加が受皿となる大卒の職場の増加を上回ってしまい、その結果として溢れてしまった人たちが派遣やアルバイトで非正規化したという分析もあります。

大学を卒業した後、本来は各企業で職業能力を磨いて、いずれ30歳代、40歳代で日本の社会の中核を担っていくべき人材が、20歳代において正規の職を得られないためにスキルを高められないままでいるということが問題なのです。こうした若年層の就活問題、ニート問題が大きくなっていることについては、識者の間でも異論は少ないのです。

⑵　国家公務員の非常勤職員制度

次に、公務員の非正規雇用、非常勤職員の経緯についてお話しします。

国家公務員については、内閣人事局が行っている在職状況統計調査に非常勤職員の数が載っています。この調査は、1965年に総理府に人事局ができた時に人事院から移って続いているものです（図表17－1）。期間業務職員というフルタイムの非常勤職員が3万8000人くらい、ハローワークで就職の相談に乗る人のような週3日勤務や1日4時間勤務のパートタイムの非常勤職員が11万9000人となっています。常勤の国家公務員の数を30万人と見ると、実質的に非正規職員として働いている人は約16万人、常勤職員の半数以上です。日本社会全体の非正規労働者の割合とそう変わらない程度かそれ以上の割合で、非正規の国家公務員がいるということがわかります。

この非常勤職員制度については、国公法の制定当初は国公法第65条の給与法に定める事項のところに「常時勤務を要しない官職を占める職員の給与」という一文が出てくるだけでした。制定時には非常勤職員の中身が定まっていなかったのです。その後、定年制や再任用制度ができた際、非常勤職員の規定がいくつか加わりましたが、国公法に非常勤職員自体の定義が置かれていないことは変わっていません。これに代わって人事院が職務と責任の特殊性に基づいて、人事院規則をもって特例を定められる（国公法原始附則第4条）ことを根拠に人事院規則で非常勤職員制度が設けられています。

非常勤職員制度は大きく二つに分かれています。一つはパートタイムの職員で、1日の勤務時間がフルタイムの勤務時間である7時間45分の4分の3以内である職員です。パートタイムの職員は、更に委員・顧問・参与等職員とそ

図表17－1　一般職非現業国家公務員の非常勤職員の人数

単位：人

職名＼雇用形態		A：期間業務職員			B：期間業務職員以外	計
			A－イ	A－ロ		
事務補助職員		12,691	9,690	3,001	20,170	32,861
	うち女性	10,903	8,506	2,397	18,132	29,035
技術補助職員		166	146	20	1,112	1,278
	うち女性	125	113	12	237	362
技能職員		687	211	476	875	1,562
	うち女性	324	86	238	160	484
労務職員		120	104	16	415	535
	うち女性	22	17	5	318	340
医療職員		247	234	13	4,174	4,421
	うち女性	193	180	13	841	1,034
教育職員		4	3	1	417	421
	うち女性	3	2	1	224	227
専門職員		1,869	1,401	468	2,708	4,577
	うち女性	714	494	220	988	1,702
統計調査職員		6	2	4	6,327	6,333
	うち女性	5	2	3	1,540	1,545
委員顧問参与等職員		2	—	2	22,281	22,283
	うち女性	—	—	—	5,750	5,750
その他の職員		22,113	952	21,161	61,018	83,131
	うち女性	17,029	520	16,509	17,905	34,934
計		37,905	12,743	25,162	119,497	157,402
	うち女性	29,318	9,920	19,398	46,095	75,413

（注）　この統計表で用いられている雇用形態別の分類は、次のとおりの区分とした。

［A］：人事院規則８－12（職員の任免）第４条第13号に定める期間業務職員

［A－イ］：［A］の職員であって、常勤職員について定められている勤務時間以上勤務した日が18日（１月間の日数（行政機関の休日に関する法律（昭和63年法律第91号）第１条第１項各号に掲げる日の日数は、算入しない）が20日に満たない日数の場合にあっては、18日から20日と当該日数との差に相当する日数を減じた日数）以上ある月が引き続いて６月を超える職員（その職員に定められている任期が６月を超える場合を含む）

［A－ロ］：［A］の職員であって、［A－イ］以外の職員

［B］：期間業務職員以外の非常勤職員

（出所）　内閣官房「一般職国家公務員在職状況統計表（令和５年７月１日現在）」非常勤職員在職状況統計表第14表

れ以外の職員に分かれています。委員・顧問・参与等職員というのは、例えば審議会の委員のような政治的行為の規制を受けない人たちで、それ以外のパートタイムの職員は政治的行為の規制を受けることになります。パートタイムと並ぶもう一つの類型が、フルタイム勤務の期間業務職員です。それぞれについて一定の国公法の規定を適用除外としたり、規則で特別の採用制度や任期の有無を決めたりしているというのが国の非常勤制度の概要です。

これらのうち、委員・顧問・参与等職員などのパートタイムの非常勤の人は、通常はそれで生計を立てているケースが少ないので、あまり大きな問題とはなりません。最も問題になるのはフルタイム勤務の非常勤職員である期間業務職員です。

(3) 期間業務職員制度の沿革

次に期間業務職員制度の沿革をお話しします。

1947年に国公法ができた時に、それまで戦前の制度の下で非官吏だった、雇（やとい）、傭人（ようにん）は、基本的には、暫定的に嘱託とされたあと、臨時職員制度を経て、1949年の臨時職員の廃止の際に、分限免職されるか、一般職の常勤職員又は非常勤職員と位置付けられました。その中には、当時、例えば建設省など事業官庁にはまだ多くの直営事業があったので、人夫、作業員など単純な労務に従事する者（傭人等）が相当いました。これらの人は、嘱託とされた後、国公法制定時、いったん「単純な労務に雇用されえる者」として特別職とされたのですが、すぐに法改正されて一般職となり、臨時職員廃止の際にその多くが人事院規則8－7（非常勤職員の任用）による非常勤職員とされました。非常勤職員とされた単純労務職員の勤務時間はフルタイム勤務の4分の3以内であるとしたのですが、そうすると給与が減ってしまい、労務提供時間も減って事業運営にも支障が出ることが問題となりました。この問題を関係省庁で議論した結果、1950年に人事院規則を改正して日々雇い入れられる非常勤職員の勤務時間は8時間以内とされて、日々雇用の非常勤職員という制度が作られました。日雇いならフルタイム勤務の人も非常勤職員であるという整理に変えて非常勤職員の概念を拡大しました。また、1949年に制定された旧行政機関職員定員法が定員規制の対象から2ヶ月以内の期間を定めての雇用される者を対象外としたことから、同じく1950年、関係省庁の要請により人夫作業員（職務内容が肉体的、機械的な技能労務）を対象とした「常勤労務者」（2ヶ月以内の任期（自動更新）を定めて雇用される定員外の常勤職員）制度が設けられ、相当数の非常勤職員が常勤労務者に切り替えられました。

この常勤労務者や日々雇用職員が次第に減っていけばよかったのですが、行政整理が進められるなど定員管理が厳しかったこともあり、各省に拡大し、数も増えていきました。各省庁は人夫、作業員に限らず事務職にもこれらの職員を雇って仕事をやらせました。こうして昭和30年代の初めの頃には、多くの定員外常勤職員や常勤的非常勤職員がいるという状況が発生し社会問題化しました。その結果、1958年から1962年の間で11万人以上の非正規職員を累次に定員内の常勤職員へ繰り入れました（増島俊之著『行政管理の視点』良書普及会、1981年、110頁）。

常勤労務者や常勤的非常勤職員を定員化して、これ以降はもうフルタイムの非常勤職員を長期に任用しないという閣議決定を行いました。これが「非常勤職員の常勤化の防止について」（昭和36年2月28日閣議決定）です。その内容は、日々雇用の非常勤職員については同一の会計年度内に限り任用予定期間を定めて明示する、任用予定期間が終了した時は引き続き勤務しないよう措置するというもので、常勤的非常勤職員の問題について一定の解決を図ったものでした。

なお、定員化に際して、医療職などで常勤労務者が残りました。基本的に常勤労務者は、辞めたら後補充しないことを前提にしていたのですが、相当期間、常勤労務者が残っていました。

この常勤化防止の閣議決定以降、日々雇用の非常勤職員に2年目以降の継続雇用がなかったかというと、あまり厳格に運用されていませんでした。日々雇用職員は任用予定期間を同一の会計年度内に限って雇うのですが、任用予定期間満了後の4月に1日、2日空けて再び採用されて、長いと5年や6年もの間、雇われている日々雇用職員の人も結構見られました。せっかく「一太郎」や書類の管理方法などを覚えてもらったのに、翌年度また新規の人を探して仕事を一から教えるということは、どの省においても大変で、仕事ができる人は雇い続けたかったのです。

常勤化防止の閣議決定がありますから長期に継続雇用はできませんので、何年か経つとその職員を他の省に移したり、外郭団体に移したりしていました。このように転々とする日々雇用職員の人たちがいました。また、法人化前の国立病院等には「賃金職員」（予算上の費目が給与でない職員）という名称で、多くの看護師などが定員外の日々雇用職員として雇用されていました。看護師などの賃金職員は定員が空けば次に定員内の常勤職員に異動する予定だったので、定員内職員と同じ処遇で採用されていたのですが、休暇については法令上同じ処遇にできないという問題があり、人事院に行政措置要求が行われるということもありました（『国立病院及び国立療養所に勤務する賃金職員の給与、休暇等に関する行政措置要求についての人事院判定』、1996年）。賃金職員の経緯からは、この問題が定員管理と深く関わっていることが判ります。

日々雇用の非常勤公務員は、採用試験によらず採用することができることになっていました。そこで、知り合いの子弟を採用しているのではないかと疑われるケースもありました。平成の半ばに某議員が縁故採用ではないかと国会で取り上げまして、以後、非常勤職員の採用も原則ハローワークを通すことになり、性別や年齢を採用条件に付けることもできなくなりました。

その後、職員団体が非常勤職員の処遇改善に熱心に取り組むことになったこともあって、2008年には人事院が給与法に基づいて通達を出しました。非常勤職員の給与は給与法第22条で「常勤職員の給与との権衡を考慮し」て定めるとあるだけで、それまでは予算の範囲内で各府省が比較的自由に決めていたのですが、原則として常勤の公務員が採用された時の初任給を日割りにした額を払うことになりました。地方機関に行くと、ほとんど最低賃金のような額を払っていた省もあったのですが、基本的に初任給を基準にして払うという一般的な基準が示され、長期に勤務する人には期末手当も払うとの通達が出されました。その後も手当の支給や遡及改定など、少しずつ処遇改善の取組みが進められました。

給与だけでなく、制度自体の見直しも行われました。当時の関係省庁が協議して、2010年から、日々雇用職員制度は期間業務職員制度に改められました。より実態に近い形で、日雇いではなく従前の任用予定期間を任期と位置付け、会計年度内で任期を設定し、翌年度も能力があって必要なら継続任用できることになり、原則として2回に限って公募によらなくてよい、つまり3年まで勤務できるという制度になりました（2024年には2回の制限も撤廃）。このように、任用面でもルールを明確にして雇用保障する方向で見直された結果、中断期間も置かれなくなり年金や退職手当などの処遇改善に繋がりました。職員団体は、更なる処遇改善を求めていますが、今は休暇などに重点を置いた要求になっています。

(4) 地方公務員の非常勤職員制度

同時期にできた国公法と地方公務員法（地公法）は兄弟法で規定も似ているのですが、ともに非常勤職員については法律が何も規定していなかったこともあり、地方公務員では国家公務員よりも更に複雑な状況が見られました。非正規公務員については、特別職、臨時的任用、地公法第17条の特別な任用形態など、自治体によって様々な勤務形態になっていました。勤務形態や給与もばらばら、民間法制の労働基準法や労働契約法も適用されない、法の谷間に置かれている状況にあったとされています。

2005年と2008年に総務省公務員部が調査したところ、約50万人の非正規公務員がいました。地方公務員全体が300万人でしたので、全体の15％くらいは非正規公務員という状況でした。旧自治省や総務省は何度かこの適正化の検討を行いましたが解決には至りませんでした。

さらに、地方自治法で非正規職員には報酬と実費弁償しか出せず、各種の手当が出せないという問題がありました。しかし、現実には通勤もしていますし、長期に雇用されている人もいますから、手当を支給している自治体が相当数見られました。こうした状況に対して、住民訴訟により違法支出であるという判決が出されました。そのため、それまで出ていた手当が出せなくなるという問題が起きました。これらの問題に対応するため２０２０年に地公法が改正され、先行して整備されていた国の期間業務職員制度に並ぶ会計年度任用職員制度が発足することになりました。

(5) 非正規化が進む構図

このように非常勤公務員を増やしてきたのは、定員管理が厳しく、毎年定員を減らしている一方で、国の業務が増えてきたからです。増加する業務をこなすために、定員が減った分を非常勤職員で代替しているという面があることは否定できません。関係機関も仕事が増えている分の公務員を増やしてくれと言うことがなかなかできませんし、政治は行革を掲げて常に公務員の人員削減を国民に約束しています。その結果として、定員を減らす代わりに非常勤職員の予算措置が行われ、今の状況に繋がっているのです。

また、自治体の場合は、常勤職員を臨時、非常勤職員で代替することによって厳しい財政事情を改善しようと考え、首長がむしろ積極的に非正規化を進めているところも見られます。本来、公共部門は国民や住民を買い叩くのではなく、恒常的な職には必要な定員を措置して正当な報酬を払って正規の職員として雇用すべきなのです。

こういった問題を根本的に解決する策としてよくあげられているのは、均等処遇の議論です。例えば、オランダモデルのように、勤務時間が週20時間の人の給与は40時間の人の半分、時間比例にしたらよいのではないかという議論です。しかし、フルタイム非正規の問題はありますし、官民ともに言えることですが、雇用には単純に勤務時間だけでは測れない面があります。例えば、常勤職員は転勤辞令一本で地球の裏側のアルゼンチン大使館に行かされるし、国会でがんがん言われれば夜を徹して仕事をしなくてはならないし、多少嫌な仕事でも黙って引き受けざるをえません。それに対して、非正規の人は普通はそこまで厳しい忠誠義務、組織に対するロイヤリティを求められているわけではありません。単純に勤務時間だけでは勤務の価値を決めることができないのです。

民間企業のパート労働法を見ると、均等処遇が原則になっていますが、雇用形態の同一性を前提としています。同じように転勤に応じ、同じように残業し、同じように厳しい仕事を引き受けなければならない人であれば、勤務時間が違ったら時間に応じて払いなさいというのがパート労働法の考え方です。法制度の建前と実態がうまく一致していないところに、非常勤職員問題を解決することの難しさがあると言うことができると思います。

3 大公務員制が残した二つの課題

外国人の就官能力と官製ワーキングプアの問題について見てきました。二つは今や別の問題のように見えますが、共に戦前の大陸型の公務員制度から戦後の英米型の大公務員制に移行した際の切替えに端を発する問題であり、また、制定時の国公法が明文で規制の対象としなかったことに起因する問題だと言うことができます。国公法が制定されて80年が経過しましたが、今に残された宿題です。

第18講

諸外国の公務員制度

政治学には、外国制度を調べて研究する比較政治制度という分野があります。戦後すぐの頃には、各国の公務員法や憲法などの法制度を調べることが熱心に行われていました。しばらくすると比較政治制度は廃れて、研究する学者も少なくなっていたのですが、新制度論と言われる方法論によって、再び比較政治制度の研究が熱心に行われるようになっています。昔の比較政治制度が、例えばドイツ憲法の第何条に何が書いてあるかを調べたのに対して、新制度論はもう少しシステマティックに、運用も含め、場合によっては制度の背景にある社会事情なども含めたパッケージとしての外国制度を比較研究するという考え方です。

霞が関の各府省においても、英米独仏の諸外国制度はベンチマークになっています。これは、明治国家以来、欧米にキャッチアップしようと努めてきた日本の習い性であり、例えば明治国家は官吏についてドイツの制度を模倣しました。逆に日本の制度も周辺諸国から見られていまして、ルックイースト政策のマレーシア、シンガポール、ベトナムといった国々は日本の制度を見ながら国を作ってきた経緯があります。経済学では、東アジアの雁行モデルと言われています。雁行というのは雁が揃って斜めに飛ぶことですが、日本が先に経済発展して、それに台湾などが続いていく様子を例えています。東アジアの諸国の経済発展の要因の一つは、日本の制度を模倣したことにあると言われているのです。日本はその先頭を譲って久しくなります。

このため、途上国から訪問者が来て、日本の公務員制度を教えてくれないかと言っていた時期がありますが、南アジアや東アジアの基本的問題はネポティズムです。1人が公務員になると、ワラワラと親族が寄ってきてたかるので、行政運営がなかなか公正に行われないのです。やはり清廉な官僚機構の存在は経済がテイクオフするための前提条件となります。電気や水道、ガスといったインフラが賄賂なしで普通に使える効率的な官僚機構がなければ、経済は発展していきません。

しかし、これはかなり難しい問題です。発展途上国はお金がありませんので、給料を出し惜しむことがあります。中国文化圏の官僚制は、基本的に「袖の下」の世界でした。昔の中国の官吏は、地方に赴任した際、皇帝から給与をもらうのではなく、自分で税を作って徴収して生きていたそうです。日本でも、銭形平次（江戸時代の岡っ引き）は幕府からお金をもらっていたわけではなく、武士（与力）が個人的に雇う形で十手を渡していたのですが、その武士も銭形平次に給料を払っていませんでした。では銭形平次はどうしていたかと言うと、町を見回り、町人から袖の下を受け取っていたそうです。徴収コストはかかりません。

日本がなぜそのような状況から脱せられたかについては諸説ありますが、明治政府ができて警察官になった薩長の武士（オイコラ警官）は、町人から袖の下を受け取ることができず、明治政府の給料で生きていくしかなかったというものがあります。本当かどうかは判りません。

かつてのアジア諸国と日本の関係と同じように、地方自治体は自分と同じ規模で同じような状況に置かれている自治体をベンチマークにし、施策をチェックしたり、交流したりしています。中央省庁の場合、同じ任務の省は国内にないので、諸外国の制度を見るしかないわけです。

しかし、外国制度を参考にするには限界があります。制度が分かり難いというだけでなく、労働市場などの社会システムが異なると、その上に乗っている公務員制度も違ってくるのです。戦後すぐアメリカモデルの職階制が日本でまったく機能しなかったのは、労働市場が大きく違ったからです。新規学卒者を一括採用し、長期雇用してジョブローテーションで育成している日本で、基本的に公募で職員を採用するアメリカの制度は機能しなかったのです。

もう一つの例として、２００７年の国公法改正でＯＢの口利きを刑罰をもって禁止したのですが、この制度はアメリカの制度で、後輩のところに行って契約をお願いすることを規制しても日本では効果が期待できないと思われていました。なぜかと言うと、例えば国土交通省の人が建設会社に再就職して、後輩のところに行って「契約ください」「情報ください」などと言うはずがないのです。日本では再就職した人がそこで働いていれば、組織がそれなりに配慮してくれるはずだと思われていたのです。再就職した人がへたをすれば罪に問われるようなことをするはずがありません。このように社会システムが異なると、外国の制度をそのまま持ってきても有効に機能するとは限らないのです。

こういったことを議論する以前に、外国の制度はそもそも実態がよく判らないということがあります。国際担当の人が言っていたのですが、フランスに行ってコール（職員グループ）ごとに出ている様々な手当の額がどのくらいなのか尋ねても教えてくれないそうです。「大臣に対しても手当については教えていない」と言って調査に協力してくれないということがあったようです。

私もだいぶ以前に西ドイツに外国制度調査に行った際、出張する前から何度もアポ取りを試みていたもののアポが取れなくて、連邦内務省に「今日着いたので明日以降、1週間の間にインタビューさせてくれないか」と電話したところ、「今すぐ来い」と言われました。その日に呼ばれるとは思いませんので、ドイツ語通訳を翌日からしか手配していませんでした。仕方がないので、「英語でやらせてくれないか」と言ったら、「我々はドイツ人なので英語なんかしゃべらん」と英語で断られてしまいまして、出張報告書を調査非協力と書いて出したことがあります。今ではそんなことはないようですけれども、外国調査というのはこのように難しいわけです。

制度の全体像がつかめないということもあります。我々も向こうも相手方の社会制度について基礎知識を持っておらず、土台が共通でないので問題意識が通じないということもあります。加えて、求めている調査統計資料が存在するとは限らないということもあります。日本側に何でもかんでも統計資料があるわけではないのと同じで、調査に行って「このデータはありませんか」と聞いても、そのデータ自体を調べていないというケースは少なくありません。思うような調査が難しいわけです。

内閣官房で公務員制度改革を担当していた時に、橋本龍太郎大臣にスイス大使から「今、スイスでは公務員制度の大改革をやっています。これを参考にされるとよいのではないでしょうか」という手紙が来て、大臣から「スイスの改革を調べろ」と言われました。しかし、英米独仏は調べていたのですが、スイスで何をやっているのかまでは情報がありません。仕方なく個人的に知り合いの在外出向者を頼って急いで調べてもらったことがあります。

スイスは大陸系の国なので官吏と非官吏に分かれている小公務員制だったのですが、当時、国に雇用される人は皆公務員とする英米タイプの大公務員制度に改めたようです。大臣のところに行き、「日本では昭和22年に国公法ができた時に、既に大公務員制にしています」と報告したところ、大臣も納得したのですが、そこまでたどりつくのに一カ月以上かかりました。外国調査には時間と手間がかかるのです。

また、外国調査の出張を命じられますと、一生懸命に資料を読んでそれを一通り頭に入れてから行くので、行っている間はその国の制度に詳しくなるのですが、戻ってくると、そうはその知識を使わないのでボロボロと記憶からこぼれ落ちてしまい、やがてまたカラッポになってしまいます。

ずいぶんと余談をしましたが、なかなか本当のことは判らないのだという前提の下で諸外国の公務員制度の特徴的な点をいくつか紹介します。各国制度比較についてご関心のある方は人事院のホームページに「諸外国の公務員制度の概要」が載っていますので、そちらか、より詳しくは村松岐夫編著『公務員人事改革』(学陽書房、2018年)をご参照ください。

1 アメリカの公務員制度

最初にアメリカです。アメリカの最大の特徴は反国家・反官僚制の国であるということです。アメリカはイギリスやフランスで国家から迫害された人たちが逃げてきて創った国ですので、出自から家産官僚制を持っておらず、「我々を迫害するような国家権力はこりごりだ。国家権力が暴走しないようにしたい」という考え方が根底にあります。

そういった背景もあって、政権交代があると上の方の3000人がごっそり入れ替わるといった政治任用の国です。これは官僚制に対して非常に強い民主的統制を及ぼす手段の一つなのですが、一方でアメリカの行政学の最大の課題は専門官僚制を確立することだったのです。

日本の国公法のもとになったペンドルトン法も専門官僚制の確立を目指した法律です。選挙で負けると公務員がすべて替わってしまい、郵便局長まで交代になってしまう。そうすると字が書けない郵便局長や計算もできない郵便局長が出て、非能率になってしまうというところから、市政改革やペンドルトン法を作るなどの公務員制度改革が始まったのです。そうして、下の方から専門官僚制が及んでいったけれども、まだ上の方に政治任用の3000人が残っているのがアメリカです。

そういったこともあって、アメリカで公務員というのはリスクを取らない、覇気のない若者が就く職業と思われているようです。昔、村上春樹がプリンストン大学に留学した時に、日本から来た官僚の留学生が、得意げに、私は日本の省庁で課長補佐をしていますと言って回って、蔑まれたというエッセイを『やがて悲しき外国語』（講談社、1997年、「ヒエラルキーの風景」）に書いています。アメリカでは官僚にまったくステータスがないようです。

なんとか大陸や日本のような官僚制を作りたいということで、いくつかの取組みを行っています。大統領研修員計画やSES（幹部公務員制度）を作り、日本と同じようにある程度、人的能力も見て幹部職員を配置するなどの工夫はしているのですが、未だに根本的に官僚制に対する不信というか、国家に対する反感を拭いきれずにいるところがアメリカの公務員制度の課題です。

システムとしては合理主義です。それから、工業や経済の世界ではテーラーイズムの伝統がありますので、科学信仰が強いと言えます。公務員制度の構造はオープン・ストラクチャーで、基本的には公募です。仕事を固定して、いろいろな課業を合理的に分析、分類整理して、そこに必要な資格や能力を定めて、多くの人の中から適任者を選べば、最も効率的に回るはずだという科学信仰が続いています。ただ、オープン・ストラクチャーといっても開放性はあまりなくて、現実には最初に大学を出て1、2回は転職するのですが、その先公務員になってからはずっと公務員という人も多いとも聞いています。

人事院はアメリカ人事委員会に由来する組織です。ところが、今のアメリカには人事委員会はありません。ニクソン・フォード政権で「連邦の多数の行政機関で政治的な縁故関係による推薦が広範に行われていたことが明らか」になったことをきっかけに、1978年カーター政権下で公務員制度改革法が制定され（『人事院月報』2月号6頁）、翌年人事委員会は改組され、メリットシステム保護委員会と「メリットシステム保護委員会の所掌することとなった不服審査機能等以外の機能を引き継ぐ」人事管理庁に分割されてしまいました（増森信子「米国公務員制度の改革について」(I)～(III)『人事院月報』1979年2月号～4月号、同3月号6頁）。

2 イギリスの公務員制度

次にイギリスの話をします。イギリスは不文法の国ですので、長く公務員法がありませんでした。近年やっと公務員法ができたそうです。日本の民主党の改革や、その前の自公政権の改革でも政治主導、官僚機構の在り方をイギリスに学ぼうという動きがあったのですが、イギリスがどのような官僚機構かというと、官僚は黒子のように表に出ず匿名性、中立性を保持している存在です。それは、国王の代わりに政治を担当する内閣を、かつては国王の部下であった官僚制がきちんと支えていくのだという思想からきています。最近は、顧問官ができて変化してきているようです。

アメリカの課題が専門官僚制だとすると、イギリスでも別の意味で専門性の確立が昔からの課題でした。戦後のフルトン報告などにも出てくる話ですが、イギリスではもともと貴族の子弟がオックス・ブリッジに行き、哲学や歴史、ラテン語などを学び、国家の官僚になってノブレス・オブリージュを体現するという伝統がありましたので、現代行政に本来必要な経済学や統計学などを学んでいませんでした。そのため、実用性の高い専門性を確立することがイギリスの公務員制度の課題になっていました。徐々に変わってきているようですが、まだリベラルアーツは重視されていますし、上級層の人はオックスブリッジを経由して、ファストストリーム（fast stream）を通過するという伝統が完全に払拭されたわけではありません。

そうこうしているうちにサッチャー改革になりまして、エージェンシー化をしたり、分権化をしたりして、その後、イギリスの公務員制度は大きく変質しました。ただ、黒子の役割を果たし、あらゆる内閣に中立に仕えるという伝統に応じて大臣は選考委員会が推薦した人事を受け入れるという形で、官僚制の自律性、公務員の政治的中立性が担保されるという伝統は継続しているようです。

3 ドイツの公務員制度

次にドイツです。ドイツは日本の戦前の官吏制度のモデルです。そのため、官吏（beamte）と非官吏（tarifbeschäftigte）に分かれています。昔は非官吏が更に職員（angestellte）と労働者（arbeiter）に分かれていましたが、今は一つになりまして、官吏と非官吏の二階層になっています。この官吏と非官吏がどのように分かれているかと言うと、一応、公権力の行使をするかどうかという建前らしいのですが、大学の教授などを見ると官吏と非官吏が両方いますので、あまりリジッドに分かれているわけではないようです。

ドイツの官吏制度の一番の特徴として、ラウフバーン（laufbahn）制度というものがあります。日本の戦前の官の制度に近いのですが、官吏になった人が昇進していく経路は限られていまして、あらかじめこういう昇進ルートがあると制度的に決められているようです。また、戦前の日本の官吏制度と同様、法律職や弁護士資格を重視するという特徴を持っているそうです。

政官関係では、政治的官吏という制度があります。政権交代して気に入らない官吏がいたら、その人を職務から外して代わりに恩給を割増しして支給するという制度です。戦前の日本で言うと待命休職制度です。そうした制度の適用がどれくらいなされているか一度聞いたことがありまして、あまりないと言っていたのですが、20年ほど前の政権交代の時は70人ほどが異動したようで、そう稀なケースでもないようです。

また、日本人には非常に解りにくい職員協議会（personalrat）という制度があります。官吏に団結権はあるのですが労働協約締結権や争議権はなく、一方で職員協議会があります。職場単位で学級委員の選挙のようなことをし、当選して委員になると、官房長や人事課長などと個別人事も含めた職場内の人事問題を協議することになっているようです。かつてベルリンの内務省に行きましたら、壁に候補者の顔写真や経歴が貼ってあって、この中から何人かを投票で選ぶということでした。選ばれた人は職員協議会の委員になって、この部屋のこちら側に官房長や人事課長が座り、そちら側に委員が座って、毎週1回程度、職場協議会が開かれるとの説明を受けたのですが、日本では想像がつきにくい制度です。

ほかにドイツではドイツ版ＥＮＡとして、あまり有名ではないのですが、シュパイヤー学院もあります。南ドイツの外れの方の、世界遺産のシュパイヤー大聖堂というお堂がある村にあります。一度訪ねて行ったことがあるのですが、ドイツ版ＥＮＡというよりは人事院の公務員研修所に近いものでした。そこに教授や研修員などがいて、公務員の研修のようなことをやっています。

4　フランスの公務員制度

最後にフランスです。フランスはアメリカと対極にある官僚国家です。官僚がエリートとして国家を支えるという特質を持っています。フランスの公務員制度の特徴として、コール（corps）制度があります。これは、日本の府省の人事グループに近い組織で、９００と非常に細かくあります（特定の省庁のものが７００、省庁横断的なものが２００）。コールという職員集団の中で有力ないくつかのコールをグランコール（grands corps）といって、国務省や会計検査院が国家の中枢、エリートになっています。

グランコールやコールには、ＥＮＡと呼ばれる官吏養成のための公務員研修所を経て配属されることになります。ＥＮＡだけではなく、カルロス・ゴーンも出た技術系のポリテクもあります。ＥＮＡやポリテクの出身者が、その成績に応じてコールに入っていく。そして、コールの中でどんどん偉くなり、大臣になったり、知事になったり、国営企業の社長になったりします。そのような形でＥＮＡ出身のエリートが官民含めた国家の中枢部分のポストを独占していると言われています。

ＥＮＡには大学から入るケースと在職者が入るケースがあるのですが、在職者がＥＮＡに入ってもそう上までたどり着かないと言われています。ＥＮＡでの2年間ほどの成績に応じて順位がつき、卒業の時に成績の一番良い人から、どのコールを選択するか宣言するそうです。成績一番の人は会計検査院、二番の人は内務省と決まっていくと、20位ぐらいでグランコールが終わってしまい、後はあまり偉くなれないようなコールしか残っていないことになります。逆に成績上位の人が「自分は教育をやりたい」と言ってグランコールに行かないと、それより成績の良くない人は「自分にも順番が回ってきた」と言って喜ぶそうです。そういった「せり」のようなことを行っているそうです。

日本人でもＥＮＡを終了したエナルクと呼ばれる人たちが何人かいます。人事院の留学制度でＥＮＡに行った元通商産業省の八幡和郎氏や、元大蔵省の片山さつき議員などですが、今のＥＮＡは外国人を受け入れてくれないようです。本来は官吏養成の学校だったのに留学生が増えてしまったことから、基本的に外国からの留学生を受け入れなくなっているのだそうです。

フランスの政官関係で特徴的なのは、キャビネ（cabinet）と呼ばれている制度です。フランスには次官がいないのですが、もともと官僚あがりの大臣と大臣を補佐する官房長がいて、官房長のところに自分の知り合いの官僚を呼び寄せて大臣を支えるスタッフとします。日本で言うと政務スタッフ（大臣補佐官）に近いような形で、官房長のところに知り合いの役人を呼んで政治任用するわけです。政治の側が変わるとキャビネにいた人たちは辞めて、県知事に戻ったりします。一時的に政治任用になって、また官吏に戻るといった仕組みです。

なお、フランスでも、コールごとに職場協議会があって人事部門と協議をしているようです。ただ、話を聞いても、現場に行ってみても、「これは、本当はどうなのだろうなぁ」といった感じが抜けず終わってしまいますので、外国制度は、そこに属していれば何でもないことでも外から行って実情を把握することは難しいのです。

5 英米独仏と比較した日本の公務員制度

これら4ヶ国を何らかの指標で横軸に並べますと、たいていアメリカだけが特異値になります。人造国家であって反国家権力という歴史があるアメリカと、王国だった大陸系の国やイギリスとはかなり距離があるということです。例えば、オープンストラクチャー（公募制）か、それとも部内で育成しているかで比較すると、クローズドな順にフランス、ドイツ、イギリスと並び、だいぶ離れてアメリカがあるという状況です。官僚がその国家におけるエリートとみなされているかで並べると、フランス、ドイツの順になり、少し離れてイギリス、だいぶ離れてアメリカとなります。

諸外国を参考にする場合、アメリカという国はどちらかと言えば異端児なのです。アメリカではこうだから世界に伍して日本でもそうしなければならないという議論の半分くらいは眉唾です。

国際比較から、日本の公務員制度へのインプリケーションを考えてみます。日本の国家公務員制度は歴史的にはドイツにならっていますが、大陸型の土台の上にアメリカ型を接ぎ木したようなものになっています。例えば、官吏と非官吏に分かれていたものを国に勤務する人はすべて公務員にしたことや、それまではランク・イン・パーソンで人を並べていたものをランク・イン・ポジションで官職を整理し、仕事中心にしてしまったことなどが、ドイツの制度の上にアメリカの制度を乗せたところです。しかし、結局、アメリカの制度が日本に合わないので、土台となったドイツの制度における運用が今も色濃く影響を残していると見ることができます。ドイツの制度だけではなく、日本の官吏・公務員制度の土壌には、その前の武士のエートスも入っていると言う人もいますが、どこが侍なのか、最近まで花押を使って決裁していたことくらいしか思いつきません。

政官関係は政治体制や歴史によって様々です。大統領制なのか議院内閣制なのか、歴史においてどのように官僚が働いてきたのか、革命を経たのかそうでないのかなどに応じて政官関係は一様ではありません。ただ、最近の諸外国の動きを見ると、幹部公務員を一般の公務員と分けた制度で処遇することが増えてきています。行政学では官僚制の政治化が進んでいると指摘されることも多いのですが、むしろNPMの中で分権と集権をうまく組み合わせて効率的に官僚制を運用する流れと捉えた方が、幹部公務員制度が増えてきていることを理解できるのではないかと思います。

最後に、英米独仏と日本の公務員制度の一番違うところがどこかと言いますと、日本だけ人事当局で人事の集権管理・定期異動をしています。フランスはコールの中で多少、人事部局が配置を決めているようですが、ドイツ、フランス、特にアメリカでは基本的に職員が自分で手を挙げて異動していきます。欠員があったら、「そこに誰か来ませんか」となり、「はい、行きます」という人の中から一番適任の人を選んでいく。選任されなければ異動はありません。同意のない転勤も単身赴任も基本的に見られません。したがって、日本のように同期が一斉に係長になる、補佐になるといったことはありませんし、天下り問題も起きないのです。日本の場合は、次の人を上げなくてはいけませんので、前の人の肩を叩いて抜かなければならなかったわけです。人事課や秘書課があって、一方的に将棋の駒を動かすように人事異動をやっているのは日本の公務員制度だけのようです。

もう一つの違いとして、諸外国は天下りがない代わりに公務員の年金水準が民間に比べ高くなっています。日本では再就職を規制しているのに、公務員の年金水準は基本的に民間と同じです。汚職や権力の不正行使を防ぐには、コストをかけて監視機関を作るより、在職中はある程度の処遇にして、まじめに勤め上げればそこそこの年金がもらえるというインセンティブを与える方が合理的な制度設計です。政官関係にしろ、人事異動のやり方にしろ、人材のリクルートにしろ、全体パッケージとして組まれていますので、外国の制度をそのまま一部分だけ導入しても機能しないことが多いと言うことができます。

おわりに

——あるべき日本の公務員制度のために

最後に、これまでの内容を踏まえて、公務員制度の課題やその対応についてお話しします。

官僚制の役割が主として政治やステークホルダー間の調整を担うものであった前世紀の政策立案過程が日本の置かれた状況の変化にうまく対応できなかったことから、平成期に行われた公務員制度改革はいずれ不可避であったと思います。しかし、当初の問題意識であった住専処理、薬害エイズ、社会保険庁問題といった「行政の失敗」に、政治主導という処方箋が果たして適合していたのだろうかという疑問が残ります。少子化対策など、現在、霞が関から出てくる政策を見ても、知恵の出方が足りないと思います。官僚制の弱体化ではなく、官僚制の質的転換、政策立案能力の向上が必要ではなかったのか、果断で迅速な決定の名の下で政策の先見性や合理性、有効性などが犠牲になっていないのか、もう一度、冷静な総括が必要だと思います。

1 平成期の公務員制度改革の問題点

まず、平成期の公務員制度改革が抱えていた問題点についてお話ししようと思います。

一つは冷静な現状認識と分析の不足です。アプリオリに天下りが悪い、セクショナリズムが悪いという前提に立ち、政治主導が確立すれば良い政策ができて日本は良くなるのだという論理が受け入れられてきました。日本の社会が抱える問題の本質が本当に天下りにあるのか、あるいは政治主導を確立すれば解決するのかは問わずに、改革なすべしというスローガンが受け入れられていたのです。そこには霞が関や永田町・国会で行われている政治の具体的な営みに対する理解や分析が欠けていました。かつて、なぜ大胆な政策決定ができなかったかというと、事前審査制や族議員の存在、医師会などステークホルダーとの関係から内閣や内閣総理大臣の決定権が制約されていたことが理由の一つです。官僚の力を弱めても、国として良い政策決定ができる保証はなかったのです。

キャリアシステムについても、とにかく入口の1回だけの試験で一生が決まって身分差別と言われました。そういう面もあるかもしれませんが、キャリアシステムによって優秀な人材を確保して、集中的に留学の機会や難しい仕事を与えるなどして素質のある人を伸ばし、それで駄目だった人は排除することで、高い組織活力を維持するという面もありました。諸外国から日本は効率的で強靱な官僚制を持っているという評価を得た時期もあったのです。一概に全部が悪だと決めつけるのは、バランスを欠いた議論です。

改革の手法にも問題がありました。内閣人事局の設置のような組織改廃は目に見えるし、比較的実現しやすいけれども、それで良くなる保証はなく、やはりその組織がどのように機能するのかという見通しを持って設計する必要があります。

同様に、法制度の改正に対する信仰ともいうべき状況もありました。法律を改正すればいかようにでも現実が変わるかといえば必ずしもそうではなくて、対象となる職員の納得性や、制度に対する支持がないと制度は十分に機能することができません。制度は制度に縛られる人たちが縛られても仕方がないと思うから機能するのです。そういう認識が欠けていたように思います。

最後に、黒幕みたいな脱藩官僚や裏部隊が後ろでうごめいていて、改革が透明性を欠いていたということがあったように思います。脱藩官僚がよく政治家は有能なスタッフを持つべきであると言うのですが、私には自分が政治家の威を借りて好きなことをやりたいと言っているように聞こえました。自民党長期政権時代にも政治家と親しい官僚がいて、その官僚が政治家のゴーストライターを務めたり、政治家と一定の貸し借り関係を持って密着していたことがあったようです。そういう時代を復古的に懐かしんでいるように思えたのです。

日本の官僚の政治化というのは、アメリカやドイツのように政党色がつくことではありません。腹を割って相談できる親しい官僚としてマンツーマンで政治家に密着していくことによって、官僚が政治性を帯びるという特徴があります。ある衆議院議員は「困った時に呼んで相談できる親しい官僚がいない政治家なんて議員会館にはいないよ」と言っていました。しかし、政治家が個人的スタッフとして官僚を使うとなると、公共の財産としての国家公務員の中立性を否定することになります。時の政権ではなく、個々の政治家の使用人になることが、公務員制度として正しい在り方とは思えません。

2 近年の公務員制度改革の到達点

次に平成期に進められた公務員制度改革の到達点を整理してみます。

諸悪の根源のように言われていた天下り、早期退職慣行については、２００７年の法改正で、各省人事当局は再就職先を斡旋することができない、勧奨はできるけれども行き先を提示できないということになりました。２０１３年からは「退職勧奨」も廃止され、45歳以上の早期退職募集制度（応募認定退職）とされています。

その結果、各省の人事を見ると、なかなか指定職（局長・審議官）に昇進させられないし、本省課長が指定職に上がれないから、本省課長に上がれる人数も少なくなって、次第に昇進年齢が遅れる状況になっています。一方で、65歳への定年延長も進められており、制度が成熟すれば60歳退職を前提に昇進スピードが固まるかというと、それすらも怪しいという状況になっています。こうして昇進スピードの遅れる中で、いわゆるキャリアシステムと呼ばれる今の人事運用を本当に続けていけるのかが、足元で突きつけられている課題なのです。

また、新しい評価制度の実施以降、ボーナスや昇給については一定程度、人事評価の結果が反映されるようになってきているのに対し、人事評価の結果は直接には昇任の決定に使われていません。昇任には最低限の評価結果を求め、低い評価結果がついたら昇任させられない、本省課長に上がるにはより高い評価結果が必要など一定の制約をかけていますが、評価結果は上振れし、人事当局の裁量が大きく狭まるような設計にはなっていません。

その結果、各省ではグループ別人事管理が引き続き行われています。本省事務系採用のグループが比較的早期に昇進していきますし、技術系のグループは独立して人事をやっています。局別に採用されたノンキャリアの人が局内で人事をやるといったことも続いているのです。人事グループの中での評判に基づいて、仕切られた範囲で配置・昇進が行われることが続いています。

このグループ別人事管理に代えて、官房が実質的に配置を決めていくためには、その前段階として、先ず、人事やポストをめぐる情報を官房に集約・蓄積し、仕切られたグループ別人事管理を必要に応じて弾力化していく必要があります。急に官房人事課が本省何千人の人事を適材適所で行うことは現実的でないと思います。

3 行動原理の再構築

思うに現在の公務員制度の最大の課題は、国民が公務員を信頼しなくなってしまったことです。明治の遺産とも言うべき日本の官僚制は、諸外国に比べて比較的清廉で、極めて効率的だったと言えます。しかし、一部の病的な側面が拡大して報じられることによって、全体の信用が地に落ちてしまいました。本来、全体の奉仕者として国民のために働く身なのに、霞が関の官僚は給与をたくさんもらうだとか、天下り先を確保するだとか、自分や組織の利益を国民の利益に優先していると思われるようになってしまったのです。

幹部公務員の不祥事が起きて公務員制度改革が始まる前は、政治家が多少悪いことをしても官僚が身を粉にして公共のために働いてくれているから日本はやっていけるだろうという国民からの信頼を得ていました。給与が安くても、皆から評価されていると思うから霞が関の官僚は粉骨砕身して働いていたのです。もう一度、国民からの信頼を回復して、国民から公務員はよくやっていると言ってもらえるようにならなければなりません。

そのためには、公務員が国民のために働けるような行動原理を確立しなくてはなりません。使命感や倫理観を確立することは難しいのですが、それでも意識改革のための人事上の措置を工夫することはできます。

例えば、医者には、目の前で人が倒れていたら、お金がなさそうでも治療しなくてはいけないという倫理が、医師という職業集団の中で確立しています。専門的職業集団は、集団の中に一定のエートスがあって初めて成り立っているのです。ジャーナリストはこうあるべきだ、医者はこうあるべきだというのと同じ意味で、霞が関の官僚たるものこうあるべきだというエートスを、もう一度確立していくことが求められています。

かつて総務庁人事局に勤務していた時、給与勧告の実施を検討する関係閣僚会議に、戦前の内務官僚出身の政治家が出席されていまして、人事院勧告の実施について、「私は反対だ。最近の役人は吏道が廃れている。私のところに支持者が持ってきたぶどうを、私がいないからと言って郵政省の役人が持って帰って腐らせた。けしからん。最近の吏道は廃れた」と言って、反対されたことがありました。旧内務省の人たちには「吏道」という、官吏たるものこう行動すべきだという確たるものがあったのですね。官吏道です。今、それと同じようなアナクロな吏道をやれとは言いませんけれども、専門家集団の一員である職業公務員としての行動規範をもう一度確立することが、国民からの信頼回復のために重要だと思います。

それには、ミッションの明確化が必要です。公務員は何をなすべきかが、きちんと政治から、あるいは組織から提示されていることが必要だと思います。昔の大臣は「大臣を拝命いたしました。これから勉強させてもらいます」と言っていたのですが、小泉純一郎内閣以降、「大臣になったら、これをやってください」という指示書が出されるようになり、ミッションが明確になりました。しかし、そのミッションが大臣からその下の次官や局長にブレイクされて示されているかと言うと、そうではないのです。次官に指示書はありませんし、局長が何をやるかが大臣や次官から具体的に指示されているかと言えば、そうではありません。そういう意味で、組織全体のミッションの体系を明確にし、我が省、我が局がいったい何を目指しているのかが組織としてオーソライズされていることが重要だと思います。

その前提として、政官の役割分担を確立していく必要があると思います。霞が関の官僚は調整のプロで、与党、野党、関係団体の間を走り回って、何だかわからないうちに政策をとりまとめていくことが仕事だとされてきました。本来の官僚の仕事には、現場を踏まえた専門家としての知恵出し、政策を提起することもあるはずなのに、そうした知恵を使う場面が少なくなっています。そういった事態をもう一度考え直さなければいけません。調整に求められる過大な活動量を抑制してでも、専門的職業集団としての知恵を蓄積する方向で各種の施策を講じる必要があるのではないかと思います。

意識改革を進める方法としては、審査会を作って良い行動をとった官僚を顕彰したり、不良な行動を非難したりすることや、倫理カードをバージョンアップした行動規範や公務員憲章を作ることが考えられます。学校の生徒手帳のようなものかもしれませんが、鰯の頭も信心からで、身分証明証の裏に簡潔に覚えやすく「国民本位の行政運営」「中立公正・法令遵守」「知恵を絞って政策提起」などのコードオブコンダクトを三つ、四つ並べておくところから始めるということは考えられます。日立でも「日立の社員はこういうことをすれば評価される」ということがヒタチ・ヴァリューという形で決められています。朝礼で創業の精神を唱和する企業もあります。私の友だちも入社すぐの頃は文句を言っていたのですが、10年くらい勤めると段々に「自分は某社だから産業報国の精神なんだよ」と言うようになりました。人間なので、発した言葉が行動変容につながるというところがあるのですね。これは一つのアイデアにすぎません。

4 有用性の確立

二つ目として、公務員は専門家の精鋭集団として国民のために役に立っているところを見せることが大事です。あの省からこんなに良い政策が出てきた、ここの省がこうやってくれたから、危ないところだったけど日中関係が救われたというように、国家運営、政策立案で霞が関の官僚が役に立っている姿を見せる必要があります。そのために、官僚はそれぞれの行政分野のプロフェッショナル、専門性を持った存在として、自分を磨いていく努力をしなければならないのです。

専門性を定義するのは難しいことです。行政官の専門性とは何でしょうか。学者の専門性と言えば、論文を書いたり、昔のことをよく知っていたり、ものごとの真実を解ったりすることですが、行政官の専門性はそういう専門性ではないのでしょう。そういう専門性であれば、それこそ任期付職員で来てもらうとか、審議会に来て話をしてもらえればよいのです。

官民交流をどんどんやって霞が関をオープンにすれば良い成果が出るという議論も、専門性に対する誤解に基づいています。行政官の専門性は民間企業で培われるような専門性でもないのです。専門性を高めて有能な官僚になるということは、調整業務に加えて、政策のプロフェッショナルとして、現場を踏まえて世の中が良くなる政策を提起できるということであろうと思います。

そのために公務員制度で何をすればよいのかというと、一つは適正処遇の確保、ブラック霞が関からの脱却ということです。厚生労働省や金融庁に行って話を聞くと、もう本当に人手が足りないと言われます。業務量に対して定員が圧倒的に不足しているのです。それが、若い人や中堅の人が自分で勉強することのネックになっています。専門性が上がらない原因となっているのです。DXに期待してかえって仕事を増やすのではなく、業務量に見合った定員をきちんと確保したうえで、国会の質問もほどほどにしてもらって、超勤を縮減し、自己研鑽する、大学に行く、関係者の話を聞く、本を読むなどの時間を取るようにしないと、使い減ってしまうのです。毎年の人事院勧告の報告にも書かれていますが、これが公務員制度の大きな課題であると思います。

さらに、組織全体の専門性を高め、官僚制の有用性を高めていくためには、今のようなキャリアシステムが継続できないことははっきりしているのです。ではどういう人事管理をすればよいかというと、どんなに優秀でも50歳近くにならないと課長になれない、55歳で局長になってワンポストを勤めていなくなるということでは、いくら個人が専門性を高めても組織全体の専門性が上がりません。仮に入口選抜を続けるにしても、きちんと研鑽して専門性が高く優秀な人は早くして課長に昇進させる、逆に採ってみたけれど今ひとつという人の昇進は課長補佐くらいで止めて、そこで定年まで頑張ってもらうような厳しい人事管理、厳正な昇進選抜を強いられてくるのだと思います。

最後は、リスキリングというか、組織的、継続的に専門能力を蓄積するということです。そのためには、シンクタンクや学者との人事交流を計画的にやっていく、組織内での政策提言や学術誌への政策提言の掲載を奨励する、霞が関にシンポジウムや官民の勉強会を安価にやれる施設を造る、自己啓発休業を奨励して大学院に進んで勉強させる、手当を出して資格取得を促すといった、専門能力を向上させるための各種の人事管理の仕組みを導入することが課題となります。

5 結び

政治家は情動の人ですが、官僚は本来、試験を受けて入ってきていますから論理の人なので、理屈に弱いところがあります。「全体の奉仕者」であると言われて、それを否定できる公務員は普通いないでしょうし、選挙で選ばれた政治家が最終的に責任を持って政策を決めるのだという民主的正統性の論理を否定する公務員もおそらくいないでしょう。

だからこそ、どういう官僚、霞が関を目指していくのか、そのためにはどのような改革をすべきなのかという手順を踏んだ議論を行わないと、改革をやろうと公務員自身が思えないのです。改革の対象となる公務員自身が納得できないものをやろうとすると摩擦が起きて、改革が実現しないということが起きます。目的、手順、効果を体系的に提示することが公務員制度改革に求められています。

国の実態は官僚の活動であり、公務員制度改革は統治機構の改革そのものという性格を持っています。霞が関の公務員がそれなりにプライドを持って生き生きと働くには、与えられた仕事をこなすだけでは足りません。人が人として尊重され、個性を持った存在として力を発揮していくことができる人事管理は、あらかじめ与えられた仕事をやることを基本とするジョブ型雇用と対極にある人事管理です。採用から退職までのキャリアがどうあるべきなのか、各段階でどういう人事管理の手法を組み合わせたら、最後その人も幸せになれるし、国としても求める政策が実行され、国家機能が十全に発揮できるのかという視点が必要です。

そういう意味で、公務員制度は人間を管理しているのだということを踏まえて、長期的な人材育成を考えていくことが王道ではないかと思います。公務員が最後まで勤め上げるには、どういうステージを組んでどのような人事管理をすればよいのか、その人が伸びて良いパフォーマンスを披露することを支援するのが基盤行政としての公務員制度なのです。

[ま]

[や]

[ら]

[わ]

[な]

[は]

[た]

［さ］

【事物】

索　引

【人名】

崩れゆく官僚制
——霞が関の失われた30年

2024年10月23日　第1刷発行

著　者　森　永　耕　造
発行者　加　藤　一　浩

〒160-8519　東京都新宿区南元町19
発　行　所　**一般社団法人 金融財政事情研究会**
出　版　部　TEL 03(3355)2251　FAX 03(3357)7416
販売受付　TEL 03(3358)2891　FAX 03(3358)0037
URL https://www.kinzai.jp/

DTP・校正：株式会社友人社／印刷：法規書籍印刷株式会社

ISBN978-4-322-14469-7